DUMONT

Auf der Grundlage neuester Forschungsergebnisse aus Psychologie und Neurowissenschaften zeigt Claudia Hammond, was Freundlichkeit in unserem Leben bewirken kann und was echte Freundlichkeit bedeutet. Denn ein freundliches Miteinander ist nicht nur die Grundlage einer funktionierenden Gesellschaft, sie ist auch unerlässlich für unsere Selbstfürsorge. Anhand ihrer »sieben Schlüssel der Freundlichkeit« räumt die Autorin auf mit Mythen – wie dem, dass Freundlichkeit Schwäche bedeutet –, erklärt, warum die Welt schon jetzt ein freundlicherer Ort ist, als wir denken, und zeigt effektive Strategien auf, um mehr Freundlichkeit in unser Leben zu integrieren. Vom richtigen Zuhören, bis zum Lesen als Schlüssel zu mehr Empathie – Claudia Hammond nimmt uns mit auf eine augenöffnende Reise ins Universum der vielleicht schönsten aller urmenschlichen Eigenschaften.

Claudia Hammond arbeitet für die BBC und als Dozentin für Psychologie an der Boston University in London. Sie ist Autorin populärwissenschaftlicher Bücher, für die sie den British Psychological Society Book Award erhalten hat. Bei DuMont erschien 2021 ›Die Kunst des Ausruhens‹.

Silvia Morawetz wurde für ihre Übersetzungen mehrfach ausgezeichnet. Gemeinsam mit Theresia Übelhör übersetzte sie für DuMont ›Das Mädchen mit dem Poesiealbum‹ von Bart van Es (2019) sowie ›Die Kunst des Ausruhens‹ von Claudia Hammond (2021).
Theresia Übelhör übersetzt aus dem Englischen und Französischen. Für DuMont hat sie u. a. die Übersetzung des ›Atlas unserer Zeit‹ (2017) vorgelegt.

Claudia Hammond

Miteinander

Wie wir freundlicher zu anderen und uns selbst werden

Aus dem Englischen
von Silvia Morawetz
und Theresia Übelhör

DUMONT

Von Claudia Hammond ist bei DuMont außerdem erschienen:

Die Kunst des Ausruhens

Das bei der Produktion dieses Buches entstandene CO_2 wurde
durch die Finanzierung von Klimaschutzprojekten kompensiert:
climate-id.com/17531-2110-1001/de

April 2024
DuMont Buchverlag, Köln
Alle Rechte vorbehalten
© Claudia Hammond, 2022
Die englische Originalausgabe erschien 2022 unter dem Titel
›The Keys to Kindness‹ bei Canongate, Edinburgh.
© 2023 für die deutsche Ausgabe: DuMont Buchverlag, Köln
Übersetzung: Sylvia Morawetz und Theresia Übelhör
Umschlaggestaltung: Lübbeke Naumann Thoben, Köln
Umschlagabbildung: © Jeanna Draw / iStockphoto
Satz: Fagott, Ffm
Gesetzt aus der Bembo
Druck und Verarbeitung: CPI books GmbH, Leck
Gedruckt auf säurefreiem und chlorfrei gebleichtem Papier
Printed in Germany
ISBN 978-3-8321-6733-2

www.dumont-buchverlag.de

Für Fiona, die immer freundlich ist

Inhalt

Vorwort   9

1

Es gibt mehr Freundlichkeit auf der Welt,
als Sie denken   27

2

Freundlich zu sein fühlt sich gut an,
und das ist okay   63

3

Zerbrechen Sie sich nicht den Kopf
über Ihre Beweggründe   93

3 ½

Die sozialen Medien sind voll von Freundlichkeit
(okay, nicht voll davon, aber es gibt sie)   119

4

Freundliche Menschen
können Gewinner*innen sein   133

5

Freundlichkeit bedeutet, die Standpunkte anderer
zur Kenntnis zu nehmen 163

6

Wir alle können Held*innen sein 215

7

Vergessen Sie nicht,
freundlich zu sich selbst zu sein 245

Das perfekte Rezept für Freundlichkeit 269

Danksagung 283
Anmerkungen 287

Vorwort

Ich wohnte einmal unweit der Londoner Abbey Road. Ab und zu fuhr ich diese Straße entlang und passte immer besonders auf, wenn ich mich einem bestimmten Zebrastreifen näherte. Dieser Fußgängerüberweg befand sich direkt vor den berühmten Abbey Road Studios, wo die Beatles den Großteil ihrer ikonischen Alben aufnahmen, darunter natürlich auch 1969 *Abbey Road*. Der Grund für meine erhöhte Aufmerksamkeit war, dass sich stets und ständig Tourist*innen auf dem Zebrastreifen befanden – eine Gruppe, von der immer eine Person barfuß war und von der niemand auf den Verkehr achtete –, die das Foto von John, Ringo, Paul und George auf dem Plattencover nachstellen wollten, während eine weitere Person ihre Hommage an die *Fab Four* fotografisch festhielt.

Gewiss, die Beatles gehören zu den berühmtesten Menschen, die je gelebt haben – gefeiert und bewundert von Millionen –, doch das große Denkmal, das mitten auf der Kreuzung unweit dieses Zebrastreifens steht, würdigt nicht ihre Erfolge. Dieses Denkmal ist circa sechs Meter hoch und aus grauem Stein. Auf einer seiner Plinthen steht die Bronzeskulptur einer Muse, die Harfe spielt. Auf einer anderen befindet sich ein rundes Medaillon aus Kupfer, auf dem das markante Gesicht eines bärtigen

Mannes im Profil zu sehen ist. Zwei Laternen auf prachtvollen Pfeilern halten zu beiden Seiten des Denkmals Wache. Wem gebührt so ein nobles Monument? Und aus welchem Grund wurde es errichtet?

Es ist ein Denkmal für den viktorianischen Bildhauer Edward Onslow Ford, dessen Werk bis heute überdauert. Das Wer ist damit geklärt. Ich aber fand das Warum immer besonders ergreifend. Der Grund dafür, dass Onslow Fords auf so eindrucksvolle Weise gedacht wird, ist das »einnehmende Wesen«, das ihn auszeichnete, wodurch er bei seinen Studierenden und bei anderen Bildhauer*innen so beliebt war, dass sie eine erhebliche Summe aufbrachten, von der man ihm nach seinem Tod im Jahre 1901 dieses große Denkmal errichtete. Die im Ford-Archiv in der Henry Moore Foundation aufbewahrten Kondolenzbriefe an seine Witwe bezeugen seine große Freundlichkeit. Die Inschrift auf dem Denkmal lautet: »Errichtet von seinen Freunden und Bewunderern. Dir selbst sei treu.«

Aus der Geschichte von Onslow Ford, dem es offenbar gelang, sich selbst treu zu bleiben, lässt sich einiges lernen. Erstens zeigt sie, dass wir Freundlichkeit durchaus zu schätzen wissen – in außergewöhnlichen Fällen so sehr, dass wir denen, die sie verkörpern, Denkmäler errichten. Zweitens zeigt sie jedoch, dass wir sie vielleicht nicht genug zu schätzen wissen. Verglichen mit den Beatles ist Onslow Fords langfristige Wirkung auf unsere Kultur relativ gering, vermutlich wird er trotz des ihm errichteten Monuments bald weitgehend vergessen sein, wohingegen man sich an die Beatles wohl noch in Jahrzehnten (oder gar Jahrhunderten?) erinnern wird. Genie und Erfolg werden zu Recht verehrt. Ich plädiere mitnichten dafür, weniger viel auf diese Qualitäten zu geben, nur dafür, der schlichteren Tugend der Freundlichkeit mehr Anerkennung zu zollen, wie Onslow Fords Freund*innen es taten.

In diesem Geiste plädiert *Miteinander* dafür, Freundlichkeit ernster zu nehmen und ihr einen größeren Wert beizumessen. Wir sind freundlicher, als wir manchmal meinen, könnten aber noch freundlicher sein – mit enormem Nutzen für unsere eigene psychische Gesundheit und unser eigenes Wohlergehen ebenso wie für die Gesellschaft, die Wirtschaft und die Umwelt. Unter Einbeziehung neuester psychologischer Erkenntnisse aus aller Welt und mit Blick auf eine neue, in ihrer Art einmalige Studie werde ich darlegen, dass Freundlichkeit nicht nur anderen hilft, sondern auch uns selbst.

Freundlich zu sein ist allerdings nicht immer leicht. Der derzeitige Zustand der Welt bringt es mit sich, dass wir uns selbst und anderen mit Härte begegnen. In Schulen, Universitäten und am Arbeitsplatz geht es in mancher Hinsicht freundlicher zu als ehedem. Die Zeiten, in denen es jemandem nachgesehen wurde, der eine Schreibmaschine auf einen Kollegen warf (als ich neu in der Nachrichtenredaktion eines Radiosenders war, berichteten ältere Kolleg*innen mir von solchen Vorkommnissen), sind vorbei. Die Zeiten, in denen Kinder mit dem Rohrstock geschlagen wurden, wenn sie ihren Stundenplan vergessen hatten, ebenso. Quer durch die Gesellschaft hindurch stehen persönliche Leistungen und individuelle Erfolge jedoch nach wie vor hoch im Kurs, häufig errungen auf Kosten anderer Menschen und manchmal durch eine Kultivierung von Härte und Rücksichtslosigkeit. Noch immer sind wir anfällig für die Idee, wer freundlich ist, sei schwach, und die schwächere Person ziehe den Kürzeren. Diese Vorstellung werde ich anfechten, gestützt auf umfangreiche Belege dafür, dass wir alle von mehr Kooperation und Mitgefühl profitieren und dass Freundlichkeit und Empathie mit Sicherheit kein Hindernis für Erfolg oder auch nur Anerkennung sind. Im Gegenteil, je mehr Freundlichkeit es gibt, desto mehr wird die Welt davon profitieren.

Ich werde mich auch der kniffeligen Frage widmen, wie sich Freundlichkeit eigentlich definieren lässt.

Wie viele dieser Aussagen treffen beispielsweise auf Sie zu?

- Ich finde es richtig, jeder Person eine Chance zu geben.
- Mir fällt es nicht schwer zu verzeihen.
- Ich teile Dinge mit anderen, die ich lieber für mich behalten möchte.
- Ich habe eine Person mit einer freundlichen Geste überrascht.
- Ich lächle Fremden zu.
- Ich habe etwas getan, was mir schwerfiel, um einer befreundeten Person zu helfen.

Grämen Sie sich nicht, wenn Sie sich nicht mit jeder dieser Aussagen identifizieren können. Sie stehen nur beispielhaft für freundliche Handlungen. Vielleicht neigen Sie eher zu Toleranz und Empathie als dazu, sich lange im Voraus zu überlegen, womit Sie Ihre Freundlichkeit zum Ausdruck bringen können oder wie Sie vermeiden, als unfreundlich zu gelten. Wahrscheinlich trafen all diese Aussagen schon manches Mal auf Sie zu, andere Male jedoch nicht. Sie sind bestimmt ein freundlicher Mensch, nur halt nicht andauernd, und Sie zeigen Ihre Freundlichkeit zu verschiedenen Zeiten auf unterschiedliche Weise.

Sehen Sie, freundlich zu sein ist nicht einfach. Es ist auch nicht stets ein und dasselbe, sondern hat viele Facetten, ist begrifflich schwer zu fassen und wird häufig missverstanden.

Ich habe einmal den Witwer einer herausragenden Wissenschaftlerin vor den Kopf gestoßen, als ich sagte, von den wenigen Malen, die ich seiner Frau begegnet sei, wisse ich, was für ein netter Mensch sie gewesen sei. Von meiner Seite war es als echtes Kompliment gemeint, er aber empfand das Lob als plump und gönnerhaft, als Schmälerung der beruflichen Erfolge seiner

Frau. Man kann seine Reaktion nachvollziehen, insbesondere angesichts habitueller Abwertungen der Leistungen von Frauen auf traditionell männlichen Gebieten. Schade war es trotzdem – ein Beispiel dafür, dass Freundlichkeit in unserer Kultur unterschätzt wird. Ich würde gern in einer Welt leben, in der es als das Beste gilt, über eine Person sagen zu können, dass sie freundlich war.

Sieben Schlüssel zur Freundlichkeit

In diesem Buch untersuche ich sieben Wege zur Freundlichkeit, von denen einige für Sie auf der Hand liegen mögen, manche aber auch nicht. Keiner davon ist wichtiger als ein anderer, sie ergeben vielmehr zusammen ein großes Bild von Freundlichkeit in all ihren Facetten, das wir in den Blick nehmen müssen, um die Welt insgesamt freundlicher zu machen.

Im ersten Kapitel betrachte ich zunächst die – häufig unterschätzte – Tatsache, dass es bereits eine ganze Menge Freundlichkeit auf der Welt gibt. Ja, Sie haben richtig gelesen. Das Menschliche überwiegt gegenüber dem Unmenschlichen – wir müssen nur die Augen öffnen und dürfen uns nicht von dem Negativen, das in den Nachrichten und in den sozialen Medien zwangsläufig vorherrscht, täuschen lassen. Im zweiten Kapitel zeige ich, dass Ihre Freundlichkeit gegenüber anderen Ihnen genauso guttut wie der Person, die sie erwiesen bekommt. Genau genommen liegt hier sogar eine Win-win-win-Situation vor – für uns als Individuen, für andere und für die Welt als Ganze. In diesem und im darauffolgenden Kapitel zeige ich, dass Menschen, die freundlich handeln, von ihrer Freundlichkeit profitieren – und kann Sie hoffentlich davon überzeugen, dass daran nichts verkehrt ist und dass die Vorteile, die Sie davon haben, die Bedeutung Ihrer

Freundlichkeit für andere nicht schmälern. Dann widme ich mich in einem kleinen Abstecher einem der großen Themen unserer Zeit: den sozialen Medien. In dem »halben« Kapitel »Die sozialen Medien sind voll von Freundlichkeit (okay, nicht voll davon, aber es gibt sie)« erörtere ich, dass, wie viele Beleidigungen und Hass man auf Twitter, Facebook und anderen Plattformen auch antreffen mag, das nur die halbe Geschichte ist – sogar in diesen Haifischbecken gedeihen Freundlichkeit und Positives. Im nächsten ganzen Kapitel widme ich mich ausführlicher der Frage, ob man freundlich *und* im Leben ein Gewinner sein kann. Es ist hoffentlich kein Spoiler, wenn ich schon jetzt sage, dass die Antwort eindeutig JA lautet. Ich werde zeigen, dass Freundlichkeit weder Laschheit noch Schwäche ist; sie kann sogar unsere verborgene Stärke sein.

Dann schließt sich die schwierige Frage nach dem Wir beim Freundlicher-Sein an: Der fünfte Weg zur Freundlichkeit beschreibt, dass wir uns, um anderen freundlich zu begegnen, die Mühe machen sollten, uns in die Meinungen und Sichtweisen anderer einzufühlen, jedoch auch im richtigen Augenblick. Es gibt eine Zeit und einen Ort für Empathie. Im sechsten Kapitel führe ich aus, dass wir uns nicht auf die zufälligen kleinen guten Taten beschränken müssen, von denen wir so häufig hören. Wir können in puncto Freundlichkeit getrost klotzen. Den meisten von uns wird nie großer Mut abverlangt werden, zum Heroismus fähig sind wir aber alle und können uns gedanklich schon einmal darauf vorbereiten, in einer vermutlich einmaligen Gelegenheit ein Leben zu retten. Sich wahrhaft außergewöhnliche Beispiele von Freundlichkeit vor Augen zu führen kann uns helfen, im Alltag freundlicher zu sein. Das siebte Kapitel bildet insofern eine Ausnahme, als es hier nicht darum geht, freundlich zu anderen, sondern zu uns selbst zu sein. Ich werde darlegen, dass Selbstfürsorge und Mitgefühl mit sich selbst nicht auf direktem Wege zu Selbstgefälligkeit und Egoismus führen, sondern, in maßvollen Dosen angewandt, erheblichen Nutzen für unsere psychische Gesundheit haben. Wir müssen dahin kommen, unsere Schwächen zu akzeptieren und uns selbst mit Sanftheit und Nachsicht zu begegnen, denn das dient unserem Wohlergehen und versetzt uns in die Lage, auch anderen besser zur Seite zu stehen.

Ich fasse die einzelnen Aspekte in einem Rezept für Freundlichkeit zusammen und gebe Tipps, wie man die vielfältigen Ergebnisse der Forschung in die Tat umsetzt, um ein freundlicherer Mensch zu werden und eine freundlichere Welt zu schaffen. Dort können Sie prüfen, welche Anregungen für Ihr Leben taugen. Betrachten Sie sie als Denkanstoß für die Entwicklung eigener Ideen für freundliches Verhalten in Ihrem Alltag.

Das ganze Buch stützt sich auf wissenschaftliche Erkenntnisse und bewährte Strategien, veröffentlicht in einschlägigen Fachzeitschriften. In den letzten beiden Jahrzehnten haben sich erfahrene Wissenschaftler*innen einer Thematik angenommen, die von der Psychologie und der Neurowissenschaft zuvor vernachlässigt wurde. Ich betone das, weil es ein Leichtes wäre, ein Buch über Freundlichkeit als sentimentales Geschwätz abzutun, ihm mangelnde Präzision vorzuwerfen. Das Gegenteil trifft zu.

Der Freundlichkeitstest

Außerdem gehe ich ausführlich auf aktuelle Erkenntnisse der weltgrößten Studie ihrer Art zu Freundlichkeit ein – auf den Freundlichkeitstest, den ich mit Kolleg*innen der University of Sussex, einer in der Freundlichkeitsforschung führenden Institution, erarbeitet habe. Leiter des Forschungsprojekts war Professor Robert Banerjee, manchmal auch scherzhaft (zumindest von mir) »Professor der Freundlichkeit« genannt. In den von mir moderierten Sendungen und Podcasts der BBC – *All in the Mind*, ausgestrahlt auf BBC Radio 4, und *Health Check*, ausgestrahlt vom BBC World Service – habe ich die Studie der Öffentlichkeit vorgestellt.

In diesem Freundlichkeitstest baten wir die Teilnehmenden, online eine Reihe von Fragebögen auszufüllen und Aussagen zu ihrer Persönlichkeit sowie zu ihrer psychischen Gesundheit zu treffen, etwa dazu, wie freundlich sie im Alltag sind oder welchen Anteil eines unerwarteten Geldregens sie eventuell abzugeben bereit wären. Wir waren überwältigt von der Zahl der Personen, die zum Mitmachen bereit waren – 60227 Teilnehmende aus 144 Ländern. Die Analyse dieses bisher einmaligen Datensatzes vermittelt uns ein tieferes Verständnis dafür, wie Freundlichkeit im täglichen Leben aussieht und was uns daran hindert, noch freundlicher zu sein.

Zu Beginn veranschaulichte der Test aufs Schönste, wie viele Ausdrucksformen von Freundlichkeit es überhaupt gibt. Als Antwort auf die Frage, auf welche Weise sie freundlich waren, nannten die Teilnehmenden der Studie eine Fülle von Beispielen. Die *Top Five* waren jedoch diese:

Die fünf am häufigsten genannten Arten von Freundlichkeit

1. Ich helfe anderen, wenn sie darum bitten.
2. Ich habe nichts dagegen, Freund*innen einen Gefallen zu tun.
3. Ich halte anderen die Tür auf.
4. Ich helfe Fremden, die etwas fallen gelassen haben, ihre Sachen aufzuheben.
5. Ich bin betroffen, wenn andere Menschen weniger Glück haben als ich.

Verblüffend ist, wie alltäglich, ja banal diese Akte der Freundlichkeit sind. Übermäßige Großzügigkeit oder gar Selbstaufopferung ist dafür nicht erforderlich. »Ich habe nichts dagegen, Freund*innen einen Gefallen zu tun«, klingt sogar ein bisschen widerwillig. Doch solche kleinen freundlichen Gesten passieren ständig und oft unbemerkt überall um uns herum. Jede für sich mag ein Tropfen sein, zusammen ergeben sie jedoch einen Ozean. Daher ist es vielleicht nicht überraschend – und trotzdem ermutigend –, was durch die Studie nachgewiesen werden konnte: nämlich dass Freundlichkeit ein alltägliches und weitverbreitetes Phänomen ist. Drei Viertel der Teilnehmenden gaben an, Gefälligkeiten werden ihnen von engen Freund*innen oder von der Familie »sehr oft« oder »fast andauernd« erwiesen. Neunundfünfzig Prozent der Teilnehmenden hatten erst am Vortag einen Akt der Freundlichkeit erlebt, ein Viertel davon sogar in der letzten Stunde.

In dem Fragebogen hatten wir die Testpersonen gebeten, eine Tabelle auszufüllen, mithilfe derer wir ihren Grad an Freundlichkeit bestimmen konnten. Wir mussten uns dabei natürlich darauf verlassen, dass die Teilnehmenden wahrheitsgemäße Angaben zu den Gefallen machten, die sie anderen tun; die Bandbreite der erhaltenen Antworten lässt jedoch darauf schließen, dass Menschen ebenso bereitwillig zugeben, *nicht* besonders freundlich zu sein, wie es für den umgekehrten Fall zutrifft. Ich glaube also, wir können die Leute beim Wort nehmen und davon ausgehen, dass unser Bewertungssystem ein solides Fundament hat.

Die Ergebnisse sind interessant, vor allem im Hinblick darauf, zu welchen Gruppen die Teilnehmenden gehören, die überdurchschnittlich hohe Werte auf der Freundlichkeitsskala erreichten. Erstens ist die von Frauen und Gläubigen berichtete Anzahl der Gefallen, die sie anderen tun, gegenüber dem Durchschnitt leicht erhöht. Größere Unterschiede lassen sich jedoch auf die jeweilige Persönlichkeit zurückführen. Wer extrovertiert ist, offen für neue Erfahrungen und umgänglich, verhält sich öfter freundlich und erfährt häufiger auch mehr Freundlichkeit. Persönliche Wertmaßstäbe sind ebenfalls ein wichtiger Faktor, noch wichtiger als religiöser Glaube. Diejenigen, die von sich sagen, Nächstenliebe und Universalismus seien für sie wichtige Werte, sind im Durchschnitt freundlicher als diejenigen, für die Leistung und Macht zählen.

Doch keine Angst, wenn Sie ehrgeizig und zurückhaltend sind, reizbar und skeptisch. Das bedeutet nicht, dass Sie in puncto Freundlichkeit automatisch schlecht abschneiden. Unsere Befunde geben Durchschnittswerte für große Gruppen an, es kann also durchaus sein, dass ein mürrischer, introvertierter Mensch, der nach Erfolg strebt und nicht an Gott glaubt, dennoch einen hohen Freundlichkeitswert erzielt. (Vielleicht kennen Sie solche Menschen?) Die Durchschnittswerte liefern trotzdem wertvolle Hinweise dazu, wer, auf Gruppenebene betrachtet, wahrscheinlich freundlich ist.

Wir baten die Teilnehmenden am Freundlichkeitstest auch, Wörter zu nennen, die sie mit Freundlichkeit verbinden. Hier die *Top Five*:

Top Five der Wörter, die Menschen mit Freundlichkeit verbunden haben

1. Empathie
2. Fürsorglichkeit
3. Helfen
4. Zuvorkommenheit
5. Mitgefühl

Natürlich sind diese Wörter nicht sonderlich überraschend, sie entsprechen sogar ziemlich genau dem Begriff von Freundlichkeit in der einschlägigen Forschung. In der akademischen Welt nehmen Debatten über exakte Terminologie und über Definitionen allerdings stets viel Raum ein. Ja, sogar diejenigen, die sich wissenschaftlich mit Freundlichkeit beschäftigen, finden reichlich Diskussionsstoff, vor allem bei der Frage, was denn nun *reine* Freundlichkeit ausmacht.

Hier ist der Freundlichkeitstest wieder hilfreich, denn er erlaubt eine Art der Annäherung an den Begriff, die auf »den Menschen« vertraut. Es gehört viel, viel Freundlichkeit dazu, den Mut aufzubringen, einem Gegenüber etwas zu sagen, was für jenes schwer erträglich ist, ihm auf lange Sicht aber hilft. Natürlich ist Freundlichkeit mit persönlichen Opfern verbunden, manchmal sogar mit Schmerz. Es gibt auch Fälle von reiflich erwogenem Altruismus wie zum Beispiel das Spenden einer Niere an eine fremde Person. Und dann ist da die spontane Eingebung, die geistesgegenwärtige, heroische Tat eines einzelnen Augenblicks, wenn unter hohem persönlichen Risiko ein Leben gerettet wird. Doch auch die im Test erfassten ganz alltäglichen Handlungen – die vielen Tausend Tassen Tee, die für andere gekocht wurden, die unzähligen eingelassenen Badewannen, die gemachten Komplimente, die verschickten Dankeskarten, die lächelnden Gesichter in Geschäften, die heruntergefallenen Fahrkarten, die ihren Besitzern zurückgegeben werden – sind nach allgemeiner Auffassung Gesten der Freundlichkeit und sollten als solche gewürdigt werden.

In der Praxis überschneiden sich die verschiedenen Arten von Freundlichkeit oft. Für eine gute Tat kann Mut oder Dankbarkeit ausschlaggebend sein, Verständnis oder Liebe, Fürsorge oder Mitgefühl – oder eine Kombination aller Motive. Fremden gegenüber freundlich zu sein ist in gewissem Sinne immer mit einem Opfer verbunden, bereitet dem, der so handelt, aber auch Freude.

Freundlich zu sein kann heißen, dass man erst aktiv wird, wenn sich die Gelegenheit bietet, oder dass man aktiv nach Gelegenheiten sucht, anderen etwas Gutes zu tun – beispielsweise durch ehrenamtliche Arbeit. Manchmal bedeutet Freundlichkeit, den Standpunkt des anderen wahrzunehmen und Verständnis für sein Handeln aufzubringen, ein andermal, dass man sich einmischt und einer anderen Person sagt, dass sie durch ihr Handeln andere verletzt. Manchmal muss man grausam sein, um freundlich zu sein, häufiger aber ist Sanftheit gefragt. Und obwohl es den Anschein hat, als könnten wir nicht freundlich genug sein, gilt das Sprichwort, dass man es auch zu gut mit den Leuten meinen kann. Freundlichkeit rührt nicht daher, dass wir jedem Verhalten mit Nachsicht begegnen oder stets die andere Wange hinhalten.

In diesem Buch betrachte ich freundliches Handeln als etwas, das mit der Absicht geschieht, einer anderen Person Gutes zu tun. Beachten Sie das Wort »Absicht«, denn wir alle erinnern uns gewiss an Situationen, in denen wir es gut meinten, unsere Gefälligkeit aber nicht die gewünschte Wirkung erzielte.

Wir erbaten uns von den Teilnehmenden aber nicht nur Angaben zu Gefallen, die sie anderen getan haben, sondern auch zu Situationen, in denen sie Akte von Freundlichkeit beobachten konnten.

Top Five der Situationen, in denen Menschen freundliches Handeln beobachten

1. Zu Hause
2. In medizinischen Einrichtungen
3. Am Arbeitsplatz
4. Im Grünen
5. In Geschäften

Am seltensten, sagten uns die Teilnehmenden der Studie, erlebten sie Freundlichkeit im Netz, was Sie vielleicht nicht überrascht angesichts von Häme und Hass, die wir aus den sozialen Medien kennen (wenngleich man dort natürlich auch auf Freundlichkeit und Unterstützung trifft – mehr dazu in Kapitel 3 ½). Es überraschte mich jedoch, dass die Teilnehmenden angaben, in öffentlichen Verkehrsmitteln und auf der Straße kaum einmal Freundlichkeit zu erleben. Der Grund für meine Überraschung ist, dass ich freundliche Gesten, die ich in der Öffentlichkeit beobachte, in einem Tagebuch festhalte und immer wieder beobachte, dass Kinderwagen Treppen hinaufgetragen, Älteren ein Sitzplatz angeboten und Aus-der-Tasche-Gefallenes zurückgegeben wird. (Parallel zu weiteren Ergebnissen des Freundlichkeitstests werde ich übrigens im ganzen Buch auszugsweise aus meinem »Freundlichkeits-Tagebuch« zitieren und lege Ihnen ans Herz, selbst so ein Tagebuch zu führen.)

In unserer Studie baten wir die Teilnehmenden auch, sich an das letzte Mal zu erinnern, als eine Person ihnen und als sie einer Person einen Gefallen getan haben. Ich muss zugeben, dass mir beim Durchklicken vollgeschriebener Fragebögen in der Regel nicht gerade das Herz aufgeht, in diesem Fall jedoch war ich tief bewegt und gebe zu, dass mir gelegentlich sogar Tränen in die Augen traten, als ich durch Tausende von kurzen Einträgen scrollte, in denen jedes Mal ein Moment der Freundlichkeit zwischen zwei Menschen geschildert wurde.

Es ist belegt, dass wir ein warmes Gefühl verspüren, wenn wir nett zu jemandem sind – diese Wärme ist bei Gehirnscans sichtbar, und ich spürte sie bereits körperlich, als ich nur von den vielen freundlichen Gesten las. Ich füge zwischen den einzelnen Kapiteln eine Auswahl aus den uns übermittelten Sätzen ein, um auch Sie an diesem ermutigenden Erlebnis teilhaben zu lassen.

Nehmen ist so gut wie geben

Bevor ich diese Einleitung abschließe, möchte ich noch auf ein Gebiet hinweisen, das beim Nachdenken über Freundlichkeit zuweilen zu kurz kommt. Vielleicht ist es zu offensichtlich und eine Finanzierung deshalb schwerer aufzutreiben, aber die Forschung wendet weniger Zeit für den Nutzen einer guten Tat auf Empfänger*innenseite auf als für den Nutzen auf der Geber*innenseite. Aus eigenem Erleben wissen wir aber, dass sich die Person, der jemand etwas Gutes tut, umsorgt, geschätzt und wahrgenommen fühlt, vor allem verspürt sie jedoch Verbundenheit zu anderen Menschen. Diese Verbindung hat großen Einfluss auf unser Wohlbefinden. Die psychologische Forschung zeigt, was Freundlichkeit und Empathie für die kindliche Entwicklung bedeuten, für die Beziehungen, die wir in unserem Leben eingehen, und für die Art und Weise, wie wir schwierige Lebenssituationen bewältigen.[1] Freundlichkeit hat eine positive Wirkung auf uns. Hier sind nur einige wenige Beispiele:

— Erwachsene und Kinder empfinden ihre Beziehungen als befriedigender, wenn ihre Partner*innen oder Eltern in der Lage sind, Dinge auch von ihrem Standpunkt aus zu betrachten.
— Ebenso haben Menschen, die freundliche Gefühle für die Person hegen, mit der sie zusammen sind, auch in späteren Jahren engere, vertrauensvollere Beziehungen.
— Empathische Menschen neigen weniger dazu, zwanghaft zu grübeln, wenn sie unglücklich über eine Handlung der Person sind, mit der sie ihr Leben teilen. Sie können auch besser verzeihen.
— Sollen Studierende ihre Lehrkräfte bewerten, rangieren für sie Mitgefühl und Rücksichtnahme neunmal höher als fachliche Kompetenz.

— Krebskranke Kinder empfinden subjektiv weniger Schmerz, wenn ihre Eltern einfühlsam auf sie eingehen.[2]

Es versteht sich zwar von selbst, muss aber trotzdem gesagt werden: Wir mögen es, wenn andere freundlich zu uns sind.

Eine Geschichte von zwei Journalisten

Es ist 20 Jahre oder noch länger her, dass zwei berühmte Journalisten ungefähr zur gleichen Zeit ihren Ausstand gaben. Der eine veranstaltete eine große Party in einem Londoner Club, bei der teurer Wein und schickes Essen kredenzt wurden, alles bezahlt von seinem Arbeitgeber. Hunderte Menschen nahmen teil, darunter alles, was Rang und Namen hatte. In Reden wurden die Großtaten des Journalisten gerühmt, die zahlreich waren, doch in den kleinen Grüppchen, die später überall im Raum standen, tauschten die Gäste Geschichten darüber aus, wie schrecklich dieser Mann als Kollege gewesen war.

Der andere Journalist feierte seinen Abschied in wesentlich bescheidenerem Rahmen. Es gab eine Bar, an der die Getränke selbst bezahlt wurden, und die Gäste beteiligten sich an den Kosten des Buffets. Hohe Tiere waren nicht anwesend, doch obwohl die Feier an einem Samstagabend stattfand, kamen viele Angestellte in den Zwanzigern, Vorzimmerdamen und Reinigungskräfte vorbei, um den Sechzig-plus-Kollegen gut gelaunt in den Ruhestand zu verabschieden. In den Gesprächen des Abends ging es nicht um die beruflichen Großtaten dieses Mannes, sondern darum, was für ein durch und durch netter Mensch er gewesen war.

Ich weiß, welchen Ausstand ich, wenn die Zeit gekommen ist, lieber feiern würde, und ich hoffe, Sie werden sich durch die Lektüre dieses Buchs wünschen, vor allem als freundlicher Mensch im Gedächtnis zu bleiben. Denn wenn es so kommt, werden Sie – als großzügiger und freundlicher Mensch – auf ein glücklicheres und erfüllteres Leben zurückblicken, was übrigens kein Grund dafür ist, nicht auch andere Ziele anzustreben. Sie können ein*e Spitzenjournalist*in sein – sogar ein berühmter Rockstar – und zugleich freundlich zu anderen sein. Freundlichkeit hemmt Sie nicht, sie macht Sie frei.

In einer Zeit hochpolarisierter öffentlicher Meinung, in der sogar der Hashtag #bekind in sozialen Medien gelegentlich als Waffe eingesetzt wird und in der die Welt mit ernsten Bedrohungen konfrontiert ist, mit bewaffneten Konflikten, einer Flüchtlingskrise, dem Klimawandel und künftigen Pandemien, ist engere Kooperation auf globaler, regionaler und lokaler Ebene dringend erforderlich. Und da Angstzustände, Stress und Depressionen zunehmen, müssen wir unser Augenmerk auf persönlicher Ebene stärker auf Mitgefühl und Fürsorglichkeit lenken. Doch bevor dies alles geschehen kann, müssen wir wieder begreifen, welchen Stellenwert Freundlichkeit hat, und sie neu schätzen lernen. Sie hilft uns, Bündnisse mit anderen zu schmieden. Sie sollte in unserem Leben nicht nebensächlich sein, ist sie doch ein Grundzug der menschlichen Natur. *Miteinander* wird daher hoffentlich einige Rätsel der Freundlichkeit lösen und Mittel und Wege aufzeigen, wie wir alle freundlicher zueinander, zur Welt und zu uns selbst sein können.

Der letzte Gefallen,
den mir eine Person getan hat

Der Freundlichkeitstest

Eine Freundin hat mich in einem Post auf Facebook getaggt, in dem es hieß, ich sei der pure Sonnenschein — das hat mich sehr gefreut.

Ich war mit meinem Hund bei einem Hundewettbewerb, und als ich dort Mühe hatte, meinen Pavillon aufzubauen, weil es sehr windig war, eilten mir drei Personen, alles Frauen, zu Hilfe.

Meine erwachsene Tochter hat mir für die Hochzeit meiner Nichte die Fußnägel lackiert.

Mein Mann hat das von unserem neuen Welpen im Flur hinterlassene Pipi beseitigt, obwohl wir ausgemacht hatten, dass ich das tun würde.

Ich konnte zu einer mit Freund*innen vereinbarten Woche Urlaub in Cornwall nicht mitkommen. Sie haben mir von dort eine Tüte mit Leckereien mitgebracht. Schöne Idee.

Meine Freundin hat mich geküsst. Und ich bin wirklich ein ziemliches Ekel.

Mein Vogelhäuschen war kaputtgegangen, und ein Freund hat, ohne einen Ton zu sagen, für mich aus altem Holz ein neues gebaut, es gebeizt und gestrichen.

Eine Freundin hat mir zugehört, als ich ausführlich von einem komplizierten Problem erzählt habe, und hat mir mit Ratschlägen beigestanden.

Jemand hat ein Tor für mich aufgehalten, sodass ich schnell durchlaufen konnte.

1

Es gibt mehr Freundlichkeit auf der Welt, als Sie denken

Vor ein paar Jahren stolperte eine Freundin über den Roller, den ihr zwei Jahre alter Sohn auf der Straße liegen gelassen hatte, und schnitt sich dabei so heftig, dass sie aufschrie vor Schmerz. Sie musste sich die Wunde später im Krankenhaus nähen lassen. Ein Passant, ein Erwachsener, eilte ihr zu Hilfe, ihr Sohn jedoch nahm keinerlei Notiz von ihr. Dass sie Schmerzen hatte, interessierte ihn offenbar nicht. Sein Wutanfall ging fast ohne Unterbrechung weiter.

Geschichten dieser Art lassen uns vermuten, Kleinkinder wären egoistische kleine Ungeheuer, wie sehr wir sie auch lieben. Es hat häufig den Anschein, als interessierten sie sich schlicht nur für sich selbst, und es gibt ja auch Belege dafür, dass die Kleinkindzeit der Lebensabschnitt ist, in dem wir am aggressivsten sind und am stärksten zur Gewalt neigen. Mit zunehmendem Alter lässt das aber bald nach, sodass es in der Adoleszenz deutlich friedfertiger zugeht.[1] Es hat jedoch einen guten Grund, weshalb Kleinkinder den Schmerz anderer nicht beachten oder sogar selbst verursachen. Wie tausendfach in psychologischen Studien nachgewiesen, tun sich Kinder in diesem frühen Alter schwer, den Standpunkt anderer wahrzunehmen, sogar wenn es sich dabei um die eigene Mutter handelt. Das liegt daran, dass ihr Gehirn noch nicht entwickelt genug ist und ihre kognitiven Fähigkeiten noch beschränkt sind. Es ist nicht ihre Schuld, dass sie auf sich selbst fixiert sind. Wir sollten jedoch auch nicht glauben, dass kleine Kinder völlig unfähig zur Freundlichkeit sind.

Die gar nicht so schrecklichen Kleinen

Gesehen haben wir das alle schon: ein Zweijähriger, der nicht teilen will, sein Spielzeug an die Brust drückt, fest entschlossen, dass kein anderes Kind damit spielen darf. Es dauert seine Zeit, bis Kinder gelernt haben, »schön zu teilen«, ein Charakterzug, den ja nicht einmal alle Erwachsenen besitzen. Etwas sein eigen zu nennen ist ein starkes Gefühl, in der Psychologie bekannt als Besitztumseffekt. Wir möchten an dem festhalten, was uns bereits gehört, sträuben uns, es wegzugeben oder auch nur einzutauschen.

In meinem Buch *Mind Over Money* habe ich von einigen aufschlussreichen Experimenten berichtet, mit denen sich dieser Effekt messen lässt.[2] Geben Sie beispielsweise jemandem einen Kaffeebecher, wohlgemerkt gratis, werden Sie feststellen, dass der Beschenkte den Becher äußerst ungern an Sie zurückverkauft, es sei denn, Sie zahlen ihm dafür mehr als den ursprünglichen Wert, auch wenn er ihn eigentlich umsonst bekam. Haben und nicht mehr hergeben: das ist vielfach unsere Devise.

Wenn es sich schon bei Erwachsenen so verhält, wie ist es dann erst bei Kleinkindern? So schlimm steht es um das Abgeben und Teilen in der Phase nach dem zweiten Lebensjahr aber gar nicht. Zumindest zeigt das eine von Julia Ulber und ihrer damaligen Arbeitsgruppe am Max-Planck-Institut für evolutionäre Anthropologie in Leipzig durchgeführte Untersuchung.

Ulber händigte zu Beginn zwei Zweijährigen ein Tütchen Murmeln aus. Den Kindern wurde auch eine verschlossene Box mit einem Loch darin gezeigt – in der Box lag ein Xylophon. Wurde eine Murmel durch das Loch in der Box fallen gelassen, landete sie auf dem Xylophon und erzeugte, wie von den Forschern vorgeführt, ein lautes Klimpern – ein Geräusch, wie kleine Kinder es besonders mögen. Sie meinen, ein solches Szenario könne doch nur in Tränen enden? Die Zahl der Murmeln war schließlich begrenzt, und welches kleine Kind würde nicht alle an sich reißen, um maximales Xylophongeklimper zu erzeugen? Die Ergebnisse waren jedoch ermutigender, als Sie vielleicht glauben. Sicher, in 19 Prozent aller Testpaarungen riss ein Kind alle Murmeln an sich und brachte das andere Kind zum Weinen oder löste Wut in ihm aus. Doch das war nicht die ganze Geschichte und auch nicht die entscheidende Erkenntnis. Denn fast die Hälfte der Zeit teilten die Kinder die Murmeln – und jetzt kommt's – zu gleichen Teilen unter sich auf.[3]

Manchen Eltern mag das vorkommen wie der Stoff, aus dem Märchen gemacht sind. Doch die Studie erbrachte nicht nur dieses Ergebnis, es wurde sogar noch viel besser. Als das Experiment mit unfairen Parametern stattfand und ein Kind zu Beginn mehr Murmeln bekam als das andere, gab ein Drittel der Kinder dem anderen, benachteiligten, Kind sogar einige seiner Murmeln ab.

Ein bemerkenswertes Ergebnis. Und doch sind Ulbers Funde keine Ausreißer. Kleinkinder können, wie sich herausstellt, nicht nur freundlich sein, sondern freuen sich auch, wenn sie anderen helfen können – eine Reaktion, die, wie ich mehrfach im Buch erörtern werde, den Akt der Freundlichkeit nicht schmälert, sondern verstärkt.

Stellen Sie sich das nächste Experiment bildlich vor. Ein Wissenschaftler hängt Wäsche auf eine Leine und benutzt dafür Wäscheklammern. Derweil spielt ein kleines Kind, es rollt Murmeln in eine Röhre, was ein lustiges Geräusch erzeugt. Zu gegebener Zeit hat das Kind keine Murmeln und der Wissenschaftler keine Klammern mehr, woraufhin er eine Box vom Fensterbrett nimmt und so tut, als bekäme er den Deckel nicht auf. Das Kind schaut zu. Die Box bleibt auf dem Boden liegen, der Deckel ist noch immer verschlossen. Das Kind, nun ohne Murmeln, die es ablenken, beginnt, die Box zu untersuchen. Es testet den Deckel, den es natürlich – wie geplant – ohne Weiteres abnehmen kann. Darin findet es einen von drei Gegenständen: ein nutzloses Stück Plastik, eine Murmel oder eine Wäscheklammer.

All diese Abläufe sind auf Film festgehalten, damit die Arbeitsgruppe Mimik und Körpersprache der kleinen Testpersonen analysieren kann. Und in dieser Phase des Experiments wird es besonders interessant, denn es gibt eindeutige und messbare Unterschiede in der Reaktion der jeweiligen Kinder, abhängig davon, was sie in der Box vorfanden. War es das nutzlose Stück Plastik, reagierten die Kinder gleichgültig bis enttäuscht. Der Fund einer Murmel machte ein Kind natürlich viel glücklicher. Fanden die Kinder in der Box allerdings die Wäscheklammer, wirkten sie (mit Ausnahme eines Kindes) am zufriedensten. Die Kamerabilder zeigen, wie sie mit stolzgeschwellter Brust und einem Lächeln, noch strahlender als nach dem Fund der Murmel, zu dem Wissenschaftler gehen. Sie sind, das ist deutlich erkennbar, begeistert von einem Fund, der ihnen selbst gar kein besonderes Vergnügen bereitet, dem Erwachsenen, wie sie beobachtet haben, aber beim Aufhängen der Wäsche hilft. Ich gestehe, dies ist eins meiner Lieblingsexperimente in der Kinderpsychologie, da sich hier die noch sehr kleinen Kinder sehr liebenswürdig und unverkennbar freundlich verhalten.[4]

Kleine Samariter

Entgegen landläufiger Meinung können kleine Kinder freundlich sein, anderen helfen oder mit ihnen teilen. Und sogar in noch
jüngeren Jahren sind Kinder erwiesenermaßen bereits fähig zu
einer weiteren Art freundlichen Verhaltens – zum Trösten.

Gezeigt hat das eine Studie aus den Neunzigerjahren, durchgeführt von der Psychologin Carolyn Zahn-Waxler am Natio-
nal Institute of Maryland. Sie hat Mütter instruiert, ihren ein bis
zwei Jahre alten Kindern vorzuspielen, es ginge ihnen nicht gut,
und danach die beobachteten Reaktionen der Kinder festzuhalten. (Stichprobenartig wurden einige Szenen videoüberwacht,
um zu verhindern, dass wohlwollende Mütter ihren Kindern
übermäßiges Mitgefühl attestierten.) Die Mütter husteten oder
rangen zehn Sekunden lang nach Luft. Oder sie täuschten vor,
sie hätten sich am Fuß oder am Kopf gestoßen, sagten Au, rieben
sich die Stelle oder gaben sich lustlos und saßen zehn Minuten
lang seufzend da; oder aber – hochdramatisch! – sie täuschten
zehn Sekunden lang vor, zu schluchzen. Ergänzend zu den im
Experiment gewonnenen Daten hielten die Mütter auch fest,
wie ihre Kinder sich bei ähnlichen Vorkommnissen im Alltag
verhielten.

Carolyn Zahn-Waxler und die Mütter suchten Fälle, in denen
die Kleinkinder ihre Mütter umarmten, tätschelten oder küss-
ten oder, sofern sie bereits im sprechfähigen Alter waren, etwas
Tröstliches oder Mitfühlendes sagten. Alternativ begannen einige Kinder aber auch ihrerseits zu quengeln oder zu schluchzen.
Die Studie zeigte, dass über die Hälfte der Kleinkinder, die das
erste Lebensjahr bereits überschritten hatten, eine irgendwie ge-
artete freundliche Reaktion erkennen ließen, vornehmlich indem sie ihre Mütter umarmten oder tätschelten. Die Einjähri-
gen ließen bei zehn Prozent der Male, die ihre Mütter traurig

waren, Anteilnahme erkennen – kein großer Prozentsatz, aber doch beachtlich. Und hatten die Kinder das zweite Lebensjahr vollendet, reagierten sie in beeindruckenden 49 Prozent der Fälle mit Freundlichkeit.

Welche Schlüsse ziehen wir aus diesen Befunden? Erstens, dass schon Einjährige es verstehen, wenn ihre Mütter traurig sind, und erwiesenermaßen freundlich darauf reagieren können. Freundlichkeit ist allerdings nicht die Standardreaktion von Kindern dieses Alters. Denken Sie an meine Freundin mit der Verletzung nach dem Stolpern über den Roller. Es gab sogar Fälle, bei denen sich die Kleinen über den erkennbaren Kummer ihrer Mütter zu freuen schienen, vor allem wenn sie selbst die Ursache dafür waren. Doch auch das war nicht unbedingt ein Indiz für kindlichen Sadismus, da die gespielte Szene durch Übertreibungen der Mütter, so Zahn-Wexlers Vermutung, auch ins »Komische« gekippt sein konnte.[5] Diese Videos, das muss ich zugeben, würde ich wirklich zu gern sehen.

Ein anderer einflussreicher Wissenschaftler, der sich für Altruismus bei Kleinkindern interessiert, ist Michael Tomasello, ebenfalls am Max-Planck-Institut tätig, der an einigen der weiter vorn genannten Studien beteiligt war. Bei einem anderen Experiment stellten er und ein Kollege fest, dass Kinder schon mit anderthalb für die erwachsene Person im Raum eine Schranktür öffnen, wenn sie sehen, dass sie einen Stapel Zeitschriften auf dem Arm trägt und deshalb die Tür nicht selbst öffnen kann.[6] Die Kinder tun es sogar, wenn sie zuvor ein lustiges Spiel bekommen haben, das sie für einen Augenblick unterbrechen müssen, um zu helfen. Die kleinen guten Samariter gehen sogar so weit, dass sie über Hindernisse hinwegkrabbeln, die zuvor auf ihrem Weg deponiert worden sind, so entschlossen sind sie, der erwachsenen Person mit der Last auf den Armen behilflich zu sein.

In einem anderen von Tomasello und seinem Team durch-geführten Experiment erhielten kleine Kinder die Aufgabe, mit einer weiteren Person zusammen eine verschlossene Box zu öff-nen, und machten die – verblüffende – Feststellung, dass 42 Pro-zent der Kleinen dabei halfen, wenn diese zweite Person erwach-sen war, 75 Prozent jedoch dazu bereit waren, wenn es sich um ein weiteres Kind handelte.[7] Kleine Kinder verstehen offenbar nicht nur, dass ein anderes Kind gleichen Alters eher Hilfe be-nötigt als ein erwachsener Mensch, sondern sie sind auch hilfs-bereit, ohne eine Gegenleistung zu erwarten, die sie bei Er-wachsenen eher erhoffen dürfen. Ihre Gehirne sind noch nicht entwickelt genug für die kognitiven Schritte, die für das Erfas-sen des Begriffs der Reziprozität notwendig sind. Sie sind freund-lich, weil sie einfach freundlich *sind*. Ihre Freundlichkeit ist fest verdrahtet und Teil des Schaltkreises Mensch, behauptet To-masello. Auf ihn geht auch die Entdeckung zurück, dass sogar Schimpansen, die zwar von Menschen versorgt, jedoch in der Wildnis geboren wurden und die eher für ihre Aggression als für ihre Freundlichkeit bekannt sind, jemandem, den sie noch nie zuvor gesehen haben, einen für ihn unerreichbaren Gegen-stand bringen, ohne als Gegenleistung dafür Bananen zu be-kommen.

Tomasello bezeichnet Kleinkinder als »spontane Altruisten«. Liebenswürdig, wie sie sind, helfen sie, wenn sie das wollen, jedem. Erst im späteren Alter werden die Kinder wählerischer. Das ist aus evolutionärer Perspektive sinnvoll. Sind wir noch sehr klein, verbringen wir viel mehr Zeit mit unserer eigenen Sippe oder mit anderen Vertrauenspersonen und brauchen deshalb we-niger auf der Hut zu sein. Werden wir älter, begegnen wir immer öfter Menschen, die nicht mit uns verwandt sind, und müssen entscheiden, zu wem wir freundlich sind und wem wir vertrau-en können.

Kleine Kinder interessieren sich auch kaum dafür, welches Ansehen ihnen Freundlichkeit oder Unfreundlichkeit einträgt. Sie freuen sich natürlich, wenn sie von ihren Eltern gelobt werden, haben aber noch kein über den jeweiligen Augenblick hinausgehendes Verständnis dafür, was andere generell von ihnen halten. Was Anpassung an soziale Normen bedeutet, können sie noch nicht verstehen.

Freundlichkeit wächst mit

Werden Kinder älter, reift ihre Einsicht in Freundlichkeit, und ihre freundlichen Gesten werden überlegter. Gezeigt hat das die Arbeit von John-Tyler Binfet, einem Professor an der University of Columbia und zweifellos selbst ein sehr freundlicher Mensch, zählt zu seinen vielen Erfolgen doch auch die Entwicklung eines Programms namens BARK, das für Building Academic Retention through K9s steht (ein Akronym, das sicher einige gedankliche Anstrengung gekostet hat!). Bei BARK werden Therapiehunde zur Stärkung des Wohlbefindens gestresster Studierender auf dem Campus seiner Universität eingesetzt. Als John-Tyler an »Kindfest« teilnahm, einer von mir im Pandemiejahr 2020 moderierten Video-Konferenz anlässlich des Weltfreundlichkeitstags, saß neben ihm ein herrlicher Begleithund, ein Golden Retriever, der dazu beitrug, dass alle Teilnehmenden sich entspannten und eine großartige Diskussion entstand. Wie auch immer, John-Tylers wissenschaftliche Arbeit zum Thema Freundlichkeit beginnt damit, dass Kinder Bilder dazu zeichnen, wo und wann sie etwas Nettes getan haben, und was das war.[8]

Seiner Ansicht nach fallen solche Taten in verschiedene Kategorien, physische und inklusive Freundlichkeit etwa, Dinge, die Kinder gedanklich erst durchdringen können, wenn sie etwas älter werden. Auf einem Bild zeigte zum Beispiel ein acht Jahre altes Mädchen, wie sie einer Freundin, die hingefallen war, beim Aufstehen half. Eine Darstellung inklusiver Freundlichkeit zeigte ein weinendes Mädchen und eines, das nach dem Grund fragte. Das eine Mädchen sagt, sie habe niemanden zum Spielen, und das andere sagt: »Da habe ich mit ihr gespielt.« Mich hat auch ein Bild angesprochen, dem man ein weit entwickeltes Verständnis dafür, was eine gute Tat sein kann, entnehmen konnte: Ein Junge hatte sich selbst mit großen Ohren im Unterricht gezeichnet. Ich »helfe meiner Lehrerin und höre zu«, erklärte der Junge dazu.

Als er seine jungen Testpersonen bat, zu zeichnen, wo und inwiefern ihre Lehrer*innen freundlich sind, habe er Bilder erwartet, berichtete Binfet den Konferenzteilnehmern, auf denen Lehrpersonen Süßigkeiten an die Kinder verteilten oder anboten, die Pausenzeit zu verlängern, mit anderen Worten, er habe geglaubt, die Kinder würden an Handlungen denken, die ihnen unmittelbar nützten. Er stellte jedoch beeindruckt fest, dass sie mindestens ebenso oft zeichneten, wie eine Lehrperson einem Mitschüler bei Mathe half. Und als Kinder im Alter von zehn und elf für ihn aufschrieben, was sie unter Freundlichkeit verstehen, definierten sie es als »aufpassen, dass sich niemand ausgeschlossen fühlt und alle glücklich sind«.

Für die Studie wurden die Kinder auch gebeten, sich für die kommende Woche fünf gute Taten vorzunehmen. Ihre Listen enthielten Dinge, wie dem Nachbarn bei seinen Einkäufen zu helfen und dem Bruder von der Pizza abzugeben. Ein Vorhaben war besonders rührend und sehr genau durchdacht: Der betreffende Junge wollte sich bemühen, vor seinem Freund nicht mehr so oft von seiner Mutter zu sprechen, da die Mutter des Freundes, wie er sagte, im Jahr zuvor gestorben war. Bei einem Kind dieses Alters zeugt das von einem eindrucksvollen Niveau der Selbstbeherrschung und der Fähigkeit, sich in andere hineinzuversetzen.[9]

Wenn es zutrifft, dass Kinder mit dem Älterwerden freundlicher werden, trifft es dann auch zu, dass sie, wenn sie ins Teenageralter kommen, in frühere Verhaltensmuster zurückfallen? Ja, in gewissem Maße. Teenager können ichbezogen und rücksichtslos sein (auch missmutig und einsilbig), das ist jedoch nicht allein ihre Schuld. Zunächst einmal ist es nicht einfach, sich den Weg durch die Pubertät hin zur Eigenständigkeit zu bahnen. Dazu kommt, das zeigt die neurowissenschaftliche Forschung von Professor Sarah-Jayne Blakemore (eine große Verteidigerin von Teenagern, die an der University of Cambridge lehrt), dass ihre noch in der Entwicklung befindlichen Gehirne länger brauchen, um bestimmte Dinge aus der Perspektive anderer zu betrachten.[10] Bei der Auswertung einer Befragung dazu, wie eine befreundete Person sich fühlen würde, die nicht zu deiner Party eingeladen ist, stellte Professor Blakemore fest, dass Erwachsene Sachverhalte schneller einschätzen können als Jugendliche und dass sie ihren Verstand effektiver nutzen. Nicht alle Bereiche des Gehirns entwickeln sich beim Heranwachsen gleich schnell, was zu der Annahme führt, dass sich das Belohnungszentrum des Gehirns in der Adoleszenz schneller entwickelt als der präfrontale Kortex, der Teil des Gehirns, der für Selbstkontrolle und planendes Handeln steht. Das könnte erklären, warum Teenager manchmal Entscheidungen treffen, die egoistisch scheinen.

Ungeachtet dessen hat John-Tyler Binfet von der UBC auch Belege dafür gefunden, dass Teenager in puncto freundliches Verhalten keine hoffnungslosen Fälle sind. Genau wie bei den jüngeren Kindern bat er auch 14 und 15 Jahre alte kanadische Schüler*innen, sich fünf gute Taten für eine Woche zu überlegen. Dann ordnete er die gewählten Vorhaben Kategorien zu, beginnend mit dem am häufigsten genannten (zum Beispiel eine weinende Klassenkameradin zur Toilette begleiten), gefolgt von etwas geben (einem anderen Teenager einen Vierteldollar für den Süßigkeitenautomaten zu schenken) bis hin zu respektvoll sein (was, wie ich mit Interesse zur Kenntnis nahm, häufig bedeutete, irgendetwas *nicht* zu tun – beim Abendessen *nicht* gierig zu schlingen, ein Geschwister oder eine Freundin *nicht* zu hänseln).

Interessant fand ich auch, dass es im Hinblick auf die geplanten guten Taten keine großen Unterschiede zwischen Jungen und Mädchen gab, mit der Ausnahme, dass mehr Jungen sich etwas vornahmen, was mit Respekt zu tun hatte. Nun frage ich mich – vielleicht aus Voreingenommenheit zugunsten meines eigenen Geschlechts –, ob Mädchen einfach davon ausgehen, dass man bestimmte Dinge nicht tut, statt Zurückhaltung als Freundlichkeit aufzufassen. Vielleicht ist das den Jungen gegenüber aber ungerecht. Insgesamt fällt auf, dass die Vorstellungen der Teenager, was als Freundlichkeit gilt, doch sehr differenziert waren – angefangen vom verhassten Einräumen der Spülmaschine, das man den Eltern zuliebe trotzdem tut, bis dazu, dass man einen anderen in einer Diskussion verteidigt, auch wenn man dessen Standpunkt nicht teilt.

Jetzt höre ich schon Teenager-Eltern sagen, alles schön und gut, aber es ist ein RIESEN-Unterschied, ob ein Teenager *sagt*, er will etwas tun, und ob er es *tatsächlich* tut. Ob er zum Beispiel die Sachen, die er in seinem Zimmer gerade auf den Boden geworfen hat, auch wirklich aufräumt. Oder wirklich noch vor Mittag aufsteht. Oder überhaupt mal etwas anderes tut, als Computerspiele zu spielen.

Trotzdem möchte ich Teenager noch einmal verteidigen. Bei der Übung schafften es 94 Prozent der Teilnehmenden, wenigstens drei ihrer geplanten fünf Vorhaben durchzuführen, und insgesamt verwirklichten 191 Schüler 943 gute Taten. Angemerkt werden muss jedoch, dass es sich bei den Adressat*innen der Freundlichkeit zehnmal häufiger um Familienangehörige oder befreundete Personen als um Fremde handelte.[11]

Man darf diese Befunde natürlich nicht überbewerten – die Teenager bearbeiteten schließlich eine ihnen gestellte Aufgabe. Trotzdem kann Binfets Arbeit, wie er selbst sagt, einiges dazu beitragen, die negativsten Stereotype im Zusammenhang mit Teenagern infrage zu stellen. Sie können sehr fürsorglich und aufmerksam sein, wenn sie wollen, das steht fest.

Älter und freundlicher?

Wie wir gesehen haben, können sogar kleine Kinder und Teenager freundlicher sein, als wir meinen. Dennoch nehmen unsere Fähigkeit, freundlich zu sein, und die Tendenz, uns freundlich zu verhalten, mit dem Älterwerden insgesamt erwiesenermaßen zu. Das ist sehr allgemein gesagt, gewiss, und auch wenn einige Studien zeigen, dass ältere Erwachsene im Durchschnitt freundlicher sind als jüngere, messen andere Studien hier keinen Unterschied. Auch beinhalten viele Studien Tests zu finanzieller Großzügigkeit oder zu Gelegenheiten zur Erlangung finanzieller Vorteile durch freundliches Verhalten, was problematisch ist. Sobald Geld eine Rolle spielt, wir uns in einen finanziellen Denkrahmen begeben, werden wir in unseren Entscheidungen beeinflusst.[12]

Um dieses Problem zu lösen, untersuchte eine neuere Studie, wie viel körperliche Mühe Menschen bereit sind, sich für andere zu machen. Gute Taten verlangen oft physischen Einsatz – ob wir einem Vater oder einer Mutter helfen, einen Kinderwagen die Treppe zum Bahnhof hinaufzutragen, oder einem Fremden nachlaufen, der etwas verloren hat. Dennoch wird diese Art der Freundlichkeit in der Forschung häufig übersehen. Nicht allerdings in einer Studie, die Patricia Lockwood von der University of Birmingham durchgeführt hat.

Hier erhielten die Teilnehmenden einen Kraftmesser, ein Gerät, das man in der Hand hält und drückt, so fest man kann. Je fester und länger eine Person zudrücken konnte, was ganz schön anstrengend ist, desto höher fiel die Belohnung aus, die sie erhielt, manchmal für sich und manchmal für andere. Was fand Professor Lockwoods Team nun heraus?

Kurz und bündig, dass ältere Personen mehr Freundlichkeit an den Tag legten als jüngere. Genauer gesagt, wendeten Personen im Alter zwischen 65 und 84 genauso viel Körperkraft auf, wenn die Belohnung jemand anderem zugutekam, wie bei einer Belohnung für sich selbst. Personen zwischen 18 und 36 taten das nicht.[13] Noch genauer, die Gruppe der Jüngeren war bereit, sich ein bisschen für andere anzustrengen, aber nicht zu sehr: Als das Drücken des Kraftmessers schwerer wurde − es gibt sechs Stufen −, gaben die meisten bald auf, wohingegen die Älteren dranblieben. Und nicht nur das. Die Älteren berichteten außerdem, sie hätten mehr innere Wärme gespürt, nachdem sie wie verrückt für andere gedrückt hatten.

(Um Ihrer Frage zuvorzukommen: Die Forschungsgruppe maß vorher den Händedruck aller Teilnehmenden und kalkulierte die jeweiligen Werte mit ein.)

Diese Ergebnisse sind nicht überraschend. Dass jüngere Menschen stärker auf die Durchsetzung ihrer eigenen Interessen bedacht sind, spiegelt lediglich ihre noch prekäre Situation zu Beginn des eigenen Lebens wider. Damit soll nicht gesagt sein, dass jüngere Leute nicht freundlich sind. Im Freundlichkeitstest hatte das Alter nur minimalen Einfluss auf die Zahl der von den Teilnehmenden genannten Gefälligkeiten und nicht annähernd so viel Einfluss wie die Persönlichkeit (vielleicht erinnern Sie sich: Extrovertierte, offene und tendenziell eher umgängliche Menschen schnitten im Durchschnitt besser ab). Ältere spendeten nach eigenen Angaben jedoch mehr für wohltätige Zwecke, und als an der Studie Teilnehmende gefragt wurden, wie viel sie von einem unerwarteten Geldregen von 850 Pfund abgeben würden, nannten Ältere eine geringfügig höhere Summe als Jüngere, unabhängig vom jeweiligen Einkommen.

Als jemand, der irgendwo zwischen nicht mehr ganz jung, aber auch noch nicht alt steht, könnte ich mich demnach also darauf freuen, vielleicht noch freundlicher zu werden. Und in puncto Freundlichkeit habe ich natürlich sowieso einen Vorsprung, gegenüber meinem Mann zum Beispiel, denn ich bin eine Frau, und Frauen sind freundlicher als Männer, stimmt's?

Nun ja – mehr oder weniger. Studien zeigen, dass Frauen bei Empathie- und Freundlichkeitstests im Durchschnitt besser abschneiden (wie es auch bei unserem Freundlichkeitstest der Fall war). Diese Befunde können jedoch auch auf das Studiendesign und das traditionelle Selbstbild von Männern und Frauen zurückzuführen sein. Kleine Mädchen wurden zum Helfen angehalten – jedenfalls war es so, als ich aufwuchs –, bekamen Puppen zum Kuscheln und Umsorgen geschenkt und wurden fürs Nettund Liebsein stets gelobt. Jungen hingegen wurden belohnt, wenn sie Stärke und Beharrlichkeit an den Tag legten, zähe kleine Burschen waren. Vielleicht ist es immer noch so. Erst neulich schickte mir jemand ein Bild von Mädchenunterhosen, in deren Bund das Wort »lieb« eingewebt war, während auf den Hosen für Jungen »Hogwards« und »Xbox« stand. Wenn alles gleich bleibt, ist es kein Wunder, dass Frauen tendenziell mehr Empathie zeigen. Möglicherweise stehen Frauen auch mehr unter Druck, in diesen Studien freundlich zu erscheinen, und bemühen sich mehr, erwartungsgemäß zu handeln, wenn man ihnen dabei zusieht, oder aber sie kreuzen bei Studien alle Kästchen an, die besagen, dass sie viel Gutes tun und Geld spenden.

In Untersuchungen aus dem Jahr 2008 arbeitete man mit einer geänderten Ausgangslage, indem man Männern sagte, Frauen fänden empfindsame Männer attraktiver. Bevor man ihre Empathie testete, sagte man den Probanden beispielsweise: »Männer, die weniger traditionell sind, machen einen besseren ersten Eindruck auf Frauen. Sie gelten als interessanter, als die besseren Gesprächspartner und sexuell begehrenswerter. Frauen trauen ihnen zu, dass sie niveauvoller flirten, und nehmen an, dass sie Bars und Clubs eher in Gesellschaft von Frauen als von Männern verlassen.« Diese Wortwahl mag heute etwas zweifelhaft klingen, doch unter dem Aspekt der Ermutigung von Männern zu mehr Empathie in Tests erfüllte sie den gewünschten Zweck.[14] Als man Männern sagte, wie begehrenswert Frauen Sensibilität finden, gelang ihnen signifikant besser als anderen Geschlechtsgenossen, herauszufinden, was andere dachten oder fühlten. Dass legt den Schluss nahe, dass ein Gespür dafür, ob es sich auszahlt, freundlich zu sein oder nicht, unser tatsächliches Verhalten beeinflusst.

In einem anderen Experiment sollten sich Männer und Frauen ein Video von einer jungen Frau anschauen, die nicht die Noten bekommen hatte, die für ein Aufbaustudium in den USA erforderlich sind. Wie in der vorhergegangenen Studie hatten die Teilnehmenden die Aufgabe, sich ihre Geschichte anzuhören und sich zu überlegen, wie sie sich zu bestimmten Zeitpunkten der Aufnahme wohl fühlte. Die Frauen schnitten hier besser ab als die Männer, bis allen für korrekte Antworten Geld angeboten wurde. Danach verbesserten sich die Leistungen der Männer wie der Frauen, und der große Unterschied zwischen ihnen verschwand.[15]

Dies ist ein Paradebeispiel für das, was ich weiter vorn ausgeführt habe – finanzielle Anreize verfälschen die Ergebnisse. Die Lehre daraus könnte sein, dass wir alle zur Empathie fähig sind, Männer ebenso wie Frauen, Jüngere ebenso wie Ältere, sofern wir die richtige Motivation erfahren.

Es liegt mir fern, vorzuschlagen, der Weg zu einer freundlicheren Welt bestünde darin, dass wir alle für Freundlichkeit bezahlt werden sollten, es ist jedoch nichts verkehrt daran, Freundlichkeit zu loben, sie auf andere Weise zu belohnen und vor allem dazu zu ermutigen. Wir müssen darüber nachdenken, wie wir eine Kultur schaffen, in der Freundlichkeit weithin anerkannt und gefördert wird.

Der Freundlichkeit in einer düsteren Welt auf der Spur

Ich hoffe, ich habe inzwischen genügend Ergebnisse belastbarer Forschung zitiert, um Sie davon zu überzeugen, dass die Behauptung, wir wären in jedem Abschnitt unseres Lebens eingefleischte, grausame Egoist*innen, für die freundliches Verhalten unnatürlich ist, nicht zutrifft. Wir sind vielmehr zu Beginn des Lebens (oder sobald wir Gelegenheit dazu haben) sehr freundlich und werden, während wir eine Reihe von Beziehungen eingehen, unser Gehirn heranreift und unsere Fähigkeit zur Regulation unserer Gefühle zunimmt, nur noch freundlicher, vorausgesetzt, wir werden darin bestärkt und unterstützt.

Das heißt selbstverständlich nicht, dass das für jede Person zutrifft oder dass wir alle ständig nur nett sind. Es soll sagen, dass Freundlichkeit ein wichtiger Bestandteil dessen ist, was uns ausmacht, und dass wir freundlicher sind, als wir es uns manchmal zutrauen.

Ein Grund für die mangelnde Anerkennung dieser Tatsache ist, dass negative Charakterzüge einer Person die Aufmerksamkeit ebenso auf sich ziehen, wie schlechte Nachrichten die Meldungen der Medien dominieren. Und natürlich sorgen wir uns tendenziell vor allem darum, ob wir womöglich Züge der dunklen Trias individueller Eigenschaften – Narzissmus, Machiavellismus und Psychopathologie – erkennen lassen, da Menschen mit diesen Zügen viel Schmerz und Kummer verursachen, wir uns also bei uns selbst und bei anderen davor hüten müssen.

In der Mehrheit lassen wir uns meistens aber davon leiten, was der amerikanische Psychologe Scott Barry Kaufman als helle Trias individueller Charakterzüge bezeichnet. Es sind dies: der *Kantianismus* – das heißt, die andere Person als Zweck in sich selbst zu betrachten; der *Humanismus* – das heißt, Würde und Wert jedes Individuums zu achten; und *Glaube an die Menschlichkeit* – also den Glauben an das grundsätzlich Gute im Menschen.

(Falls es Sie interessiert, können Sie sich im Internet auf Charakterzüge der hellen Trias testen.[16] Es dauert nur wenige Minuten. Mich hat sehr beruhigt, dass ich in puncto Glauben an die Würde und den Wert jedes Menschen 80 Prozent und in puncto Glauben an die Menschlichkeit 75 Prozent erreicht habe, das Dreifache meines Werts für Narzissmus. Allerdings ist es, fällt mir jetzt auf, vielleicht etwas narzisstisch, dass ich mich dieser Ergebnisse rühme, auch wenn ich mit einer so hohen Punktezahl keineswegs eine Ausnahme bin.)

Kaufman hat mit seiner Arbeit Neuland betreten und befindet sich noch in der Frühgeschichte seines Forschungsgebiets, seine Arbeitsgruppe konnte aber bereits zeigen, dass es in unserem eigenen Interesse ist, ein Mensch mit den Charakterzügen der lichten Trias zu sein, da solche Personen im Durchschnitt hohe Werte bei der eigenen Lebensqualität erreichen. Insgesamt betrachtet ist es eine Tatsache, dass wir Menschen freundlicher sind, als wir denken – weder kämpfen wir, wenn wir Gutes tun, gegen unsere dunkle Natur an, noch handeln wir gegen unsere egoistischen Interessen.

Ein schönes Beispiel dafür, dass Freundlichkeit dem Menschen angeboren ist, findet sich in einem Essay des berühmten englischen Schriftstellers William Hazlitt. Darin schildert der Verfasser einen Spaziergang, den er mit dem Dichter Coleridge auf einem Weg an der Küste von North Devon unweit von Lynton unternahm. Sie begegneten einem Fischer, der erzählte, Einheimische hätten erst tags zuvor einem ertrinkenden Jungen das Leben retten wollen. Der Rettungsversuch war für sie selbst nicht ungefährlich, doch das hielt sie nicht ab. Die Erklärung, die der Fischer dafür gab, war anrührend schlicht und von Herzen: »Sir«, sagte er zu Coleridge, »wir haben eine Veranlagung zueinander.«[17]

Aber Menschen tun schreckliche Dinge!, höre ich Sie rufen. Schauen Sie in die Geschichte, schauen Sie sich um auf der Welt. Sehen Sie sich an, was jetzt gerade geschieht. Es gibt so viel Grausamkeit, so viel Böses. Abgesehen von den Gräuel, die uns in den Nachrichten gezeigt werden, bestätigen Studien der klassischen Psychologie doch reihenweise das düsterste Bild des menschlichen Verhaltens. Um nur zwei – inzwischen weltberühmte – Beispiele herauszugreifen, töten wir anscheinend einfach Menschen durch Stromschlag, weil es uns gesagt worden ist, und wir stehen daneben und tun nichts, wenn vor unseren Augen ein brutaler Mord geschieht. Schauen wir uns diese Studien genauer an, entdecken wir jedoch Unstimmigkeiten in der Art und Weise, wie sie in Lehrbüchern wiedergegeben werden, und eine Tendenz, vom Schlimmsten auszugehen, was sich nicht halten lässt, wenn wir einen Schritt zurücktreten und das ganze Bild betrachten. Dann erkennen wir, dass die Sozialpsychologie auf einem negativen Bild der Menschheit beharrt, das durch Tatsachen nicht gerechtfertigt ist.

Bei Stanley Milgrams berühmtem Experiment zum Beispiel weigerte sich ein Drittel der Teilnehmenden rundheraus, dem Mann im Nebenzimmer einen gefährlichen Stromstoß zu verabreichen, obwohl unter den gegebenen Umständen ein enormer Druck auf ihnen lastete. Insgeheim gelangte Milgram zu der Ansicht, sein Experiment sei eher »effektvolles Theater« gewesen als »relevante Wissenschaft«.[18] Oder nehmen wir den berüchtigten Fall Kitty Genovese, die 1964 im New Yorker Stadtteil Queens ermordet wurde, scheinbar vor den Augen von 38 Personen, die nichts unternahmen. Die meisten Bewohner des nahe gelegenen mehrstöckigen Apartmentblocks konnten die Tat aber gar nicht gesehen haben, und zuletzt hatte der stellvertretende Bezirksstaatsanwalt nur ein halbes Dutzend Personen vorzuweisen, die überhaupt irgendetwas gesehen hatten – zum jeweiligen Zeitpunkt aber nicht wussten, was da eigentlich geschah.[19] Ein entsetzlicher Mord, keine Frage, aber ein Geschehen, für das man den Zeugen schließlich kein vernichtendes Zeugnis ausstellen kann. Die Geschichte war allerdings so fesselnd, dass sie in Stücken, Filmen und Romanen aufgegriffen wurde, und sie gab den Anstoß zur Gründung der Guardian Angels, einer Bürgerinitiative, deren Mitglieder, erkennbar an ihren roten Baretts, bis heute in der New Yorker U-Bahn auf Sicherheit achten. In der amerikanischen Fernsehshow *Girls* gibt es sogar eine Episode mit dem Titel »Hello Kitty«, bei der die Figuren an einer interaktiven Darstellung des Mords in einem Theaterstück teilnehmen. Klassische psychologische Studien liefern also durchaus Belege dafür, dass wir anderen gegenüber manchmal grausam und gleichgültig sind, den Beweis, dass wir im Kern egoistisch und unmenschlich sind, erbringen sie jedoch nicht.

Global und über die gesamte Spanne der Menschheitsgeschichte hinweg versammeln zwei wirklich sehr starke Bestseller jüngeren Datums – Steven Pinkers *Gewalt. Eine neue Geschichte der*

Menschheit und Rutger Bregmans *Im Grunde gut: Eine neue Geschichte der Menschheit* – eine Fülle von Belegen dafür, dass wir Menschen anständig und großzügig, fürsorglich und mitfühlend sein können und es auch sind. Bregmans zentrale Annahme ist die des Fischers in Lynton, nämlich dass Menschen von Natur aus freundlich sind, was sich mit Jean-Jacques Rousseaus Auffassung, dass »der Mensch […] von Natur aus gut [ist]« deckt. Es sei belegt, führt Bregman aus, dass primitive nomadische Stämme (unsere Vorfahren) nicht brutal und kriegerisch waren, sondern vielfach kooperationsbereit und freundlich. Dazu zitiert Bregman die Historikerin Professor Tine de Moor von der Erasmus Universität in Rotterdam, die schrieb: »Die Geschichte lehrt uns, dass der Mensch ein kooperatives Wesen ist, ein *homo cooperans*.«[20]

Pinker nimmt in seiner beeindruckenden Studie, die zehn Jahre vor Bregmans Buch erschien, vor allem das Thema Gewalt in den Blick und zeigt anhand eines imposanten Konvoluts statistischer Daten, dass die Ära, in der wir leben, durch einen hohen Grad von Frieden und Mitgefühl geprägt ist. Und wir werden, wie ich glaube, in manchen Beziehungen noch immer freundlicher. Hätte es im 19. oder noch im 20. Jahrhundert einen Aufschrei gegeben, wenn ein Fußballspieler seiner Katze einen Fußtritt gab?[21] Ich wage es zu bezweifeln. Pinker unterscheidet sich insofern aber doch von Bregman, als er behauptet, »... dass wir anfangs garstig waren und dass die Errungenschaften der Zivilisation uns in eine edle Richtung gelenkt haben, die wir hoffentlich weiterhin beibehalten können.«[22]

Er führt das auf sechs Stadien des Fortschritts zurück, die die Menschheit durchlaufen hat und die er wie folgt einteilt: der Befriedungsprozess, der Prozess der Zivilisation, die Humanitäre Revolution, der Lange Frieden, der neue Frieden und die Revolutionen des Rechts. Nach Pinker »lautet eine entscheidende

Erkenntnis der Evolutionspsychologie: Die Kooperation unter Menschen und die dahinterstehenden zwischenmenschlichen Empfindungen wie Mitgefühl, Vertrauen, Schuldgefühle oder Wut wurden wegen ihres Nutzens im Positivsummenspiel von der Selektion begünstigt.«[23]

Für die Zwecke dieses Buchs spielt der Unterschied zwischen Pinker und Bregman keine große Rolle, da beide – mit zahlreichen Belegen untermauert – die Ansicht vertreten, dass die Welt zum jetzigen Zeitpunkt nicht von Krieg, Gewalt, Grausamkeit und Egoismus geprägt ist, sondern von ihrem Gegenteil. Wir leben in einer Ära, wie die Menschheit sie vielleicht noch nie gekannt hat, in der wir zu Kooperation, Anstand, Respekt für andere und zu den »vier besseren Engeln« neigen, wie Pinker sie nennt, zu Empathie, Selbstkontrolle, moralischem Empfinden und Vernunft. Unsere Natur hat gewiss ihre dunkle Seite, sie dominiert jedoch nicht in der Weise und dem Ausmaß, wie wir zuweilen glauben.

Mein Interesse gilt zwar eher der Mikro- als der Makroebene, dem Persönlichen als dem Globalen, ich bin aber auch in Bezug auf die grundlegenden Aspekte unserer (von uns selbst) häufig verunglimpften Spezies optimistisch.

Natürlich fällt das Negative immer besonders auf, und das muss es auch. Wir sehen Schlimmes um uns herum. Und Schlimmes geschieht überall auf der Welt. Die Evolution hat uns gelehrt, stets mit der Möglichkeit zu rechnen, dass ein Löwe auftaucht und uns frisst, weil das – um es mit der Sprache der Gefahrenabschätzung zu sagen – mit Sicherheit signifikante Folgen hätte, auch wenn die Wahrscheinlichkeit, dass der Fall eintritt, gering ist. Der Fall, dass ein Freund netterweise anbietet, uns von seinem Essen etwas abzugeben, ist verglichen damit ein Ereignis von hoher Wahrscheinlichkeit mit geringeren Folgen – und findet deshalb weniger Beachtung.

Stellen Sie sich vor, ich gäbe Ihnen ein Arbeitsblatt und bäte Sie, dort alle Gefühle, die Sie im Laufe des Tages empfunden haben, nebst der ungefähren Dauer, die sie anhielten, einzutragen. Was meinen Sie, welche Gefühle würden dort dominieren? Wie Sie sicher schon erraten haben, lautet die Antwort: die negativen, Traurigkeit oder Wut oder Enttäuschung. Meldet man sich hingegen tagsüber aufs Geratewohl bei anderen und fragt nach, wie es den Betreffenden in genau diesem Augenblick geht, wird man viel häufiger Zufriedenheit und Glück begegnen. Eigentlich klar, wenn man es sich genauer überlegt. Wie ist Ihr Tag bisher verlaufen? Ich wette, wenn Sie sich mit einer Person schrecklich gestritten oder im Büro eine Präsentation vermasselt haben, sticht dieses negative Erlebnis viel deutlicher heraus als der Rest des Tages, an dem vieles andere gut lief.

Mit der Freundlichkeit verhält es sich meiner Ansicht nach genauso. Wir sind alles in allem doch nett zu anderen, und andere sind alles in allem auch nett zu uns, nur fallen eben die selteneren Male auf, wenn wir unfreundlich oder grob sind, teils weil sie die Ausnahme bilden und teils weil sie an uns nagen. Ich wette, wenn Sie jemanden grob angefahren haben, verbringen Sie den Großteil der nächsten Stunde damit, sich zu fragen: »*Warum* habe ich mich so aufgeführt?« Wenn Sie sich jedoch normal und rücksichtsvoll benommen haben, beschäftigen sie sich nicht weiter damit. Behandelt jemand Sie ungerecht, tun Sie sich schwer, Abstand davon zu bekommen, ist jemand aber bloß nett zu Ihnen, registrieren Sie das zwar in dem Augenblick, kehren dann aber schnell zum Tagesgeschäft zurück.

Hinzu kommt, dass unser Selbstverständnis als im Grunde freundliche Zeitgenossen permanent infrage gestellt wird. Leben Sie in einer Großstadt, kommen Sie vermutlich täglich auf der Straße an Obdachlosen vorbei und fragen sich, was nun richtig und was falsch ist: ihnen Geld geben oder – wir werden nicht zuletzt von der Obdachlosenhilfe immer öfter dazu angehalten – einfach vorbeizugehen? Vielleicht machen Sie es wie ich und sehen den Bettler oder die Bettlerin mit einem matten, entschuldigenden Lächeln an, das zum Ausdruck bringen soll, dass Ihnen die Vielschichtigkeit des Themas bewusst ist. Dieses Lächeln soll ungefähr Folgendes besagen: Ich spende regelmäßig an eine Organisation der Obdachlosenhilfe und glaube, jemandem auf der Straße Bargeld zu geben ist nicht die beste Methode, Ihnen das Leben zu erleichtern oder das Problem grundsätzlich zu lösen, aber ich habe Mitleid mit Ihnen, muss nur zufällig jetzt meinen Zug kriegen, Sie sollen aber bitte nicht denken, ich wäre herzlos und mir wäre Ihre Not egal, oder ich würde Sie als Mensch mit Bedürfnissen und Eigenschaften nicht ernstnehmen. Ob das bei dem Obdachlosen ankommt, ist die Frage. Und ich fühle mich damit ehrlich gesagt auch keinen Deut besser.

Aber, wie gesagt, die Fachleute und Menschen, die direkt mit Obdachlosen arbeiten, sind vielfach der Meinung, Obdachlosen auf der Straße Geld zu geben sei keine gute Idee. Eine Zahlung, die Sie direkt an eine seriöse Hilfseinrichtung leisten, die nachweislich mit Erfolg Menschen zu einer Wohnung und zu einem Neustart im Leben verhilft, ist wirksamer und besser. Das ist wirklich einmal ein Beispiel dafür, dass die geplante, aus gewisser Distanz geleistete gute Tat der effektivere Ausdruck von Freundlichkeit ist als die spontane Geste.

Beim Freundlichkeitstest haben wir den Teilnehmenden ein ähnliches Szenario präsentiert. Unsere Vorgabe lautete: Stellen Sie sich vor, Sie gehen in den Park und sind dort mit einem Freund mittags zum Picknick verabredet. Sie sind spät dran und kommen mit dem schweren Picknickkorb, in dem Sie verschiedene Lebensmittel haben, nur langsam vorwärts. Unterwegs sehen Sie jemanden, der still auf einer Bank am Parkeingang sitzt. Der

Mann ist allein und sieht dünn und ungepflegt aus, hat, wie Sie ahnen, wohl schon eine Zeit lang nichts mehr gegessen. Beim Blick in Ihren Korb überlegen Sie, ob Sie ihm etwas von Ihrem Essen abgeben sollen. Vergessen Sie nicht, Sie haben sich bereits zehn Minuten verspätet und der Mann nimmt keinen Augenkontakt mit Ihnen auf. Auf der Höhe der Bank könnten Sie nun stehen bleiben und ihm etwas aus dem Korb anbieten. Was tun Sie?

Im Test zeigte sich, dass Menschen viel eher gewillt sind, einem Fremden auf diese Weise zu helfen, als ich erwartet hätte. Fast 70 Prozent der Teilnehmenden gaben an, sie würden ihm zumindest eine Speise aus ihrem Korb anbieten, und über ein Viertel sagte, sie würden ihm anbieten, sich aus dem Korb zu nehmen, was er wolle. Die Vorsichtigeren erklärten gar, sie hätten Bedenken, dass eine solche Geste aufdringlich wirken könnte (das wäre auch meine Reaktion gewesen), würden lieber auf anderem Wege spenden oder meinten, sie sollten sich erst mit dem Freund besprechen. Insgesamt zeichneten die Ergebnisse ein Bild von uns als bemerkenswert rücksichtsvoll und umsichtig. Ein weiteres Beispiel dafür, dass wir freundlicher sind, als wir denken.

Im Freundlichkeitstest hatten wir von den Teilnehmenden auch wissen wollen, ob sie glaubten, dass Menschen im Laufe ihres Lebens freundlicher werden oder nicht. Zwei Drittel der Befragten gaben an, dass Freundlichkeit mit fortschreitendem Alter stagniere oder sogar abnehme – ein wenig optimistischer Befund. Ich dachte sofort, dass gerade ältere Menschen möglicherweise mit einer rosa Brille auf »die gute alte Zeit« zurückblickten, an die sie sich vielleicht nicht mehr so genau erinnerten, wie sie glaubten. In Wirklichkeit aber zeigten die Daten, dass das Alter kaum Einfluss darauf hatte, wie die Teilnehmenden diese Frage beantworteten. Junge, Alte und Angehörige der mittleren

Generation waren sich tendenziell einig darüber, dass das Niveau der Freundlichkeit seit ihrer Geburt gleich geblieben, wenn nicht gar gesunken sei.

Und wie steht es um die jüngere Vergangenheit? Für Optimisten gibt es die gute Nachricht, dass zwei Drittel der Befragten in Großbritannien meinten, die Menschen seien während der Pandemie freundlicher geworden. Das ist vielleicht ein Abbild dessen, dass man in den einzelnen Wohnvierteln während der Lockdowns enger zusammenrückte. In Nordamerika wiederum meinte eine beachtlich große Minderheit, die Menschen seien *weniger* freundlich, seit Covid-19 in ihr Leben getreten sei, vielleicht deshalb, weil die Themen Impfung und Maskenpflicht in den USA zu einer besonders bitteren Polarisierung geführt haben. Wie so oft bei erhobenen Daten sind die Ergebnisse kompliziert.

Beim Überblick über sämtliche in den letzten 40 Jahren in den USA zum Thema Freundlichkeit durchgeführten Studien ergibt sich ein ähnlich uneinheitliches Bild.[24] Während empathische Anteilnahme, Vertrauen und bürgerschaftliches Engagement in dieser Zeit in gewissem Umfang geschrumpft sind, sind das Spendenaufkommen, ehrenamtliche Betätigung und Toleranz gewachsen. Je nachdem, was gemessen und wie gefragt wird, kommt man in Sachen Menschlichkeit also zu unterschiedlichen Ergebnissen.

Ich möchte diesen Abschnitt jedoch mit einem optimistischen Ausblick beschließen und noch einmal auf eine Frage aus dem Freundlichkeitstest zurückkommen, die ich weiter vorn bereits erwähnt habe. Sie lautet: Wenn Sie unerwartet 850 Pfund bekämen, wie viel davon, falls überhaupt etwas, würden Sie abgeben? Die genannte Summe betrug durchschnittlich 252 Pfund – fast ein Drittel. Es ging nicht um tatsächlich erhaltenes Geld; die Situation war hypothetisch. Tatsächlich würden die Leute vielleicht weniger geben – oder gar nichts (und ich muss hinzufügen, dass auch schon im Test die Zahl derer, die angaben, gar nichts weggeben zu wollen, dreimal höher war als die Zahl derer, die alles verschenken wollten). Die Arbeitsgruppe war dennoch beeindruckt von der bekundeten Großzügigkeit. Zumindest unser Bild von uns selbst als habgierige Egoist*innen zeugt oft von einem falschen Eindruck, den wir von uns haben. Es gibt eine gute Seite, die wir wahrnehmen, fördern und stärken müssen.

Ansteckend – im guten Sinne

Ob wir in den letzten Jahren im Zuge der sich überschlagenden Ereignisse nun freundlicher geworden sind oder nicht, es geht aufwärts. Und es gibt noch einen Grund, weswegen Menschen mit der Zeit freundlicher werden: Freundlichkeit ist ansteckend. Ich weiß, wir sind gerade noch dabei, Covid-19 hinter uns zu bringen, und reagieren dementsprechend empfindlich auf das Wort »ansteckend«, aber vertrauen Sie mir: Was ich skizzieren will, ist das Bild einer Pandemie, die wir alle begrüßen sollten – eine, in der Freundlichkeit zu mehr Freundlichkeit führt und dieses Mehr an Freundlichkeit wiederum … – Sie verstehen.

Diverse Laborstudien haben gezeigt, dass Menschen, denen etwas Gutes getan wird, ihrerseits anderen Gutes tun, manchmal dadurch, dass sie einen Gefallen direkt erwidern, manchmal dadurch, dass sie einer dritten Person einen Gefallen tun. Mir gefällt zum Beispiel eine 2006 in den USA von der Psychologin Monica Bartlett durchgeführte Untersuchung.

Die Teilnehmenden sollten zunächst eine »langweilige und monotone Aufgabe« am Computer bearbeiten, die allerdings viel Konzentration erforderte. Nachdem das erledigt war, durfte die eine Hälfte der Teilnehmenden eine Episode der amerikanischen

Comedy-Sendung *Saturday Night Live* anschauen, scheinbar im Rahmen einer kleinen Folgeaufgabe, in Wirklichkeit aber, um sie in bessere Stimmung zu versetzen. Die andere Hälfte der Teilnehmenden sah indes, wie ihre Bildschirme schwarz wurden. Man sagte ihnen, ein Techniker sei bereits benachrichtigt und würde kommen und die Computer reparieren, möglicherweise seien ihre Ergebnisse aber verloren gegangen und sie müssten die Aufgabe noch einmal wiederholen. Sie waren natürlich nicht erfreut. Doch dann sagte jemand, scheinbar eine Person, die an der Studie teilnahm, in Wirklichkeit aber Teil des Forschungsteams war, sie würde versuchen, den Computer zu reparieren, was ihr natürlich auch gelang, sodass die verlorenen Daten zur großen Erleichterung der Betroffenen wiederhergestellt werden konnten. Hinterher wurden die Teilnehmenden gefragt, ob sie bereit wären, den Forschenden einen Gefallen zu tun und ein paar langweilige Schriftstücke auszufüllen.

Man würde erwarten, dass die nach der Comedy-Episode besser gelaunte Gruppe nun zugänglicher war. Aber nein, es war die andere Hälfte, die sich den Schriftstücken am längsten widmete. Und warum? Tja, weil sie so Gelegenheit hatten, die gute Tat, die ihnen vorher so unverhofft zuteilgeworden ist, weitergeben zu können. Dieses Konzept hat sogar einen Namen: »Pay-it-Forward«.[25]

Der Gedanke, Gutes weiterzugeben, war schon lange da, bevor es einen festen Begriff dazu gab. Ein früher Verfechter war Benjamin Franklin, einer der Gründerväter der USA und am Entwurf der Unabhängigkeitserklärung beteiligt. Franklin war außerdem der Erfinder des Blitzableiters und der Bifokalbrille, und er war Schriftsteller, Verleger, Drucker und Wissenschaftler ... die Liste seiner bedeutenden Leistungen ist lang. 1784 schrieb Franklin einen Brief an einen Kaufmann namens Benjamin Webb, der, vom Konkurs bedroht, in die Schweiz geflohen war.[26] Webb, so scheint es, war ein Freund von Franklins Enkelsohn, daher willigte Franklin ein, ihm Geld zu leihen. Doch es gab eine Bedingung. Franklin wollte das Geld nicht direkt zurückbezahlt bekommen. Sobald er dazu in der Lage war, müsse Webb

wenn Sie einen andern ehrlichen Mann in ähnlichem Unglück finden, mich damit bezahlen, daß Sie ihm die Summe leihen, und ihm auferlegen, die Schuld auf dieselbe Weise abzutragen, wenn er es im Stande ist, und auch Gelegenheit dazu findet. So, hoffe ich, geht das Geld durch viele Hände, ehe es an einen Schurken kommt, der die Kette unterbricht. Es ist eine Trick von mir, mit wenig Geld Gutes zu tun.[27]

Sollten Sie bei der altertümlichen Sprache anfangs vielleicht stutzen, verstehen Sie gewiss trotzdem, worum es hier geht: Franklin wollte verliehenes Geld nicht zurückhaben, sondern Webb sollte künftig einem Dritten helfen, der in Schulden geriet. Wir wissen nicht, ob Webb Franklins Forderung erfüllte oder sich als gemeiner »Schurke« entpuppte, Franklin hingegen verfolgte ein bestimmtes Ziel – eine Idee, durch die sich das Gute vermehren ließ.

Zweihundertdreißig Jahre später standen US-amerikanische Wissenschaftler*innen in einer U-Bahn-Station und suchten Menschen, die zur Teilnahme an einem Experiment bereit waren. Wer zustimmte, wurde zu einer in der Nähe stehenden Bank begleitet und sollte am »Diktator-Spiel« teilnehmen. Das mag befremdlich klingen, hat aber nichts mit einem Überfall auf andere Länder oder der Hinrichtung politischer Gegner*innen zu tun. Vielmehr geht es darum, zu entscheiden, ob Geld weitergegeben oder behalten wird. Die »Diktatoren« bekamen dafür jeweils die königliche Summe von 6 Dollar. Sie konnten sie ganz für sich behalten, sie ganz weitergeben oder einen Teil behalten und einen Teil einer nächsten Person (die sie nicht kannten) überlassen. Zu welchen Anteilen, konnten sie wählen. Dieser nächsten Person wurde nun mitgeteilt, wie viel die vorige ihr übriggelassen hatte, und sie wurde gefragt, welchen Anteil von zusätzlichen 6 Dollar sie wiederum der nächsten überlassen wollte. Und so weiter.

War die erste Person raffgierig und behielt die 6 Dollar ganz oder zum großen Teil für sich, war auch die folgende Person meist raffgierig und teilte das Geld nicht gerecht. Hatten Vorgänger*innen den nächsten Spielenden jedoch die gesamte Summe überlassen, gaben diese Nachfolger*innen im Durchschnitt 3 Dollar 71 weiter, also nicht die gesamte Summe. Sie vergalten etwas, aber nicht alles. »Gier provoziert Gier«[28], so das Fazit, das die Forschenden zogen. So kann man es sehen – ein bedrückender Befund. Die Studie zeigte aber auch den gegenteiligen Effekt: Hatten vorige Teinehmende ursprünglich 3 Dollar erhalten (ihre Vorgänger*innen also gerecht geteilt), überließen sie der nächsten Person im Durchschnitt 3 Dollar 38, etwas *mehr* als die Hälfte der Summe. Und was ich besonders verblüffend finde: Hatten Spielende von der Person vor ihnen nichts bekommen, gaben sie zumindest einen Teil des zusätzlichen Geldes, das sie erhielten, weiter – im Durchschnitt 1 Dollar 32. Keine große Summe vielleicht, aber nicht zu verachten.

Als das Experiment wiederholt wurde und die Summe, die den Spielern ausgehändigt wurde, der zuvor von ihnen gewürfelten Zahl entsprach, waren sie der nachfolgenden Person gegenüber tendenziell weniger großzügig als unter der Annahme, das Geld stamme von einer realen Person. Bei dieser Spielvariante wurde die erhaltene Summe wohl als Zufallsgewinn betrachtet, etwas, was man mit Recht behalten konnte, ohne dass Fragen nach einer Reziprozität des Geschehens aufkamen. Am Anfang stand nicht Freundlichkeit, die Menschen einander erwiesen, und der Effekt, dass Gutes weitergegeben wird, wurde schwächer.

Bis hierhin haben wir Beispiele betrachtet, bei denen die gute Tat einer einzelnen Person keine direkte reziproke Reaktion auslöst, sondern erfahrene Freundlichkeit an *andere* Glückliche weitergegeben wird. Anders gesagt, hier besteht eine Kette des zwischenmenschlichen Guten. Das Gute wird durch diesen Dominoeffekt zweifellos vermehrt – aber nicht exponentiell.

Das kann jedoch durch die sozialen Medien und ihren Einfluss auf unser Verhalten geschehen. Wenn wir sehen, dass andere Menschen, vor allem wenn wir uns mit ihnen identifizieren, sich auf bestimmte Weise verhalten, neigen wir erwiesenermaßen dazu, unser Verhalten anzupassen. Wir müssen diesen Menschen gar nicht begegnet sein. Es reicht, wenn wir davon überzeugt sind, dass sie etwas getan haben – in diesem Fall etwas Gutes oder Rücksichtsvolles –, schon sind wir geneigt, es ihnen nachzutun.

In der Studie zur Macht sozialer Normen, durchgeführt von dem amerikanischen Psychologen Robert Cialdini und seinem Forschungsteam und inzwischen ein Klassiker, wurde in Badezimmern von Hotels der Hinweis angebracht, dass die Mehrzahl der Gäste ihre Handtücher zum Wohle der Umwelt mehrmals benutzt. Diese simple Methode führte dazu, dass die meisten Menschen von nun an ihre Handtücher behielten, statt sich frische bringen zu lassen.[29] Dieses Vorgehen ist heute in Hotels weltweit Standard und hat natürlich dazu beigetragen, riesige Mengen an Wasser und Energie zu sparen.

Soziale Normen tragen demnach dazu bei, dass wir unseren Planeten und sogar einander freundlicher behandeln, ohne dass wir dafür direkten Kontakt zueinander haben müssten. Gleichwohl wissen wir alle die direkte Begegnung mit anderen zu schätzen, und das nächste Beispiel veranschaulicht eindrücklich die Überzeugungskraft von Personen, die ihren Worten Taten folgen lassen.

Im Jahre 2012 begann die Kampagne »Solarize Connecticut«, eine Initiative zur Umstellung auf Sonnenenergie. Freiwillige aus 58 unterschiedlichen Städten in ganz Amerika registrierten sich als »Sonnenbotschafter*innen«, gingen von Tür zu Tür und warben dafür, Solarpanele auf ihren Dächern zu installieren und so etwas für die Umwelt zu tun.[30] Begeistert von der Idee, ihre Privathäuser mit grünem Strom zu versorgen, waren die Freiwilligen alle, erwartungsgemäß waren aber nicht alle Botschafter*innen gleich erfolgreich. Diejenigen, die bei sich zu Hause selbst Sonnenkollektoren auf dem Dach hatten, gewannen 62 Prozent mehr Menschen für ihr Projekt als die, die selbst keine Solaranlage hatten. Sie konnten die Frage: »Nun, wenn das so gut ist, haben Sie es selbst auch gemacht?«, nämlich mit Ja beantworten – abermals ein Beispiel dafür, dass wir durch eine Person, bei der Wort und Tat übereinstimmen, dazu bewegt werden können, Gutes, in diesem Falle für die Umwelt, zu tun. Ich glaube, das zeigt, dass wir alle von Natur aus zu Freundlichkeit und Rücksichtnahme neigen, Beispiele von anderen, die bereits entsprechend handeln, uns aber besonders motivieren.

Die Fährte des Guten aufnehmen

Ein Weg zum Erkennen unserer naturgegebenen freundlichen Seite ist, selbst die Fährte des Guten aufzunehmen, wie man sagen könnte. Wie ein enthusiastischer Ornithologe, der Ausschau nach Vögeln hält und seine Beobachtungen aufzeichnet, könnten wir unser Augenmerk stärker auf Freundlichkeiten in unserem eigenen Verhalten und dem anderer richten, damit das Gute in unserem Leben deutlicher hervortritt.

Der amerikanische Psychologe Martin Seligman, ein Vertreter der positiven Psychologie, hat gezeigt, dass das allgemeine Wohlbefinden eines Menschen sukzessive steigt, wenn er sich vor dem Zubettgehen drei Dinge notiert, über die er sich während des zu Ende gehenden Tages gefreut hat – nicht nur, weil er vor dem Einschlafen das Positive, das ihm widerfahren ist, noch einmal Revue passieren lässt, sondern weil das Festhalten der guten Momente einem so zur Gewohnheit wird, dass man schon bald tagsüber aktiv nach ihnen sucht. Mir hat das in Zeiten des Lockdowns sehr geholfen.

Mit Freundlichkeit verhält es sich ähnlich. Im Freundlichkeitstest berichteten die Teilnehmenden von der großen Bandbreite an Nettem, das sie beobachtet hatten. Im Weltmaßstab betrachtet, sahen Menschen gute Taten am häufigsten, wenn sie in Afrika lebten, gefolgt von Nordamerika; die Zahlen für Europa lagen geringfügig niedriger. Fragten wir die Teilnehmenden aber, wie viel Freundlichkeit ihnen *persönlich* erwiesen wurde, lagen die Werte näher beieinander, unabhängig davon, wo die Menschen lebten. Auch gaben ältere Personen weltweit an, in ihrem Umfeld weniger Freundlichkeit zu beobachten, persönlich jedoch viel Freundlichkeit zu erfahren. Wie sind diese Diskrepanzen zu erklären? Eine Antwort ist vielleicht, dass Gutes zwar geschieht, Menschen mancherorts aber weniger darauf eingestellt sind, es zu bemerken, und es ihnen erst auffällt, wenn es ganz offensichtlich ist.

Genauso, wie manche Menschen ein Tagebuch führen, in das sie eintragen, wofür sie dankbar sind, sollten wir meiner Meinung nach alle ein Tagebuch der Freundlichkeit führen. Ich selbst habe das getan und die Erfahrung gemacht, dass ich, je mehr ich Ausschau nach dem Guten halte, desto mehr davon sehe. Hier ein Auszug aus meinem Tagebuch:

Mittwoch, 9:35 Uhr

Auf dem Bahnhof steht ein ganzes Stück weiter vorn eine Frau mit einem Kinderwagen. Der Mann hinter ihr bietet seine Hilfe an und will den Kinderwagen die Treppe hinauftragen, doch sie schaffen es nicht. Im Buggy sitzt nicht nur das kleine Kind, er ist außerdem schwer mit Einkäufen beladen. Da sie aber schon auf der Treppe sind, ist es zu spät, den Buggy noch einmal abzustellen. Ich stehe zu weit weg, doch eine sehr freundliche Frau ist dem Mann behilflich. Sie kommen oben auf der Treppe an, und alle drei, Buggybesitzerin und die beiden Helfenden, freuen sich sichtlich, es mit vereinten Kräften geschafft zu haben.

Samstag, 14:30 Uhr

Ich gehe meine Straße entlang. Da steht ein Tisch mit Kuchen und Plätzchen – offensichtlich selbst gebacken. Zwei kleine Mädchen verkaufen die Sachen, um Geld für ukrainische Flüchtlinge zu sammeln. Alles wenige Tage nach dem Einmarsch russischer Truppen in die Ukraine.

Montag, 18:40 Uhr

In einem brechend vollen Zug in London. Ein Signalton ertönt, als der junge Mann neben mir eine SMS auf dem Handy bekommt. Er sieht sich um, lässt den Blick über die Gesichter der maskierten Fahrgäste im Waggon schweifen und beginnt zu tippen. Noch mehr Geklingel. Dann schiebt sich ein anderer Mann an einigen Personen vorbei und sagt zu Mann Nr. 1: »Sind Sie das?« Jetzt bin ich neugierig, möchte wissen, worum es hier geht. »Ja«, sagt der und übergibt eine Brieftasche. Mann Nr. 2 ist überglücklich und bedankt sich wieder und wieder. Während einer fünfminütigen Fahrt hat der erste Mann eine Brieftasche gefunden, ihren Besitzer ermittelt, Kontakt zu ihm aufgenommen und sie zurückgebracht. Sie geben sich flüchtig die Corona-Faust. Trotz der Masken ist an ihren Augen zu erkennen, dass sie vor Freude strahlen. Schön zu sehen.

Das Tagebuch zu führen war ein Experiment, doch ich habe bis heute nicht aufgehört, Freundliches zu notieren, das ich sehe, und das bleibt hoffentlich auch so. Wenn wir Ausschau danach halten und empfänglich dafür werden, ist das Gute da, jeden Tag. Und manchmal sind wir es selbst, die etwas Freundliches tun – wahrscheinlich öfter, als wir meinen.

Der letzte Gefallen,
den ich einer Person getan habe

Der Freundlichkeitstest

Ich habe einer Freundin, die an Demenz leidet, geholfen, den Heimweg zu finden.

Ich habe meinen Partner länger schlafen lassen und ihm dann Kaffee gemacht, bevor er mich bei der Betreuung unseres Neugeborenen abgelöst hat.

Ein Radfahrer, der vor mir fuhr, kippte plötzlich mit seinem Rad um. Ich ging hin und sah nach, ob er verletzt war. Er war stark benommen, und ich habe gewartet, bis ich ihm aufstehen helfen konnte.

Ich habe mich kurz bei einer Freundin gemeldet, die gerade das Rauchen aufgibt.

Ich habe einem Mann, der Hunger hatte, 20 Pfund gegeben.

Der Karneval in Leeds ist wegen Covid abermals abgesagt worden. Deshalb habe ich für meine Partnerin gegrilltes Gemüse mit Reis und Erbsen gemacht.

Ich habe in einem Second-Hand-Laden eingekauft und mehr bezahlt, als ich musste.

Ich habe meiner Frau beim Frühstück aus einem Buch vorgelesen, das wir zusammen lesen.

Eine Verkäuferin ist unflätig beschimpft worden, und ich bin zu ihr gegangen und habe sie getröstet.

Muss es unbedingt eine »Person« sein? Oder zählen auch Tiere? Ich gehe zweimal am Tag bei mir im Ort die Vögel und die Eichhörnchen füttern.

Ich habe den Kugelschreiber zurückgegeben.

2

Freundlich zu sein fühlt sich gut an, und das ist okay

Am Ende eines jeden Tages klappert Ursula Stone, eine Floristin, die in New Barnet im Norden von London lebt und arbeitet, die Supermärkte ihres Viertels ab und nimmt die Blumen mit, die das Verkaufsdatum überschritten haben. Aus Blumen, die sonst weggeworfen werden würden, entstehen so preiswerte Sträuße, die für Einrichtungen wie Pflegeheime oder auch Privatpersonen mit geringem Einkommen erschwinglich werden. Ursula besorgt auch jungen Leuten, die schon einmal straffällig geworden sind, Ausbildungs- und Arbeitsplätze und gibt ihnen die Chance auf ein besseres Leben. Und als ob das alles nicht genug wäre, hinterlässt sie an öffentlichen Orten Blumensträuße mit kleinen Zetteln daran: »Für Sie zum Mitnehmen, sie sollen Ihnen Freude machen.«

Bernadette Russell ist Autorin, Bloggerin und Aktivistin und widmet sich seit zehn Jahren ihrer selbst gestellten Aufgabe, Freundlichkeit in ihrem Viertel und darüber hinaus zu verbreiten. Zu ihren vielen guten Taten – sie tut jeden Tag eine – gehört das Bemalen von Telefonzellen, in denen sie Pfundmünzen hinterlässt und dem Finder vorschlägt, mit dem Geld einen geliebten Menschen anzurufen.

Meistens erfahren Ursula und Bernadette nicht, was sie mit ihrer Großzügigkeit und Gutherzigkeit bewirken. Sie wissen nicht, wer die verschönerten Telefonzellen benutzt oder wer die im Park abgelegten Sträuße mitnimmt. Trotzdem würden sie als Erste sagen, dass sie selbst von ihrem Tun profitieren. Nicht finanziell oder praktisch, nein, ihr Gewinn ist rein emotionaler Art. Es ist das warme Gefühl der Befriedigung, das sich einstellt, wenn man anderen Gutes tut.

Wenn wir eine freundlichen Handlung empfangen, ist klar, dass wir davon profitieren. Wir fühlen uns geschätzt und umsorgt, und wenn die uns erwiesene Freundlichkeit von einer fremden Person kommt, werden wir daran erinnert, dass es mehr Menschlichkeit auf der Welt gibt, als wir glauben. Ich möchte aber auch den vielfältigen Nutzen für diejenigen beleuchten, die dafür sorgen, dass es mehr Freundlichkeit auf der Welt gibt. Denn wer mitfühlend handelt, tut etwas für andere, aber auch für sich selbst. Die Stärkung der Gesundheit, der psychischen wie der körperlichen, ist messbar. Freundliches Handeln wirkt wie ein Schutzschirm gegen Burnout und Stress – und steigert das eigene Wohlbefinden. Es macht uns glücklich und kann lebensverlängernd wirken.

Das sind gewichtige Behauptungen, und sie müssen relativiert werden, indem wir festhalten, dass die Vorteile, die wir selbst von einer guten Tat haben, manchmal nicht groß sind. Gleichwohl sind sie aber real und werden durch zuverlässige Befunde gestützt. Beginnen wir in den Büros von Coca Cola in Madrid.

Win/Win – warum gute Taten ein echter Hammer sind

Diese Büros waren der Schauplatz einer von Psycholog*innen der University of Riverside California entwickelten Studie. Die

Forschenden bestimmten nach dem Zufallsprinzip Angestellte des Softdrink-Unternehmens dazu, entweder einer anderen Person einen Gefallen zu tun oder selbst einen Gefallen getan zu bekommen.[1] Die erste Gruppe – die der Ausführenden – bekam gesagt, sie werde im Rahmen einer Untersuchung zum Thema Zufriedenheit am Arbeitsplatz gebeten, sich vier Wochen lang jede Woche fünf gute Taten zu überlegen, die sie an einem Tag am Arbeitsplatz tun wollten. Jede Woche wurden ihnen zur Anregung neue Beispiele genannt. Es brauchte nichts Großes zu sein – jemandem ein Getränk bringen, eine Dankesmail schreiben oder eine Kollegin aufmuntern, die einen schlechten Tag hatte. Aus einer ihnen überreichten Liste von zehn Kolleg*innen sollten sie sich eine Person aussuchen, der sie etwas Gutes tun wollten. Die zweite Gruppe – die der Empfänger*innen – kannte die Vorhaben der ersten nicht und sollte alle guten Taten zusammenzählen, die sie im Büro beobachtete.

Vor Studienbeginn füllten sämtliche Teilnehmenden einschließlich einer Kontrollgruppe Fragebogen aus, anhand derer ihre Stimmungslage, ihre Empfindungen in Bezug auf die Arbeit und ihre allgemeine Lebenszufriedenheit eingeschätzt wurden. Die Fragebögen wurden den Angestellten zunächst jede Woche und später einen Monat und drei Monate nach Studienbeginn erneut vorgelegt und von ihnen ausgefüllt. Daran konnten die Forschenden ablesen, welche Auswirkungen die guten Taten hatten und wie lange ihr Nutzen anhielt.

Die anfänglichen Ergebnisse zeigten, dass schon die kleinen Gefälligkeiten bei beiden Gruppen die Zufriedenheit am Arbeitsplatz wie auch die allgemeine Zufriedenheit steigerten. Einen Monat später waren die Teilnehmenden der Geber*innenseite interessanterweise noch immer zufriedener mit ihrer Arbeit und ihrem Leben, wohingegen sich das Plus an Zufriedenheit auf der Nehmer*innenseite verflüchtigt hatte. Bedenken Sie, es handelte sich bei den Gebenden nicht um Personen, die schon im Vorfeld durch außerordentlich freundliches Verhalten aufgefallen waren; sie waren dazu angehalten worden, freundlich zu sein, womöglich gegen ihre sonstige Art. Trotzdem gab ihnen ihr freundliches Verhalten einen Auftrieb, der länger anhielt als der Auftrieb bei den Empfänger*innen ihrer Gefälligkeiten.

Nicht, so möchte ich bemerken, dass der längerfristige Effekt für die Empfänger*innen nicht auch erheblich gewesen wäre – er war auf andere Weise sogar noch eindrucksvoller. Denn die Studie erbrachte, dass die Angestellten aufseiten der Empfangenden in der Nachbeobachtungsphase anderen dreimal öfter einen Gefallen erwiesen als vor dem Experiment. Das nenne ich mal eine Erkenntnis! Sie unterstreicht abermals: Freundlichkeit, wie in Kapitel 1 gesehen, kann ansteckend sein.

Als Nächstes stellen Sie sich bitte vor, eine Person hätte Sie gerade auf der Straße angehalten und Ihnen Geld geschenkt. Was meinen Sie, was Sie glücklicher machen würde: Wenn Sie sich selbst etwas Schönes davon kaufen würden oder einer anderen Person? Die meisten glauben, Ersteres. Schließlich beruht Glück darauf, sich etwas zu gönnen, nicht wahr? Nun, unter gewissen Umständen schon. Einer anderen Person gegenüber großzügig zu sein, so stellt sich heraus, macht uns aber noch glücklicher.

Eines Morgens wurden Passant*innen in einer Straße im kanadischen Vancouver gebeten, an einem von der amerikanischen Psychologin Elizabeth Dunn durchgeführten Experiment teilzunehmen. Waren sie dazu bereit, bekamen sie einen Briefumschlag, in dem sich ein 5- oder 20-Dollar-Schein befand, dazu ein paar Anweisungen. Die eine Hälfte der Teilnehmenden sollte das Geld bis zum Ende des Tages für sich ausgeben. Die andere Hälfte sollte die Summe auch am selben Tag ausgeben, aber entweder ein Geschenk für jemanden kaufen oder den Betrag an eine Wohltätigkeitsorganisation spenden. Am Abend sprachen die Forscher*innen mit allen Teilnehmenden. Die erste Gruppe gab an, sie hätte sich Verschiedenes gekauft, Ohrringe zum Beispiel oder sie hätten Sushi gegessen oder Kaffee getrunken. Die Teilnehmenden aus der zweiten Gruppe hatten Spielzeug für Kinder und Geschenke für Freund*innen gekauft oder das Geld Obdachlosen auf der Straße gegeben. Dann baten die Forscher*innen die Teilnehmenden, ihre Stimmung einzuschätzen.

Ob sie 5 oder 20 Dollar bekommen hatten, beeinflusste die Stimmung der Teilnehmenden nicht, auch nicht, was sie von dem Geld gekauft hatten. Wichtig war hingegen, *für wen* sie das Geld ausgegeben hatten. Diejenigen, die es für jemand anders verwendet hatten, waren um einiges zufriedener als diejenigen, die sich selbst etwas gegönnt hatten.[2]

Der deutsche Philosoph Friedrich Nietzsche sagte bekanntermaßen: »Wer nicht geben kann, empfängt auch nichts.« Das verstehe ich so, dass wir nur in Kontakt mit unserem wahren Ich sind, wenn wir Opfer bringen. Nietzsche scheint sagen zu wollen, dass eine gewisse Selbstlosigkeit und Großzügigkeit anderen gegenüber notwendig ist für unser eigenes Wohlbefinden, und die neuere Forschung bestätigt die Wahrheit dieser Aussage.

Eine Studie von 2013, beruhend auf Daten, für die der Gallup World Poll nach dem Zufallsprinzip ausgewählte und für ihre Nation repräsentative Personen aus 136 Ländern befragte, erbrachte, dass sich die Personen, die im Monat der Befragung für karitative Zwecke gespendet hatten, im Durchschnitt besser fühlten als diejenigen, die das nicht getan hatten.[3] Die Höhe des jeweiligen Einkommens spielte dabei keine Rolle, sodass manche Teilnehmenden nicht mehr über alle Geldmittel, die sie eigentlich für sich gebraucht hätten, verfügt haben können. Zufriedener waren sie trotzdem, denn sie hatten etwas gegeben.

Eine weitere Studie, bei der eine große Zahl von Personen in den USA über viele Jahre beobachtet wurde, zeigte, dass das

Wohlbefinden der Befragten proportional zum gespendeten Anteil ihres Einkommens stieg. So ungewöhnlich das scheinen mag, war der Effekt noch sage und schreibe *neun* Jahre später nachweisbar[4], gering zwar, aber doch vorhanden, selbst unter Berücksichtigung von körperlicher Gesundheit, Einkommen, Bildungsgrad und religiösem Bekenntnis.

Ähnlich interessante Effekte fanden die Psychologin und der Psychologe Silvia Morelli und Jamil Zaki in ihren Studien zu freundlichem Verhalten unter befreundeten Personen.[5] Sie fragten Freund*innenpaare vierzehn Tage lang täglich um 17 Uhr per Mail danach, wie viele guten Taten sie am jeweiligen Tag für die jeweils andere Person getan hatten. Sie wollten auch wissen, wie viel Empathie sie an dem Tag für die befreundete Person empfunden hatten und wie es ihnen selbst ging. Sie werden es inzwischen erraten können: An den Tagen, an denen eine Person der anderen geholfen hatte, war das Wohlbefinden der helfenden Person höher. Und dieses Gefühl der Befriedigung hielt auch noch am Folgetag an, was mit den Studien übereinstimmt, die wir bisher betrachtet haben. Der Effekt war auffallend stark, wenn das Problem, bei dem eine Person geholfen hatte, bei ihr selbst Widerhall fand: Hörte eine Person zum Beispiel einer anderen zu, die vom Zerbrechen einer Beziehung sprach, und hatte dasselbe durchgemacht, wirkte sich die Hilfe noch positiver aus.

In all diesen Fällen war das hohe Maß an Empathie der Antrieb, der die guten Taten zuätzlich sinn- und freudvoller machte. Empathie zu entwickeln, behaupten Morelli und Zaki, ist ein entscheidender erster Schritt dazu, freundlicher zu werden und durch gute Taten selbst Zufriedenheit zu erfahren. (Zu diesem Thema werden wir in Kapitel 5 noch einmal zurückkehren.)

Im Freundlichkeitstest zeigte sich ein klarer Zusammenhang zwischen Freundlichkeit und persönlicher Zufriedenheit. Menschen, denen regelmäßig Gutes widerfährt, sind glücklicher. Die

Studie stellte aber auch ein überdurchschnittlich hohes Maß an Wohlbefinden bei den Menschen fest, die mehr gute Taten vollbringen, als sie erfahren (und zeigt, dass unser Wohlbefinden bereits steigt, wenn wir nur zufällig miterleben, dass andere Gutes tun). Dennoch dürfen wir nicht vergessen, dass unser Test eine Momentaufnahme war. Wir haben die Teilnehmenden nicht fünf Jahre lang begleitet und immer wieder gefragt, wie viele gute Taten sie vollbracht haben und wie sich das auf ihr Wohlbefinden auswirkte (obwohl ich eine solche Studie sehr gern sehen möchte), sodass wir nicht sicher sein können, was hier Henne und was Ei war. Vielleicht waren die Teilnehmenden, die sich am wohlsten fühlten, besser in der Lage, anderen Gutes zu tun, weil sie mit sich im Einklang waren. Die belastbaren Befunde legen aber nahe, dass freundliches Verhalten zu erhöhtem Wohlbefinden führt und nicht andersherum.

Natürlich gibt es zahlreiche Definitionen von Glück und Wohlbefinden, die auch von der Weltanschauung und dem Lebensstil des Betreffenden abhängen. Der antike Philosoph Aristippos, Begründer der kyrenaischen Schule der Philosophie, propagierte ein hedonistisches Lebensgefühl. Ziel des Lebens ist für ihn die durch direkte sinnliche Erfahrung vermittelte lustvolle Empfindung. Keine hundert Jahre später entwickelte Aristoteles seine Lehre von der Eudaimonie, der Art des Wohlbefindens, die sich einstellt, wenn der Mensch sein Potenzial entfaltet, das für ihn Beste im Leben erreicht und, darauf kommt es an, dieses Ziel um seiner selbst willen anstrebt – oder, mit Aristoteles' eigenen Worten ausgedrückt: »Tätigkeit der Seele gemäß der Gutheit, und wenn es mehrere Arten der Gutheit gibt, im Sinne derjenigen, welche die beste und am meisten ein abschließendes Ziel ist.«[6] Gutes zu tun überschneidet sich mit der zweiten Art des Wohlbefindens, der eudaimonischen, derzufolge ein Mensch zufrieden ist, wenn das Leben für ihn Sinn und Zweck hat.

Die meisten von uns orientieren sich in ihrer Lebensführung aber natürlich nicht an der einen oder anderen philosophischen Schule, sondern leben nach dem Baukastenprinzip. Folglich würde es uns, so gern wir mal zu einem guten Essen in ein schickes Restaurant gehen oder einen schönen Urlaub im Ausland verbringen, nicht erfüllen, wenn das in unserem Leben alles wäre. Wir wägen unmittelbare, eigennützige Freuden ab gegen die Arbeit, die Familie und unsere gesellschaftlichen Verpflichtungen, die zeitweise eine Schinderei sein können, uns auf längere Sicht aber zufrieden machen. Altruismus fällt tendenziell ebenfalls in die Kategorie der Freuden, was sogar die Philosophen der Schule der Kyrenäer eingeräumt haben.

Doch auch wenn wir alle einsehen, dass unser eigenes Wohlbefinden steigt, wenn wir anderen Gutes tun, bleibt die Frage, *wie viel* solche Taten bewirken. Sie spenden für diverse karitative Zwecke, arbeiten ehrenamtlich bei der Tafel oder in der Obdachlosenunterkunft Ihres Orts mit und sind generell freundlich zu anderen. Kann die Zufriedenheit, die Ihnen dieses Tun verschafft, aber eine gestörte Beziehung aufwiegen, eine Arbeit, die Ihnen missfällt, eine angeschlagene Gesundheit oder Geldsorgen? Gute Taten sind doch im Grunde kein Ausgleich, wenn alles andere in Ihrem Leben schiefläuft, oder?

Nein, das sind sie nicht – die einfache und sicher nicht überraschende Antwort auf diese unverblümten Fragen, wie Oliver Scott Curry von der University of Oxford gezeigt hat. Er hat alle hochkarätigen Studien zu diesem Thema aus aller Welt zusammengetragen – hauptsächlich aus Europa und den USA, aber auch aus Südafrika, Südkorea und Vanuatu, einem Archipel von 83 Inseln im Südpazifik – und aus diesen Aggregatdaten eine große Metaanylse erstellt. Gutes zu tun, so sein Fazit aus dem Konvolut dieser Forschung, hat für unser Wohlbefinden einen Effekt, der mit der Terminologie der Statistik als »klein bis mittelgroß« bezeichnet wird.[7] Mit anderen Worten, viele gute Taten zu vollbringen macht, anders als es übereifrige Blogger*innen zum Thema Freundlichkeit zuweilen behaupten, aus einem unglücklichen Leben kein glückliches. Scott Currys Befunde lassen zugleich aber den Schluss zu, dass Freundlichkeit einen ebenso starken Einfluss auf das Wohlbefinden eines Menschen hat wie zum Beispiel Achtsamkeit oder positives Denken, bei denen die Aufmerksamkeit direkt auf das Ich gerichtet ist. Generell sind Veränderungen des Wohlbefindens bekanntlich schwer zu erreichen, sodass schon die kleinste Verbesserung die Mühe lohnt. Ferner belegen die qualitativ hochwertigen Studien zum Effekt freundlichen Verhaltens den stärksten Auftrieb individuellen Wohlbefindens, sodass der Nutzen, den Scott Curry als Fazit seiner Metaanalyse zog, eher auf eine vorsichtige Lesart zurückzuführen sein dürfte.[8]

Interessanterweise brauchen wir, um zu spüren, dass Freundlichsein uns selbst nützt, nicht stets und ständig freundlich zu sein. Laut einer Studie aus dem Jahre 2021 wirkte sich bereits die Erinnerung an eine früher vollbrachte gute Tat auf das eigene Wohlbefinden genauso aus wie eine neue gute Tat. Die Autor*innen der betreffenden Studie betonen aber, wie ich gleich hinzufügen muss, ihre Aussage laufe nicht darauf hinaus, dass wir uns auf unseren Lorbeeren ausruhen können, denn wenn wir nicht weiter freundlich zu unseren Mitmenschen sind, können wir natürlich auch keinen Vorrat an Erinnerungen aufbauen, von dem wir künftig zehren können.[9] Dies zeigt aber, dass das Gefühl von Wärme, das durch gute Taten in uns entsteht, von Dauer sein kann. Die Glut brennt eine Weile, was meine These bekräftigt, dass ein freundlicher Mensch zu sein heißt, auch ein glücklicher – oder zumindest glücklicher*er Mensch – zu sein.

Ein Letztes noch in diesem Abschnitt: Dank der neurowissenschaftlichen Forschung wissen wir nun, warum wir bei freundlichem Verhalten Wärme verspüren. Es gibt Belohnungszentren in unserem Gehirn, verbunden durch die sogenannte mesolimbische Bahn, und diese Areale werden aktiviert, wenn wir zum Beispiel einen geliebten Menschen erblicken oder wenn jemand uns Schokolade oder Geld schenkt. Stimuliert werden sie aber auch noch auf anderem Wege – nämlich wenn wir einem anderen etwas schenken. Und damit nicht genug, man hat herausgefunden, dass einige Regionen des Gehirns, etwa der Area subgenualis genannte Bereich im vorderen cingulären Kortex, angesprochen werden, wenn wir Geld verschenken oder geschenkt bekommen.[10] Freundlichkeit steht also nicht im Widerspruch zu unserer Natur. Unser Gehirn belohnt uns dafür.

Die Freuden des Ehrenamts

Bis jetzt habe ich hauptsächlich von dem Nutzen gesprochen, den eine Person davon hat, die etwas von ihrem Geld abgibt, für wohltätige Zwecke spendet oder im Alltag kleine gute Taten vollbringt. Es gibt aber eine formalisierte Art des Gebens, von Millionen weltweit praktiziert, auf die noch mehr Millionen angewiesen sind: die ehrenamtliche Tätigkeit.

Ein offensichtlicher Vorteil dieser Art, Gutes zu tun, ist, dass sie Ehrenamtliche in Kontakt mit anderen Menschen bringt und sie mit einer größeren Gemeinschaft verbindet. Besonders deutlich wird hier der soziale Aspekt tätlich gelebter Freundlichkeit, der für die praktizierende Person einen zusätzlichen Nutzen hat, unter Umständen kann er nämlich ihr Leben verändern.

Amina, die in der Demokratischen Republik Kongo aufgewachsen ist, lebte mit ihrer Familie auf einem großen, bewachten Anwesen mit einem Affen und Papageien als Haustieren. Das Wachpersonal war dazu da, sie und ihre Geschwister zu beschützen, weil Aminas Vater ein wohlhabender Kaufmann war, so hochgestellt, dass er faktisch der König der Region war. Es gab Bedienstete, die üppigen Mahlzeiten wurden am Abend gemeinsam eingenommen; ständig kamen und gingen Menschen. Amina wurde mit einem SUV zur Schule gefahren. Es war ein luxuriöses und glückliches Leben, einer Prinzessin würdig.

Doch nur wenige Jahre später fand Amina sich in der Elfenbeinküste wieder und schlief auf dem Boden der Bar, in der sie nach ihrer Flucht aus dem Kongo arbeitete. Sie hatte entsetzliche Gewalt mitangesehen und auch selbst erfahren; ihre Eltern waren höchstwahrscheinlich tot, der Aufenthaltsort ihrer Geschwister unbekannt. Sie war allein, verängstigt und schutzlos.

Weitere Jahre waren vergangen, als Amina im Morgengrauen von Sicherheitsbeamt*innen in Croyden in South London geweckt wurde, wo sie zusammengekauert und frierend in einer Telefonzelle geschlafen hatte. Die Telefonzelle stand vor dem Gebäude der Behörde, bei der sie sich melden und um Asyl nachsuchen musste. Man hatte ihr gesagt, sie müsse sich vorher telefonisch einen Termin besorgen, das Münztelefon hatte ihre einzige Münze jedoch geschluckt, bevor sie den Anruf machen konnte. Abermals musste sie in ihrem Leben von Null anfangen.

Eine depressive Erkrankung schloss sich an, gefolgt von einem Aufenthalt in einer psychiatrischen Klinik, in der ihr das lange, stark verlauste Haar abgeschnitten werden musste. Amina wurde an eine Hilfsorganisation überwiesen, wo Fachleute ihr halfen, die erlebten Traumata zu verarbeiten. Andere spezialisierte Vermittlungsstellen und Gruppen aus der Geflüchtetenarbeit unterstützten sie so weit beim Aufbau eines neuen Lebens, dass sie jetzt in der Geborgenheit eines Zuhauses mit ihrer Tochter und ihrem kleinen Sohn lebt, einen Abschluss gemacht hat, eine eigene Firma gegründet hat, arbeitet und studiert, um einen Magister in Betriebswirtschaftslehre zu machen.

Warum erzähle ich Ihnen diese Geschichte einer bemerkenswerten Frau, die ich eine Freundin zu nennen das Privileg habe? Nun, weil Amina zwar nicht müde wird, zu sagen, wie dankbar sie für die ihr gewährte Hilfe ist; auf die Frage, wie sie es geschafft habe, so viele Tragödien und traumatische Erlebnisse zu bewältigen, jedoch antwortet: dadurch, dass sie anderen geholfen habe. Nur dadurch, dass sie anderen Asylsuchenden beim Flüchtlingsrat und anderen Wohltätigkeitseinrichtungen ehrenamtlich geholfen habe, habe sie das alles durchstehen und dann ihr eigenes Leben neu gestalten können. Die ehrenamtliche Arbeit habe ihr etwas gegeben, worauf sie sich freuen konnte. Zu wissen, sagt sie, dass sie für andere etwas bewirken konnte, verlieh ihrem eigenen Leben wieder einen Sinn. Für sie war das so wichtig, dass sich ihr psychischer Gesundheitszustand während einer Weihnachtspause, in der sie ihre Arbeit unterbrechen musste, gravierend verschlechterte und sie ins Krankenhaus eingewiesen wurde. Als es ihr wieder besser ging, sagte sie dem Arzt, sie wolle gehen, um ihre Arbeit fortzusetzen. Sie durfte das Krankenhaus noch am selben Tag verlassen.

Das ist natürlich ein außergewöhnliches Beispiel dafür, dass ehrenamtliche Arbeit nicht nur den Menschen dient, die Hilfe erfahren, sondern auch den Helfenden selbst. Aminas Erfahrung wird, in weniger dramatischer Weise, jedoch von zahllosen anderen geteilt. Nehmen wir beispielsweise eine ungewöhnliche Gruppe von Menschen, die im ehemaligen Ostdeutschland lebten.[11] Als ungewöhnlich bezeichne ich sie nicht wegen ihrer Persönlichkeitsmerkmale, sondern weil sie über einen vergleichsweise langen Zeitraum – von 1985 bis 1999, eine Periode, in die die deutsche Wiedervereinigung fiel –, engmaschig beobachtet wurden. Als die Forschungsgruppe sie erstmals befragte, lebten die Teilnehmenden in einem stark reglementierten kommunistischen Staat, mussten nach dem Fall der Berliner Mauer im Jahre 1989 einen schnellen Wandel ihrer Lebensverhältnisse verkraften und wurden Bürger*innen eines freien demokratischen und kapitalistischen Staates. Einige Aspekte ihres Lebens waren unter dem neuen System besser, andere nicht. Ehemalige Westdeutsche sind zuweilen immer noch überrascht, dass die Lebenszufriedenheit für Bewohner*innen des früheren Ostdeutschland trotz der gewonnenen Freiheit und des generell höheren Lebensstandards nach der Wiedervereinigung gesunken ist. Eine Veränderung, die diese Gefühlslage teilweise erklärt, betrifft die ehrenamtliche Tätigkeit. Im früheren Ostdeutschland war ehrenamtliche Arbeit allgegenwärtig, und viele Sportgruppen und -vereine waren organisatorisch mit den volkseigenen Betrieben verbunden. Freiwilligenarbeit wurde gefördert und bewies, dass man ein guter Staatsbürger und ein loyales Parteimitglied war, was wiederum seine Vorteile haben konnte. Doch nach dem Fall der Mauer brach die Infrastruktur für ehrenamtliche Tätigkeit zusammen und einige Organisationen existierten nicht mehr, während andere bestehen blieben. Über 37 Prozent der Teilnehmenden an dieser Langzeitstudie, die in der DDR ein Ehrenamt ausgeübt hatten, waren davon nun abgeschnitten. Das bot die Chance, zu untersuchen, welchen Stellenwert ehrenamtliche Arbeit bei diesen Menschen besaß, es war das, was die Forschung ein natürliches Experiment nennt. Die Gruppe derer, die ihre Ehrenämter verloren hatten, erfuhr einen merklichen Rückgang der Lebenszufriedenheit verglichen mit denen, die ihre ehrenamtliche Arbeit wie zuvor fortführen konnten oder neue Betätigungsfelder gefunden hatten. Es kann natürlich sein, dass es die Unzufriedenheit mit anderen Dingen und nicht die in ihrem Leben vermisste Tätigkeit war, die manche aus der ersten Gruppe so stark frustrierte. Doch die Autor*innen der Studie achteten sorgfältig auf die Abgrenzung von Gefühlen der Unsicherheit. Alles in allem legt die Studie nahe, dass sogar Menschen, die ein Ehrenamt ausübten, weil sie sich dabei sehen lassen mussten, Befriedigung darin fanden. Eine Befriedigung, die abnahm, als die Möglichkeit zur Ausübung dieser Tätigkeit wegfiel.

Die Beweggründe eines Menschen dafür, etwas freiwillig zu tun, variieren natürlich. Eine Studie zu Personen zwischen 19 und 76 Jahren, die ehrenamtlich an fünf Hospizen in den Staaten des mittleren Westens und des Westens der USA arbeiteten, erbrachte, dass die Jüngeren durch die Aussicht, neue Menschen in ihrer Gemeinde kennenzulernen, zu ihrer Arbeit motiviert wurden, während die Älteren helfen wollten oder sich ihrer Gemeinde verpflichtet fühlten.[12] Das könnte einen auf den Gedanken bringen, dass die Älteren doch etwas noblere Absichten verfolgen als die Jüngeren, allerdings nur so lange, bis man den Studienergebnissen entnimmt, dass Ältere in puncto Lebenszufriedenheit erwiesenermaßen am meisten von ehrenamtlicher Tätigkeit profitieren. Sie stärkt nämlich ihr Selbstwertgefühl, gibt ihnen wieder eine Identität und ein Ziel, wie sie es in ihrer früheren Rolle im Beruf oder als Vater oder Mutter hatten. In einer Senior*innensiedlung in Florida wurde eine große Langzeitstudie durchgeführt, deren Teilnehmende älter als 72 waren, aber keine zusätzliche Betreuung von außen benötigten. Zu Beginn der Untersuchung erhob die Gruppe der Forschenden bei den Senior*innen Daten zu Stimmung, depressiven Symptomen und Lebenszufriedenheit. Dieselben Daten wurden zum Ende der Studie drei Jahre später wieder erhoben.[13] Die Ergebnisse sind interessant, weil sie stärker differieren, als man erwarten würde.

Fast die Hälfte der Senior*innen übte in den drei Jahren der Studie regelmäßig ein Ehrenamt aus, und zu Studienende wurden bei ihnen deutlich positivere Werte für die Stimmungslage gemessen als bei denen, die das nicht taten. Das änderte sich auch nicht, als das Forscherteam Faktoren einbezog, die eine ehrenamtliche Tätigkeit verhindern konnten, körperliche Beeinträchtigung etwa, Invalidität oder den Umstand, nicht selbstständig Auto fahren zu können. Die Studie machte jedoch einen Vorbehalt geltend, der aufzeigt, dass es Grenzen für die positiven Auswirkungen ehrenamtlicher Betätigung auf das Wohlbefinden eines Menschen gibt. Man stellte nämlich in beiden Gruppen, bei den ehrenamtlich Tätigen und den anderen, ein gleich starkes Vorkommen depressiver Symptome fest. Das deutet darauf hin, dass ehrenamtliche Arbeit Menschen zwar Auftrieb gibt, der Effekt aber nicht stark genug ist, um ernste psychische Probleme auszugleichen.

Dennoch, für jemanden, der länger leben will, gibt es Schlimmeres als eine ehrenamtliche Tätigkeit. Das jedenfalls ist das Fazit aus einer Metaanalyse mehrerer unterschiedlicher Studien.[14] Das Sterberisiko *halbiert sich* sogar fast bei denen, die ein Ehrenamt ausüben, verglichen mit denen, die das nicht tun.

Moment mal, höre ich Sie jetzt sagen. Das ist eine kühne Behauptung, sollten wir da nicht sehr vorsichtig sein? Ja, mittels einer Studie Zusammenhänge zwischen ehrenamtlicher Arbeit, psychischer Gesundheit und Lebenserwartung nachzuweisen ist zweifellos nicht einfach, denn es sind natürlich vor allem die relativ gesunden Älteren, die überhaupt aus dem Haus und einer ehrenamtlichen Tätigkeit nachgehen können. Für jemanden, der schwer krank ist, ist das kaum machbar, wenn nicht gar unmöglich. Diese Senioren leben vielleicht nicht so lange, aber woher wollen wir wissen, dass nicht ihre Erkrankung oder Gebrechlichkeit dafür verantwortlich ist und nicht das nicht-ausgeübte Ehrenamt?

Verantwortungsvolle Wissenschaftler*innen wissen genau um diese Probleme, und die besten Analysen berücksichtigen die körperliche Fitness ihrer Proband*innen von Anfang an. Als die Forschenden bei der gerade erwähnten Metastudie Faktoren wie Gesundheitszustand, Alter, Geschlecht, Beschäftigung oder Arbeitslosigkeit einbezogen, halbierte sich das Sterberisiko bei den ehrenamtlich Tätigen im Studienzeitraum *nicht*. Aha!, höre ich Sie rufen. Aber, gleich kommt's ... es war immer noch um ein Viertel geringer, was ein eindrucksvolles Ergebnis ist, ganz gleich, welche Maßstäbe man anlegt.

Der Effekt war übrigens stärker, wenn auch religiöse Gründe ausschlaggebend für die ehrenamtliche Tätigkeit waren. Was erklären mag oder auch nicht, warum die Damen, die sich in der Pfarrkirche um die Blumen kümmern, scheinbar ewig leben.

Mehr als Wohlbefinden

Die eben genannte Studie zeigt: Freundlich zu anderen zu sein erhöht die generelle Selbstzufriedenheit eines Menschen auf angenehme, aber nicht ganz leicht zu greifende Weise. Die dabei entstehende Wärme strahlt aus und verbessert das körperliche und psychische Wohlbefinden.

Bei einer in der chinesischen Stadt Jinan durchgeführten Untersuchung zeigte sich, dass allein der Gedanke an eine vollbrachte gute Tat, die Teilnehmenden stärkte. Sie schritten schneller aus, und schwere Gewichte fühlten sich leichter an.[15] Diese Effekte waren von zeitlicher Begrenzung, sind aber dadurch nicht weniger faszinierend, weshalb Ich Ihnen erläutern möchte, wie sie zustande kamen.

In einer Phase der Studie sollte eine Gruppe der Teilnehmenden zunächst an eine Situation denken, in der sie jemandem geholfen hatten (der kein Verwandter war), und davon berichten. Eine zweite Gruppe – sie hatte wohl den Kürzeren gezogen – sollte sich unterdessen auf eine Prüfung vorbereiten. Anschließend wurden beiden Gruppen Hanteln gereicht und versprochen, dass sie für jede halbe Minute, die sie die Gewichte heben konnten, einen Gelstift geschenkt bekamen. Das Gewicht der Hanteln war in beiden Gruppen gleich, ebenso die versprochene Belohnung. Die erste Gruppe konnte die Hanteln länger heben als die andere, was sich nur dadurch erklären ließ, dass die Erinnerung an ihre guten Taten sie körperlich gestärkt hatte.

Überzeugt? In anderen Phasen der Studie sollten die Teilnehmenden an eine Gelegenheit denken, bei der sie Geld für jemand anderen ausgegeben hatten, oder sich überlegen, bei welcher Gelegenheit sie das in der Zukunft einmal tun könnten. Anschließend wurde die Zeit gestoppt, die sie für das Durchschreiten eines Flurs brauchten, oder sie sollten eine Kiste hochheben und ihr Gewicht schätzen. Wieder war die Gruppe, die an die freundlichen Taten dachte, bei der Laufübung schneller als die Kontrollgruppe, und auch die Kiste kam ihr leichter vor. Daraus zogen die Forschenden den Schluss, dass die Teilnehmenden schneller und kräftiger wurden, wenn sie an ihre gute Tat dachten.

Auch wenn mir die Vorstellung gefällt, dass das der Grund für ihren Erfolg gewesen sein soll, wäre ich hier vorsichtig, weil dies ein Beispiel dafür ist, was die Psychologie als *Priming* bezeichnet, eine Methode, die das Denken der Teilnehmenden gezielt in eine bestimmte Richtung lenkt und so ihre nächsten Handlungen beeinflusst. Studien mit diesem Design sind umstritten, weil sie sich kaum reproduzieren lassen. Trotzdem, es könnte etwas dran sein, und sei es nur, dass es jemandem Auftrieb gibt, wenn er sich an etwas Gutes erinnert, das er einem anderen getan hat, und dadurch sein Energieniveau steigt.

Das bringt mich auf den Gedanken, ob Usain Bolt die 100 Meter so schnell laufen konnte, weil er, wenn er sich in den Startblock kniete, an die Male dachte, die er seiner Mutter einen Blumenstrauß geschickt hatte. Kann es sein, das Gewichtheber*innen ihre absurden Gewichte stemmen können, weil sie daran denken, wie sie eine Woche zuvor eine große Summe an ein Kinderkrankenhaus gespendet haben? Wunschdenken, vielleicht, aber ist es nicht schön, Vermutungen darüber anzustellen, ob die Erinnerung an unsere Freundlichkeit uns Superkräfte verleihen kann?

In der realen Welt stehen wir auf sichererem Grund, wenn wir konstatieren, dass unser psychisches Wohl von guten Taten mehr profitiert als unser körperliches Wohl.

Nicht unerwähnt bleiben darf auch, dass die Mehrzahl solcher Studien mit Personen durchgeführt wurden, die sich im Großen und Ganzen in guter gesundheitlicher Verfassung befinden. Was aber, wenn man gezielt Personen ansprächte, die mit psychischen Problemen zu kämpfen haben, und eine Freundlichkeits-Intervention vornähme?

Die folgende Aussage mag für Sie zutreffen oder auch nicht. *Ich bin nervös, wenn ich mich unter Menschen mischen soll, die ich nicht gut kenne.* In einer Studie, die an der University of British Columbia in Kanada durchgeführt wurde, fragte man Studierende, ob das für sie zuträfe. Bejahten sie, wurden sie für die Teilnahme geworben. Das hieß, es wurden ausschließlich Personen rekrutiert, die zumindest in gewissem Grad an einer Sozialphobie litten. Anschließend wurden sie nach dem Zufallsprinzip in drei Gruppen eingeteilt.

Die erste Gruppe, eine Kontrollgruppe, brauchte lediglich schriftlich festzuhalten, welche drei Erlebnisse sie an zwei Tagen pro Woche gehabt hatte, und zwar über einen Zeitraum von vier Wochen. Das war nicht sonderlich beängstigend. Die zweite Gruppe sollte im gleichen Zeitraum jedoch dreimal Kontakt zu anderen aufnehmen, beispielsweise eine Fremde Person nach der Uhrzeit fragen oder mit einer Nachbarin plaudern, jemanden zum Mittagessen einladen – letztlich hatten die Teilnehmenden aber die freie Wahl. (Mit Übungen in Tiefenatmung wurden sie darauf vorbereitet, sich entspannt außerhalb ihrer Komfortzone zu bewegen.) Die Teilnehmenden der dritten Gruppe, Sie ahnen es sicher schon, bekamen die Aufgabe, einer Person einen Gefallen zu tun – auch das jeweils dreimal an zwei Tagen und über einen Zeitraum von vier Wochen. Auch sie konnten sich ihre Gefallen selbst aussuchen.[16]

Was meinen Sie, mit welcher Strategie ließ sich das Niveau der Sozialphobie während des Studienzeitraums am besten senken? Die Studierenden, die sich zwangen, Kontakt zu anderen aufzunehmen, erlebten ein Sinken ihres Stresslevels. Eigene Probleme frontal anzugehen wirkte sich offenbar positiv aus. Das traf aber auch auf die Gute-Taten-Gruppe zu. Und die Studierenden aus dieser Gruppe profitierten noch anderweitig: Sie stellten nämlich fest, dass soziale Kontakte sie weniger ängstigten, und mieden sie von da an nicht mehr so oft. Dasselbe erlebte die Gruppe, die sich dazu zwang, auf andere zuzugehen, jedoch nicht so schnell.

Wie lässt sich erklären, dass Freundlichkeit eine so ungewöhnliche Rolle beim Abbau sozialer Ängste spielt? Der Grund dafür ist, dass viele, denen es schwerfällt, Kontakte zu knüpfen, negative Reaktionen ihrer Gesprächspartner*innen befürchten – dass sie sie ablehnen, grob behandeln oder schlecht von ihnen denken. Nähert man sich jemandem aber mit dem Ziel, ihm etwas Gutes zu tun, statt sich vor seiner Reaktion zu fürchten, darf man mit größerer Wahrscheinlichkeit eine positive Reaktion erwarten.

Falls Sie mir auch nur ein klein wenig ähneln, macht es Sie vielleicht trotzdem nervös, anderen Ihre Hilfe anzubieten. Hier folgt ein weiterer Auszug aus meinem Freundlichkeitstagebuch, das verdeutlicht, was ich meine.

Freitag, 12:15 Uhr
Rannte eine Straße entlang, als ich in der Ferne einen Mann und eine
Frau sah, die eine Doppelbett-Matratze aus einem Lieferwagen hievten.

Vor allem die Frau hatte offenbar große Mühe. Ich dachte: Du solltest deine Hilfe anbieten. Ich hatte Turnschuhe an und war ohne Tasche unterwegs, sollte also nicht schwer sein. Zumindest nicht, die Matratze zu tragen. Meine Hilfe anzubieten schon. Als ich näher kam, hatten die zwei die Matratze schon durch das Gartentor geschleppt und waren im Begriff, sie auf einer Außentreppe in den ersten Stock zu tragen. Um Hilfe anzubieten, hätte ich nun ihren Garten betreten müssen, der hinter einem hohen Zaun lag. Wäre das nicht aufdringlich? Würde es sie stören? Vielleicht wollten sie meine Hilfe nicht. Ich überlegte es mir anders. Hinterher dachte ich: Hättest du doch lieber geholfen.

Diesen Eintrag schrieb ich auf, bevor ich die Ergebnisse des Freundlichkeitstests kannte, was bedauerlich ist, denn hätte ich sie gekannt, hätte ich womöglich anders gehandelt. Im Test wollten wir von den Teilnehmenden wissen, wie sie sich fühlten, nachdem jemand ihnen einen Gefallen getan hatte. Die Antworten waren eindeutig: Niemand gab an, er habe sich bedrängt, gestört oder beleidigt gefühlt. Weit gefehlt. Die meisten waren dankbar und froh, fühlten sich geliebt, erleichtert oder unterstützt.

Abgesehen davon war die größte Hürde, netter zu sein, nach Aussagen der Teilnehmenden die Angst, missverstanden zu werden. Sechsundsechzig Prozent kreuzten diese Antwortmöglichkeit an, gefolgt von fehlender Zeit und der Nutzung sozialer Medien (wir wissen nicht, warum genau sie die sozialen Medien als Hürde ansahen).

Gewiss, was man selbst für eine gute Tat hält, muss auf Empfängerseite nicht genauso verstanden werden, unterm Strich vermute ich allerdings, dass viele von uns zu zurückhaltend sind und das kleine Risiko eingehen sollten, dass die Hilfe manchmal unwillkommen ist.

Zu fragen, ob der andere Hilfe möchte, hilft natürlich. Ein Kollege, der blind ist, erzählte mir einmal, er traue sich nicht, am Straßenrand stehen zu bleiben, weil er sonst prompt von einer Person, die glaubt, ihm einen Gefallen zu tun, über die Straße gezerrt werden würde. Nicht dass es meinem Kollegen manchmal nicht recht gewesen wäre, wenn ihn jemand über die Straße geführt hätte, er wollte nur nicht, dass die Leute ohne vorherige Nachfrage die Initiative ergriffen.

Machen Sie mehr aus dem Auftrieb, den Freundlichsein Ihnen gibt

Ich hoffe, ich habe Sie inzwischen davon überzeugt, dass Freundlichsein Ihr Wohlbefinden erhöht und womöglich sogar Ihre körperliche Gesundheit stärkt. Der Effekt ist durchaus messbar, jedoch nicht übermäßig groß, sodass es darauf ankommt, Strategien für freundliches Verhalten zu entwickeln, mit denen sich sein Nutzen am besten mehren lässt. (Übrigens, falls Sie sich unwohl fühlen, wenn Sie hören, wie Sie aus dem Guten, das sie anderen tun, das meiste für sich selbst herausholen können, oder falls Ihnen das die Sache sogar ganz vergällt – im nächsten Kapitel gehe ich darauf ein.)

Zunächst einmal verbessert sich durch das Gute, das wir tun, das Wohlbefinden von uns allen, unabhängig von Alter, Geschlecht oder ethnischer Herkunft. Und wie Sie tätig werden, spielt im Grunde keine Rolle. Die Forschung gibt uns aber Fingerzeige, durch welches Vorgehen sich das Wohlbefinden der gebenden Person am besten steigern lässt. Zunächst ist Abwechslung wichtig. Auf verschiedene Art verschiedenen Menschen etwas Gutes zu tun steigert das eigene Wohl nachhaltiger. Die Forschung zeigt auch, vielleicht nicht überraschend: Je öfter wir nett sind, desto besser fühlen wir uns. Neunmal pro Woche etwas Gutes tun bewirkt mehr als dreimal.[17]

Von der exakten Zahl abgesehen, wissen vermutlich die meisten, die sowieso schon freundlich sind, intuitiv, dass mehr mehr ist, und spenden daher den verschiedensten karitativen Organisationen im In- und Ausland, arbeiten ehrenamtlich bei mehreren Projekten mit und sind in ihrem persönlichen Umfeld generell nett. Ich habe Freund*innen, die das Sprichwort »Wenn du willst, dass etwas erledigt wird, bitte einen, der viel zu tun hat« auf jeden Fall verkörpern. Sie verwenden bereits Zeit auf karitative Arbeit hier, da und dort, startet man aber einen Aufruf zur Hilfe bei einem Gemeindeprojekt, bieten sie sich als Erste an. Und jetzt wissen wir auch warum: Es gibt ihnen einen Kick.

Ich muss es noch einmal betonen: Daran ist nichts verkehrt.

Pinky Lelani wurde vor 68 Jahren in der Stadt geboren, die damals Kalkutta hieß. In den Siebzigerjahren zog sie nach Großbritannien, wurde später zur Expertin für Kulinarik und zur Fürsprecherin für die Rechte älterer asiatischer Frauen. Außerdem ist sie ein sehr freundlicher Mensch im täglichen Umgang mit anderen.

Sollte es sich ergeben, dass Sie im Supermarkt hinter Pinky in der Schlange stehen, kann es gut sein, dass sie sich umdreht und Ihnen ein (verpacktes!) Stück Schokolade anbietet. Das kann Ihnen auch passieren, wenn Sie an der Rezeption eines Büros arbeiten, das sie aufsucht. Pinky hatte sich eines Tages vorgenommen, an bestimmten Tagen fünf Luxusschokoladentäfelchen einzustecken und zu verschenken, um den Menschen, denen sie begegnet, eine kleine Freude zu machen.

Pinky tut, was sie tut, hauptsächlich aus altruistischen Motiven. Sie ist einfach nett; keine Ahnung, inwieweit sie die neueste psychologische Forschung zur Freundlichkeit verfolgt. Ihre mit Schokoladentäfelchen praktizierte Methode der »fünf an einem Tag« ist gut für ihr eigenes Wohlbefinden, denn maßgebliche Forschung hat nachgewiesen, dass die Konzentration der fünf freundlichen Gesten auf einen Tag der ausführenden Person mehr nützt, als wenn sie sie über eine ganze Woche verteilen würde.[18] Diese Strategie hindert einen ja nicht daran, auch an anderen Tagen nett zu anderen zu sein – und das ist Pinky, wie ich weiß, denn sie verteilt nicht nur Schokolade, sondern setzt sich auch für mehr Freundlichkeit unter Führungskräften ein. Dennoch tut die Konzentration denen gut, die freundlich handeln.

Auch anderes hilft, Ermutigung oder Lob von anderen zum Beispiel.[19] Eltern tun recht daran, freundliches Verhalten bei ihren Kindern zu loben, weil das die Kinder stärkt und sie so hoffentlich auch in Zukunft freundlich sein werden. Als Erwachsene sollten wir auch das Gute, das wir einander tun, mehr würdigen. Es mag herablassend klingen, aber »Toll, dass du das machst« oder »Das ist nett von dir« sind Sätze, die wir öfter aussprechen sollten, nicht zuletzt deshalb, weil es nett ist, Nettes anzuerkennen.

Wert und Sinnhaftigkeit einer freundlichen Handlung sowie die Verbindung, die diese zwischen uns und der empfangenden Person schafft, beeinflussen ebenfalls, wie viel Auftrieb wir selbst später spüren. Es mag wenig überraschen, aber in einer frühen Studie wurde herausgefunden, dass es das eigene Wohlbefinden mehr stärkte, wenn man jemandem half, einen verlorenen Gegenstand zu suchen, als einer Person auf der Straße den Weg zu erklären.[20] Im sechsten Kapitel werden wir uns unzweifelhaft heroische Taten ansehen – die außergewöhnlichsten Formen freundlichen Handelns –, und man kann wohl davon ausgehen, dass die Selbstachtung einer heldenhaften Person, die einen Menschen aus einer Gefahrensituation rettet – eine Tat, die ein starkes menschliches Band zwischen vormals völlig Fremden knüpft –, erheblich gesteigert wird, trotz aller Bescheidenheit, die solche Menschen nach außenhin demonstrieren.

Öfter freundlich zu handeln, unser freundliches Handeln zu konzentrieren und möglichst bedeutsame freundliche Handlungen verstärken also die positive Wirkung auf uns selbst. Wie nun verhält es sich aber beim Spenden für karitative Zwecke? Klar ist das besser als nichts, die positiven Effekte fallen verglichen mit der Ausübung eines Ehrenamts ab, oder? Tatsächlich stellten Bryant Hui und sein Team von der Universität Hongkong beim Zusammenführen der besten Studien zu diesem Thema fest, dass Spenden offenbar einen noch *stärkeren* Effekt auf das Wohlbefinden des Spenders hatten als ein Ehrenamt. Das mag überraschen – sogar enttäuschen –, wenn man bedenkt, dass wir bei ehrenamtlicher Arbeit neue Freund*innen finden und vielleicht sogar die Erfolge unserer guten Taten mit eigenen Augen sehen können.[21] Einschränkend muss jedoch gesagt werden, dass Hui in seine Metaanalyse nur wenige Untersuchungen miteinbezog, die direkt mit dem Spenden von Geld an karitative Einrichtungen zu tun hatten, sodass wir nicht zu viel in den Befund hineindeuten sollten.

Dafür lieferte die Studie noch andere interessante Ergebnisse. Zum Beispiel gab es mit Blick auf das Wohlbefinden der Helfenden keinen signifikanten Unterschied zwischen formalisierter Philanthropie innerhalb der Strukturen gemeinnütziger Arbeit und informeller Hilfe, wenn man etwa einem Nachbarn bei etwas zur Hand geht. Die generelle Lebenszufriedenheit dagegen stieg sogar gerade durch Letztere noch stärker als durch ehrenamtliche Arbeit. Ebenso verhielt es sich bei dem Empfinden, etwas geleistet zu haben. Die Erklärung dafür ist, dass Freundlichkeit im Alltag spontaner ist, mehr aus dem Herzen kommt – und nicht formalen Regeln unterworfen ist. Man braucht weder Referenzen noch ein polizeiliches Führungszeugnis, muss nirgends eingewiesen werden und auch keinen Erste-Hilfe-Kurs besuchen. Natürlich sind dies alles legitime Voraussetzungen für das Ausüben vieler Ehrenämter, aber sie lassen auch an Arbeit denken, was die Freude an ehrenamtlicher Arbeit trüben mag.

Gleichwohl zeigen andere Untersuchungen, dass ehrenamtliche Arbeit gerade wegen der damit einhergehenden organisierten Strukturen für bestimmte Personengruppen, Menschen mit Depression etwa, wichtig ist.[22] Personen, die mit ihrer Motivation und ihrem Selbstvertrauen hadern, benötigen manchmal Anleitung und Regelmäßigkeit, die ihre instinktive Freundlichkeit in die richtige Bahn lenken.

In der Hui-Studie waren ehrenamtlich Tätige zufriedener, wenn sie direkten Kontakt zu Menschen hatten, denen sie halfen. Das könnte erklären, warum Menschen, die in der sozialen Arbeit tätig sind, häufig lieber praktische Aufgaben mit sichtbaren Ergebnissen übernehmen, anstatt ihr vorhandenes Know-how an anderer Stelle einzubringen. Für wohltätige Einrichtungen ist das ein Problem. Ich weiß noch, wie frustriert mein Mann während seiner Arbeit für eine große Geflüchtetenhilfeorganisation war, wenn eine Person mit guten Computerkenntnissen partout in der Küche des Tageszentrums arbeiten und Essen an mittellose Asylbewerber*innen verteilen wollte. »Unsere Webseite muss dringend aktualisiert werden«, stöhnte mein Mann. »Mit einer kostenlosen Beratung würde dieser Mensch der Sache viel mehr dienen als mit dem Austeilen von Suppe!« Trotzdem verstehe ich, warum der Webdesigner handelte, wie er handelte. Er leistete eine Arbeit, die nicht seinen Brotjob spiegelte, sondern erlebte die unmittelbare Befriedigung, einer notleidenden Person direkt zu helfen und die Wirkung seiner Tat mit eigenen Augen zu sehen.

Dass persönlicher Kontakt mit einer hilfsbedürftigen Person auch der helfenden Person zusätzlichen Auftrieb gibt, versteht sich vielleicht von selbst. Doch macht es einen großen Unterschied, wenn überhaupt einen, ob der Mensch, dem wir helfen, uns fremd oder mit uns befreundet ist?

Um das herauszufinden, rekrutierten Oliver Scott Curry (den wir in diesem Kapitel bereits kennengelernt haben) und Lee

Rowland von der Oxford University online über 600 Personen aus 29 verschiedenen Ländern und teilten sie nach dem Zufallsprinzip in verschiedene Gruppen ein. Die erste Gruppe erhielt den Auftrag, eine Woche lang eine gute Tat pro Tag für einen ihnen nahestehenden Menschen zu tun. Die zweite Gruppe sollte nett zu einer fremden Person oder einer Person, die sie nicht gut kannten, sein. Die dritte Gruppe sollte sich selbst jeden Tag etwas Gutes tun. Die vierte Gruppe achtete einfach auf freundliche Gesten, und die fünfte, die Kontrollgruppe, setzte ihr Leben wie gewohnt fort und bekam keine spezielle Aufgabe.

Wie sich zeigte, waren die Personen aus allen Gruppen am Ende der Woche glücklicher im Vergleich zur Kontrollgruppe. Und hinsichtlich des höheren Wohlbefindens spielte es eigentlich keine große Rolle, ob die Personen Freund*innen oder Fremden einen Gefallen getan hatten. Dasselbe, und das war der interessanteste Befund, traf auch auf die Teilnehmenden zu, die entweder eine gute Tat beobachtet oder sich selbst etwas Gutes getan hatten.[23] Die Lehre daraus ist, dass es für die Steigerung des eigenen Wohlbefindens keine Rolle spielt, zu wem man nett ist. Alles ist erlaubt!

Eine weitere Studie aus diesem Bereich, die faszinierende Ergebnisse lieferte, wurde von der Sozialpsychologin Lara Aknin durchgeführt. Ein Mitglied ihrer Arbeitsgruppe ging auf Leute zu, die auf dem Universitätscampus unterwegs waren, und gab ihnen 10 Dollar.[24] Das Geschenk sollte dafür sorgen, dass die Teilnehmenden Geld übrig hatten. Als Nächstes wurde ihnen Werbung für eine Wohltätigkeitsorganisation gezeigt, die Trinkwasserprojekte in Afrika finanzierte. Bei der Hälfte der Angesprochenen sagte die Person am Stand, sie kenne die am Projekt Beteiligten persönlich, in den anderen Fällen erwähnte sie keine persönliche Verbindung. Alle, die zuvor 10 Dollar bekommen hatten, wurden nun gefragt, ob sie etwas spenden würden.

Pro Person wurden etwa 5 Dollar gespendet – keine sonderlich großzügige Summe, da die an der Studie Teilnehmenden im Durchschnitt die Hälfte des zuvor erhaltenen Geldes einfach eingesteckt hatten. Und dennoch waren die Ergebnisse interessant. Einerseits gab es *keinen* wesentlichen Unterschied bei den Beträgen, die die Personen aus den beiden Gruppen spendeten. Durch die persönliche Beziehung der spendensammelnden Person zum Projekt wurde der gespendete Betrag nicht höher – aber auch nicht kleiner. Ein Unterschied aber war feststellbar: Diejenigen, die glaubten, sie gäben etwas für ein Projekt, mit dem der Bittende verbunden war, waren hinterher zufriedener.

Was gemeinützige Einrichtungen mit diesem Befund anfangen sollen, vermag ich nicht zu sagen. In gewisser Hinsicht ist er enttäuschend, denn die Maximierung ihrer Mittel ist für NGOs überlebenswichtig. Andererseits zeigt die Studie, dass eine sinnstiftende persönliche Beziehung die spendende Person glücklicher macht, was unter Umständen ein längerfristiges Engagement bewirken kann. Das könnte erklären, warum das sogenannte *chugging*, eine neue Variante der Wegelagerei unter karitativem Deckmantel, bei der Personen dafür bezahlt werden, dass sie Vorbeigehende auf der Straße ansprechen und auffordern, einer NGO ein Lastschriftmandat zu erteilen, nur zu begrenzten Erträgen führt. Offenbar wurden diese Wegelager*innen bloß für den Job angeheuert und sind keine längerfristigen Mitarbeitenden oder Ehrenamtliche der Organisation, wodurch die Sache trotz aller zur Schau gestellten enthusiastischen Aufgedrehtheit zu einem rein geschäftlichen Kontakt wird. Ohne Zweifel ist ihr Job nicht einfach, ich persönlich bin aber eher geneigt, etwas zu spenden, wenn ich von jemandem angesprochen werde, der sich schon seit Jahren für die jeweilige Organisation engagiert.

Zufällig führte Lara Aknin auch eine schöne Studie durch, bei der man Freiwilligen einen Gutschein für Starbucks gab,

den sie auf eine von vier vorgegebenen Arten verwenden sollten. Die erste Option war, allein in einen Coffeeshop zu gehen
und den Gutschein einzulösen, vielleicht für einen Salted-Ca-
ramel-Mocha-Frappuccino mit fünf Teilen Frap Roast, vier
Teilen Caramel-Sauce, vier Teilen Caramel-Sirup, drei Teilen
Mocha, drei Teilen Nuss-Toffee-Syrup und Schlagsahne (gibt es
wirklich, wie ich hörte), vielleicht aber auch für etwas Schlich-
teres. Sie konnten es sich jedenfalls aussuchen. Die zweite Gruppe sollte den Gutschein einer befreundeten Person schenken.
Die dritte sollte mit einer befreundeten Person zu Starbucks gehen und sich für den Gutschein einen Kaffee holen, während
die andere Person vermutlich selbst bezahlte. Die vierte und
letzte Option war, eine befreundete Person einzuladen und von
dem Gutschein Kaffee für beide zu kaufen.[25] Das Ergebnis war
eindeutig: Die Teilnehmenden der vierten Gruppe waren am
Ende am glücklichsten. Einen Gefallen zu tun *und* dabei soziale
Kontakte zu pflegen stärken unsere sozialen Bande umso mehr.

Alles in allem betrachtet wissen wir noch immer nicht wirklich, was uns glücklicher macht: Zeit zu schenken oder Geld.
Vielleicht ist das eine der Fragen, auf welche die Forschung noch
genauer blicken muss. Vielleicht aber auch nicht. Die Welt ist
schließlich auf beides angewiesen, auf Geldspendende ebenso wie
auf Ehrenamtliche, also bestimmen wir am besten einfach selbst,
für welche Option wir uns zu einem bestimmten Zeitpunkt entscheiden. Jede Freundlichkeit ist letztlich etwas Gutes für die Person, der sie erwiesen wird, und für die, die sie erweist, und vielleicht ist es am Ende auf gewisse Weise nerdig – hier bekenne ich
mich schuldig im Sinne der Anklage –, genau ermitteln zu wollen, welche Handlungen die besten Resultate erbringen.

Der letzte Gefallen,
den mir eine Person getan hat

Der Freundlichkeitstest

Meine Kollegin wusste, dass ich psychisch angeschlagen war, und hat deshalb unsere gemeinsame Arbeit zu Ende geführt.

Ich hätte beinahe meinen Zug verpasst und bin hinten eingestiegen, mein reservierter Platz war aber vorn. Ich hatte einen Koffer dabei, und der Schaffner hat ihn für mich durch acht Waggons getragen.

Ein Fuchs oder ein Hund hatte meine Hühner getötet. Das hat mich sehr mitgenommen, und meine Nachbarin kam mir bei der Beseitigung des Schlachtfelds zu Hilfe.

Eine Person hat als Dankeschön Brownies für mich gebacken.

Ich bin Tortendekorateurin, und ein Kunde hat sich die Zeit genommen und einen netten Kommentar auf meiner Facebook-Seite hinterlassen.

Meine Nachbarin weiß, dass ich in einem Chor singe, und hat mir eine ganze Partitur von Händels Messias geschenkt, die sie beim Aufräumen gefunden hat.

Nach einem halben Jahr mit Gehirntumor kam meine Frau aus dem Krankenhaus nach Hause und bedankte sich für meine Unterstützung und Fürsorge und für mein Verständnis.

Eine Möwe hatte mir auf den Kopf gemacht, und eine Kellnerin, die es gesehen hatte, kam mit einem Lappen aus dem Restaurant gelaufen und wischte es weg, was sehr lieb von ihr war.

3

Zerbrechen Sie sich nicht den Kopf über Ihre Beweggründe

Abie war erst siebzehn und ging noch in Manhattan zur Highschool, als er einen Zeitschriftenartikel las, der der Auslöser für eine außergewöhnlich gute Tat werden sollte – eine, die bestimmend für den Verlauf seiner nächsten Lebensjahre sein würde. In dem Beitrag ging es um die Zahl der Menschen, die verstarben, während sie auf eine Nierentransplantation warteten. Im Bruchteil einer Sekunde traf Abie eine Entscheidung: Er wollte eine Niere spenden. Nicht für einen Verwandten oder Bekannten, sondern um einer fremden Person das Leben zu retten.

Doch bevor er sein Vorhaben in die Tat umsetzen konnte, musste er etwas anderes tun: es seiner Mutter sagen. Er war noch minderjährig und benötigte ihre Einwilligung, um Spender zu werden. Es war aber nie der richtige Moment für dieses schwierige Gespräch, und er schob es immer wieder auf. Eines Morgens fasste er sich schließlich ein Herz. Es war noch früh; er und seine Mutter saßen beim Frühstück, sie noch im Schlafanzug.

»Es gibt da etwas, was ich tun möchte«, sagte Abie plötzlich. »Ich bin noch jung und gesund und möchte für einen Fremden eine Niere spenden.«

Seine Mutter war verständlicherweise überrascht und besorgt, wollte es ihm sogar verbieten. »Du bist erst siebzehn. Wozu die Eile? Mach das später, wenn du sicher bist, dass du es nicht bereust. Dein Gehirn ist noch in der Entwicklung, bis du fünfundzwanzig bist. Es ist zu früh, etwas von so großer Tragweite zu entscheiden.«

Abie aber war in der Schule Mitglied des Debattierklubs und hatte sich seine Argumente zurechtgelegt. Die Statistik stützte seine Position. Sein Risiko war gering, der Nutzen für den Empfänger seiner Niere indes hoch, ja, sie rettete ihm sogar das Leben. Deshalb wollte er unbedingt den nächsten Schritt tun. Und seine Mutter sah schließlich ein, dass er sich nicht davon abbringen lassen würde.

Abie begann zu recherchieren, wie er seine Niere spenden konnte, und hoffte, bald operiert zu werden. Als Nächstes stand ihm jedoch die Ethikkommission des örtlichen Krankenhauses im Weg. Die Kommission verlangte wegen seines jugendlichen Alters, dass er noch ein Jahr wartete; er dürfe wiederkommen, wenn er es dann immer noch tun wolle.

Abie, das haben Sie inzwischen schon gemerkt, war ein sehr entschlossener Mensch. Er ließ sich nicht abbringen. Das Jahr verging, und seine Ansicht hatte sich nicht geändert.

Der Tag des Eingriffs brach an, und die Operation verlief reibungslos. Als er aus der Narkose erwachte, noch vollgepumpt mit Schmerzmitteln, fühlte er sich großartig. Nach und nach kamen die Schmerzen. Es war die Sache jedoch wert, denn ihm wurde mitgeteilt, dass die ihm entnommene Niere schon Minuten später in den Körper eines jungen Mannes eingesetzt wurde, nur ein oder zwei Jahre älter als er selbst. Eines Fremden.

Der junge Mann, dem Abie das Leben gerettet hatte, erholte sich im selben Krankenhaus. Schon bald war Abie wieder auf den Beinen, anfangs noch wackelig, doch es ging ihm Tag um Tag besser. Genauso erging es dem Empfänger seines Organs. Unter anderen Umständen hätten sich ihre Wege kreuzen können, wenn sie durch die Krankenhausflure gingen. Es gab auch keine ethischen Gründe, die ein Kennenlernen verhindert hätten, sie wurden jedoch mit Bedacht voneinander ferngehalten. Sie hatten nämlich beide eingewilligt, einander erstmals im Live-TV zu begegnen, eine Erfahrung, vor der Abie mehr Angst hatte als vor der Nierenspende selbst; das Video zu sehen ist ein fesselndes und berührendes Erlebnis. In den Anmerkungen am Ende des Buchs finden Sie dazu einen Link.[1]

Abie ist der Erste, der zugibt, dass er selbst von seiner angeblich selbstlosen Tat profitiert hat. Ihm gefiel, dass er einem anderen auf so eine einschneidende Weise helfen konnte. Bedeutet das nun, dass er nicht aus reiner Freundlichkeit handelte, sondern dass seinem Tun ein Makel anhaftete? Als ich Abie für die Sendereihe zur Freundlichkeit im Radio interviewte, beantwortete er die Frage so:

Reine Freundlichkeit war es nicht, denn es war eine große Genugtuung für mich. Es war ein Abenteuer und hat Spaß gemacht. Es tut mir gut, in Übereinstimmung mit meinen Prinzipien zu leben, und ich kann dem anderen, der meine Niere erhalten hat, simsen und erfahre immer, was es Neues in seinem Leben gibt. Als ein großes Opfer empfinde ich es bestimmt nicht.[2]

Ich habe Ihnen so ausführlich von Abie erzählt, weil die Frage nach der »Reinheit« der Motive in Gesprächen über Freundlichkeit öfter auftaucht. Haben Sie zum Beispiel das vorige Kapitel gelesen, wissen Sie nun, dass gute Taten das eigene Wohlbefinden erhöhen können. Fühlen Sie nun Scham? Wird dadurch jeder Gefallen, den Sie in Zukunft jemandem tun, abgewertet? Bewirkt Ihre gute Tat bei der Person, der sie helfen, und sogar bei Ihnen selbst nun weniger?

Manche Fachleute messen der Motivation für einen Akt der Freundlichkeit einen so hohen Stellenwert bei, dass sie sagen, eine Freundlichkeit werde fast *un*freundlich, wenn das Motiv dafür nicht vollkommen altruistisch und selbstlos ist. Andere sehen die Sache entspannter und vertreten den Standpunkt, dass der Zweck die Mittel heilige. So oder so steht jedoch außer Frage, dass unsere Beweggründe unser freundliches Handeln auf alle mögliche Art kompliziert machen, wodurch wir in Zweifel geraten, ob wir tatsächlich etwas Gutes getan haben oder nicht.

Damit es anschaulicher wird, denken Sie bitte an Folge vier aus der fünften Staffel der TV-Serie *Friends* zurück. Sie hieß in der deutschen Synchronisation »Harte Bedingung« (The One Where Phoebe Hates PBS), hätte aber ebenso gut den Titel tragen können: »Ist selbstloses Handeln möglich?«.

Die Folge erzählt die Geschichte von Joey, der sagt, er tue Gutes, weil er bei einem Spendenmarathon der US-amerikanischen Fernsehanstalt PBS am Telefon sitzt. Phoebe meldet Zweifel an seiner Behauptung an und unterstellt ihm, er wolle bloß ins Fernsehen. Er kontert damit, dass sie doch dasselbe getan habe, als sie bei den Drillingen ihres Bruders als Ersatzmutter eingesprungen ist. Ja, das sei wirklich nett von ihr gewesen, sie selbst aber habe sich dabei auch gut gefühlt, und deshalb sei ihr Verhalten egoistisch gewesen. Genau genommen, stellt Joey fest – jetzt richtig in Fahrt gekommen –, gebe es so etwas wie eine selbstlose gute Tat gar nicht.

Phoebe schwört, dass sie ihm das Gegenteil beweisen wird, und muss feststellen, dass sie damit eine schwierige Aufgabe vor sich hat. Ihre erste gute Tat besteht darin, dass sie für einen alten Mann, der in der Nähe wohnt, das Laub zusammenrecht. Das ist nun wirklich selbstlos, oder? Nein, denn der alte Mann kommt mit Cidre und Keksen aus dem Haus. Als Nächstes lässt sie sich im Park von einer Biene stechen. Wie bitte? (Achtung: Wir haben es mit Phoebe-Logik zu tun.) Das sei eine gute Tat, behauptet sie, denn für sie sei hier gar nichts drin, wohingegen die Biene vor den anderen Bienen als toughe Artgenossin dasteht. Joey weist sie allerdings darauf hin, dass die Biene dabei vermutlich gestorben ist – wie nett war das also? Zum Schluss verspricht Phoebe, beim Spendenmarathon auf PBS eine Summe von 200 Dollar zu geben, obwohl sie gar nicht so eine große Summe spenden und von dem Geld eigentlich einen Hamster kaufen wollte. Durch ihre Spende wird die Spendensumme des letzten Marathons übertroffen, was zur Folge hat, dass Joey vom Moderator interviewt wird und so am Ende zu seinen fünf Minuten Ruhm kommt. Dass sie ihrem Freund geholfen hat, lässt Phoebe abermals glücklich zurück. Joey hat anscheinend wohl doch recht gehabt.

Sorry, wenn ich den Plot einer Episode von *Friends* verraten habe, die Sie noch nicht gesehen haben (gibt es auf der Welt eigentlich noch eine Person, die nicht jede Minute der Serie gesehen hat?), aber Sie merken, worauf ich hinauswill. Gute Taten haben oft Vorteile für uns – wie Phoebe gelernt hat. In welchem Ausmaß entwertet das aber die gute Tat? An dieser Stelle möchte ich Flagge zeigen und sage: Ich glaube nicht, dass es die gute Tat entwertet. Ist Ihr Tun gut gemeint und hat für die Person, der Sie helfen, einen echten Nutzen, schmälert die Tatsache, dass auch Sie ein gutes Gefühl dabei haben, das intrinsisch Gute der Handlung nicht. Das kann man freilich so oder so sehen, und da ich Behauptungen immer gern durch Belege gestützt weiß, wenden wir uns wieder der Wissenschaft zu.

Ein Mix von Motiven

Fangen wir bei der Evolution an. Eine der naheliegendsten und häufigsten Formen von Freundlichkeit ist die gegenüber unseren eigenen Kindern und anderen Familienangehörigen. Diese Verwandtenselektion ist grundlegend für die Erfolgsgeschichte der Menschheit. Dennoch ist es kein »reiner« Altruismus in dem Sinne, dass nur die Nutznießenden profitieren. Wir haben Sex, damit unsere Spezies fortbesteht, wenn wir tot sind – so verstanden ist es eine selbstlose Handlung. Aber machen wir uns nichts vor: Sex bereitet auch Vergnügen. Wir haben uns so entwickelt, dass unsere Körper und Hirne uns ein enormes Vergnügen bei der Fortpflanzung bescheren. Die Wehen während einer Schwangerschaft, die Geburt und die Aufzucht von Kindern erfordern große Opfer – zum größten Teil von der Mutter –, und auf der biologischen Ebene nehmen wir dabei viel Schmerz und Mühe in Kauf, weil wir wollen, dass unsere Gene in Gestalt eines neuen Menschen fortbestehen und so weitergegeben werden. Darüber hinaus finden wir auch Freude und Erfüllung durch die Erziehung von Nachkommen. Dennoch, und hier schließt sich der Kreis, opfern wir viele der besten Jahre unseres Lebens nicht nur deshalb für das Aufziehen von Kindern, weil es uns Freude bereitet. Die Gründe dafür, eine Familie zu haben und uns um Verwandte zu kümmern, sind vielfältig. Und letztlich ein Mix – teilweise selbstsüchtig, teilweise selbstlos.

Wir alle praktizieren ganz unverhohlen das, was als reziproker Altruismus bezeichnet wird: Wir tun einem anderen Menschen einen Gefallen in der Hoffnung, dass dieser Gefallen später einmal erwidert wird.[3] Ich zum Beispiele bemühe mich, freundlich auf Menschen zuzugehen, die neu in unsere Straße in South London ziehen. Teils weil ich, wie ich hoffe, ein guter Mensch bin, teils weil ich mich dabei gut fühle und teils weil ich hoffe, meine neuen Nachbarn sind nett und unterstützen umgekehrt auch mich. Ich stelle ihre Abfalltonnen vor die Tür und wässere ihren Garten, wenn sie im Urlaub sind; sie tun dasselbe für mich, wenn ich nicht da bin. Der Dalai Lama scherzt in seinem

Blog, man solle sich, wenn man egoistisch sei, altruistisch verhalten. Denn helfe man einem anderen Menschen, wird er, wenn es drauf ankommt, für uns da sein. Ernsthafter äußert er sich im selben Blog jedoch zu den Zeiten, in denen es uns schlecht geht.

> *In solchen Momenten erfahren wir, welche Menschen uns wirklich helfen und auf welche wir verzichten können. Um uns auf solche Momente vorzubereiten und wahre Freunde zu finden, die uns in Krisensituationen helfen, müssen wir Altruismus praktizieren.*[4]

Gutes zu tun hat noch einen anderweitigen Nutzen, vor allem, wenn es öffentlich geschieht: Es lässt uns gut dastehen, erhöht unsere Reputation bei anderen und steigert unser Selbstwertgefühl. Manche treiben das durch konkurrierenden Altruismus auf die Spitze.[5] Wer schon einmal eine Versteigerung zu wohltätigen Zwecken besucht hat, wird gesehen haben, wie zwei Menschen (meiner Erfahrung nach meist Männer, entweder weil sie sich gern vergleichen oder mehr Geld haben – wer weiß?) konkurrieren und weit mehr als üblich für eine Woche in einer italienischen Villa oder ein Essen in einem schicken Restaurant hinblättern. Derlei Männlichkeitsgehabe kann für andere Zuschauende ziemlich nervig sein, die Beteiligten sind aber wohl der Meinung, es ließe sie gut aussehen, und letzten Endes dient dieses Benehmen der guten Sache. Ist es also ein Problem? Ich weiß von einer sehr erfahrenen Benefizexpertin, Lyndall Stein, dass Hilfsorganisationen zwar ethische Grundsätze haben, nach denen sie entscheiden, von welchen Firmen sie Geld annehmen, bei Einzelpersonen jedoch weniger strenge Maßstäbe anlegen.

> *Es ist Geld, und wir brauchen Geld. Man kann nicht bei jeder Person abfragen, welches persönliche Motiv sie fürs Spenden hat, denn wenn man*

damit einmal anfängt, bekommt man am Ende nichts. Manche Menschen
geben vielleicht, weil sie wirklich emphatisch und nobel sind. Manche ge-
ben, weil sie sich bei einer Auktion vor anderen profilieren wollen. Wird
das Geld dadurch schmutzig? Nein, ich glaube nicht, denn der Bedarf ist
groß.[6]

Als die Evolutionsbiologin Nichola Raihani die Online-Sponsorenformulare für die über 2500 Teilnehmenden am London Marathon von 2014 analysierte, machte sie eine verblüffende Entdeckung. Auf Fundraising-Seiten sehen die Spendenden natürlich, wie viel die Spendenden vor einem gegeben haben, und wenn eine Person einen überdurchschnittlich hohen Betrag zur Verfügung stellt, geben die nächsten Personen auf der Liste in der Regel auch etwas mehr. Spendete ein Mann allerdings eine große Summe für eine Marathonläuferin, die bei vielen als attraktiv galt, wollten sich die nachfolgenden Männer nicht übertrumpfen lassen und spendeten fast das Vierfache des Durchschnittsbetrags.[7] Natürlich ist diese Großzügigkeit begrüßenswert, und ich glaube kaum, dass es die Marathonläuferinnen interessiert. Ob die Gabe dieser Männer aber rein philanthropisch motiviert war, möchte ich bezweifeln. Nein, sie wollten angeben, wedelten mit Geld, verstanden ihr Tun gar als flirten.

Doch das ist nicht das ganze Bild. Ungefähr einer von acht Spendenden entscheidet sich, auf Fundraising-Seiten anonym zu bleiben; nicht jede Person nutzt also die Gelegenheit dazu, sich aufzuplustern. Nichola Raihani, die nach ihrer Analyse mit gutem Grund manche Online-Spende für zynisch hält, sagte zu meiner Beruhigung, sie glaube nach wie vor an reine Freundlichkeit – was uns allerdings zu der Frage zurückführt, ob der Begriff »reine Freundlichkeit« überhaupt Sinn ergibt. Wie gesagt neige ich zu der Ansicht, dass den meisten, wenn nicht sogar allen guten Taten ein Gemisch von Motiven zugrundeliegt. Über ehrenamtliches Engagement habe ich bereits gesprochen. Ich kenne etliche Leute, die mitgeholfen haben, zu Weihnachten für Obdachlose Truthahn zu braten und mit allem Drum und Dran zu servieren. Kein Zweifel, diese Freund*innen tun etwas sehr Gutes, sie geben aber alle zu, es zu tun, weil es ihnen auch Spaß macht, weil es eine andere Art ist, Weihnachten zu verbringen, bei der sie eine Menge nette Leute kennenlernen, und weil sie, ja, auch, hinterher anderen davon erzählen können!

Wenn wir etwas Gutes tun wollen, sollten wir uns wegen des Mischmaschs unserer Beweggünde nicht den Kopf zerbrechen. Botschafter*innen der Freundlichkeit täten womöglich gut daran, dass Konzept der »puren Freundlichkeit« oder das Vergeben von Haltungsnoten in Sachen Freundlichkeit ganz über Bord zu werfen und auch extrinsisch motivierte Akte der Freundlichkeit »zählen« zu lassen. Denn je länger die Liste der Gründe ist, weswegen wir freundlich sein wollen, desto wahrscheinlicher sind wir es auch – und einzig darauf kommt es an.

Schauen wir zum Schluss noch, was die Neurowissenschaft zur vorhandenen oder nicht vorhandenen Reinheit unserer Beweggründe für bestimmte gute Taten sagt – und dazu, ob das von Belang ist oder nicht. Seien Sie gewarnt, es ist eine vertrackte Argumentationskette.

Die Studie, auf die ich mich beziehe, wurde von den Neurowissenschaftlern Dan Campbell-Meiklejohn und Jo Cutler von der University of Sussex durchgeführt. Sie kombinierten Daten aus Hirnscans von über eintausend Proband*innen, die in diversen Studien gewonnen wurden, und unterzogen sie einer Reanalyse. Bei einigen Experimenten spielten die Teilnehmenden, die im Hirnscanner lagen, mehrere bekannte Vertrauens- und Kooperationsspiele: das Gefangenendilemma, das Diktatorspiel oder Computerspiele, bei denen man entscheiden muss, wie nett oder wie gemein man zu seinen Gegenspieler*innen sein will. In anderen Studien erhielten die Teilnehmenden Geld und wurden gefragt, ob sie einen Teil für karitative Zwecke spenden würden. Manchmal standen nur rein altruistische Taten zur Auswahl – selbstlose, großzügige Handlungen, von denen die Testperson selbst keinen persönlichen Nutzen hatte. Andere Male profitierte von der Großzügigkeit auch die Person, die sich großzügig verhielt. Die Spiele hatten zudem eine strategische Komponente, denn Großzügigkeit sicherte den Spielenden im späteren Verlauf bessere Chancen.

Cutler und Campbell-Meiklejohn stellten bei ihrer Metaanalyse all dieser Studien fest, dass mehrere bekannte Belohnungszentren im Gehirn unabhängig davon aktiviert waren, ob den guten Taten rein altruistische oder teils altruistische und teils strategische Motive zugrundelagen. Sie stellten aber auch Unterschiede fest, entdeckten nämlich, dass die zwei unterschiedlich motivierten Handlungen tatsächlich mit klaren neuronalen Signaturen korrelierten. Lagen ihr rein altruistische Motive zugrunde, gab es mehr Aktivität in bestimmten Hirnarealen, unter anderem im Brodmann Areal 25 der Großhirnrinde; trafen Teilnehmende jedoch strategisch motivierte Entscheidungen, bei denen Altruismus und Eigeninteresse zusammenfielen, wurde mehr Aktivität in verschiedenen anderen Arealen gemessen, etwa im Nucleus accumbens, einer Kernstruktur im unteren Vorderhirn.

Das mag ja alles sehr interessant sein. Und jetzt? Was sagt uns das – wenn es uns überhaupt etwas sagt? Nun, beide Gehirnareale werden aktiviert, wenn uns etwas Angenehmes widerfährt, interessant ist aber der dabei erkennbare Unterschied. Die Neurowissenschaftler haben anscheinend einen Unterschied zwischen der »Wärme« des reinen Altruismus und dem angenehmen Effekt einer anderen Form von Altruismus gefunden, bei der man selbst auch etwas zu gewinnen hat. Richtig interessant wird es aber, weil man folgern kann, dass sich der letztere Reiz im Gehirn stärker niederschlägt – vielleicht weil beide Motive, die Freude am Altruismus und die Freude am persönlichen Gewinn, für die gute Tat ausschlaggebend waren.

Der vielleicht faszinierendste Befund ist, dass das Gehirn auf die Belohnung von Freundlichkeit ausgelegt ist, *unabhängig* von der Intention, und auch wenn dafür verschiedene Hirnareale eingesetzt werden müssen, verarbeitet das Gehirn die Information doch in jedem Fall. Hier wirkt eine Rückkopplungsschleife mit. Wir initiieren eine gute Tat – »Komm schon, hilf der alten Dame über die Straße« –, erfassen die Handlung – »Wird erledigt« – und loben die Ausführung – »Gut gemacht, fühlt sich das nicht toll an?«. Was immer uns zu der guten Tat bewogen haben mag, spätere gute Taten sind zum Teil darauf zurückzuführen, dass die Hirnaktivität uns bei solchem Handeln ein Wohlgefühl beschert.

Vielleicht gibt es auch eine neurowissenschaftliche Erklärung für so außergewöhnlich altruistische Taten wie die von Abie, der einem Fremden eine Niere gespendet hat. Liefern kann sie die Arbeit der Neurowissenschaftlerin Abigail Marsh, die Gehirne von altruistisch handelnden Menschen wie ihm gescannt hat. Marshs Forschungsinteresse galt im Gegensatz zu der oben skizzierten Forschung nicht Gehirnarealen, die bei strategischem Altruismus aktiviert werden, sondern den Unterschieden von Größe und Form unterschiedlicher Hirnareale zwischen unterschiedlichen Menschen.

Sie beschäftigte sich insbesondere mit der Amygdala, einem walnussgroßen Areal tief im Innern des Gehirns, das als Sitz einiger (aber nicht aller) Emotionen gilt, darunter der Angst. Und als Marsh die Größe dieses Areals bei Nierenspender*innen maß, entdeckte sie bei diesen Ausnahme-Altruist*innen eine Besonderheit: Ihre Amygdala war im Durchschnitt acht Prozent größer als die anderer (weniger altruistischer oder gewöhnlicher) Menschen.[8]

Das war verblüffend, denn die Amygdala ist nicht nur an der Angstverarbeitung beteiligt, sondern sorgt auch maßgeblich dafür, dass wir die Empfindungen anderer nachvollziehen und mit ihnen mitfühlen können. Daraus zog Professorin Marsh den Schluss, dass Ausnahme-Altruist*innen mit ihrer größeren Amygdala sich wahrscheinlich besser in Personen hineinversetzen können, die wissen, dass sie an Nierenversagen leiden und dass ihr Leben auf dem Spiel steht, was uns mit der kleineren Amygdala schwerer fällt.

Als sie Menschen mit psychopathischen Tendenzen in den Scanner legte, stellte sie außerdem fest, dass ihre Amygdalae kleiner waren als im Durchschnitt.[9] Das korreliert damit, dass Psychopath*innen keine Gedanken an die Gefühle anderer verschwenden. Sie selbst empfinden keine Angst und haben daher auch kein Mitgefühl mit der Angst anderer.

Marshs Hypothese lautet, dass es ein Kontinuum der Freundlichkeit gibt, mit psychopathischen Menschen an einem Ende und altruistischen am anderen Ende des Spektrums und uns übrigens irgendwo in der Mitte.

Daran schließt sich die große Frage an, ob diese unterschiedlichen Hirnstrukturen angeboren sind. Träfe das zu und wären die besonders Freundlichen nicht durch eigenes Bemühen freundlich, dann wären die Ausnahme-Altruist*innen aufgrund ihrer großen Amygdalae schlicht von Geburt an auf Freundlichkeit »programmiert«.

Das, so stellt sich heraus, ist ein Teil der Geschichte, aber nicht die ganze. Ja, die Größe Ihrer Amygdala im Erwachsenenalter ist teilweise ererbt, sie ergibt sich aber auch aus den Erfahrungen, die Sie beim Heranwachsen gemacht haben. Die Amygdala von Menschen, die drastische Entbehrung und Vernachlässigung erlebt haben, entwickelt sich langsamer und ist schließlich kleiner, als sie es andernfalls gewesen wäre, während die Amygdala von Menschen, die ein herzliches, liebevolles Zuhause hatten, über die ererbte Größe hinaus wachsen kann.[10]

Ausnahme-Altruist*innen sind also zu einem Teil so geboren und zu einem anderen Teil (durch ihre Erziehung und ihre Umwelt) so geworden – und positive Rückkopplung kann ihren Altruismus sogar noch verstärken. Dank ihrer großen und (manchmal) noch wachsenden Amygdala sind sie besser imstande, sich in Gefühle anderer hineinzuversetzen, und das veranlasst sie, freundlich zu sein. Jede ihrer guten Taten stärkt aber auch ihr Selbstwertgefühl, und in der Folge werden sie noch freundlicher. Sie profitieren, anders gesagt, davon, dass ihre Gefühle wie mit einer Ratsche immer fester verschraubt werden. Großartig! – für sie. Aber was ist mit uns anderen?

Handelt es sich also um ein Kontinuum, sollten auch wir uns auf der Skala aufwärts bewegen können, hin zu den Ausnahme-Altruist*innen, können allerdings auch abrutschen, hin zu den Psychopath*innen. Denn auch wenn die Größe unserer Amygdala einen Einfluss darauf hat, wo in dem Kontinuum wir uns befinden, haben wir nach wie vor viele Handlungsoptionen. Anlage, Umwelt und gute Praxis, sie alle gehen in die Gleichung ein.

Zusammenfassend lässt sich also sagen, dass es keinen Grund dafür gibt, Freundlichkeit danach zu bewerten, was eine Person, die Gutes tut, gibt und was sie bekommt. Freundlich zu sein heißt immer, auf etwas zu verzichten und etwas dafür zu gewinnen. Im realen Leben ist Freundlichkeit fast immer ein Fall von Win/Win und keine Nullsumme. Wir haben also alle viel zu gewinnen, wenn wir uns bemühen, mehr Freundlichkeit in die Welt zu tragen.

Übertriebene Freundlichkeit

Bisher habe ich in diesem Buch die Ansicht vertreten, dass nett zu anderen zu sein und jede sich bietende Möglichkeit, Gutes zu tun, zu nutzen, eine gute Sache sei – und immer begrüßenswert. Alles in allem halte ich daran auch fest und vermute, Sie tun das ebenfalls. Eine gute Tat kann aber natürlich auch ins Auge gehen und mehr schaden als nutzen.

Als ich noch in die Grundschule ging, schenkten meine Großeltern mir eine Tasche vom Zoologischen Garten der Insel Jersey, eine Tasche ganz im Stil der Siebziger, die heute retro und cool wäre. So eine Tasche besaß ich jedoch schon, und obwohl ich alt genug war, zu wissen, dass ich mich überschwenglich bei meinen Großeltern bedanken musste, schenkte ich sie später einer Schulfreundin.

Sie hatte jedoch Angst, ihre Mutter, die sehr streng war, könnte glauben, sie hätte sie gestohlen. Ich sehe noch vor mir, wie wir zwei auf dem Betonboden des Spielplatzes knieten, damit ich mit einem Stift auf einen Zettel schreiben konnte, dass die Tasche ein Geschenk für meine Freundin wäre und ich sie nicht brauchte. Das war lieb? Könnte man meinen, aber nein. Am nächsten Tag brachte meine Freundin die Tasche wieder und sagte, ihre Mutter sei wütend gewesen, weil sie sie angenommen hatte.

Damals war ich perplex und meine Freundin verstört. Sie wollte die Tasche haben und verstand nicht, warum sie das nicht durfte. Heute sehe ich natürlich ein, warum der Mutter meiner Freundin unwohl war. Die Familie hatte finanziell zu kämpfen, und es gefiel ihr nicht, dass eine Siebenjährige sie durch eine milde Gabe vorführte, wie gut diese auch gemeint sein mochte. In diesem Kindheitserlebnis klingt eine Szene an, die uns aus Filmen geläufig ist, wenn das Hilfsangebot einer Figur mit dem tief

empfundenen Schrei »Ich will deine Almosen nicht!« zurückgewiesen wird.

Die Forschung zeigt auf, dass Hilfe, die das Gefühl von Hilf-
losigkeit erzeugt oder anderen vermittelt, verpflichtet zu sein, den
Gefallen zu erwidern, häufig nicht gut ankommt.[11] Das sollten
wir bedenken, wenn wir anderen Gutes tun wollen, erst recht,
wenn wir die Betreffenden nicht gut kennen oder nicht abschät-
zen können, welche Folgen unser Geben haben kann.

Manche finden Freundlichkeit, zumal im Zeitalter der sozialen Medien, auch schwierig, weil sie protzig und selbstherrlich
wirken kann. Der Begriff *virtue signalling* (wörtlich übersetzt: Tu-
gendsignale absetzen) ist erfunden worden, um auf solches Verhalten hinzuweisen.

Mit ihrem Benefizaktivismus erzeugen etwa der Rockstar
Bono oder der Filmstar Emma Thompson bei manchen Ärger
statt Bewunderung. »Die hocken auf ihren schicken Yachten oder
in ihren Häusern in Hampstead und schmücken sich damit, wie
sehr ihnen Amazonas-Stämme oder Geflüchtete am Herzen liegen. Es geht bloß darum, gut auszusehen – und die können es
sich locker leisten.«

Ich persönlich bin mir nicht sicher, ob es fair ist, Bono und
Emma Thompson wegen ihrer karitativen Aktivitäten so anzu-
greifen, die ja nicht nur anderen nützen, sondern dem karitativen Engagement auch zu einer Öffentlichkeit verhelfen, das es
nicht hätte, wenn sie nur im Geheimen helfen würden. Für Bo-
nos und Thompsons Kritiker wäre ihr Engagement ein Beispiel
für »korrumpierten Altruismus«, wie der einschlägige Fachbe-
griff lautet. Es kann heikel sein, wenn man sich Fremden gegenüber freundlich erweist.

Auf manche wirkt solche Freundlichkeit nicht natürlich, vielleicht aus dem Gefühl heraus, dass man sich zuerst um die Seinen kümmert und Menschenliebe zu Hause beginnt.

Die Motivation von Personen, die zum Beispiel eine Niere für Familienangehörige spenden, wird kaum in Zweifel gezogen, andere wie Abie jedoch, die eine Niere für Unbekannte spenden, sind zuweilen damit konfrontiert, dass ihre Motive infrage gestellt werden. Vielleicht liegt es daran, dass wir selbst so etwas nicht tun würden, und deshalb glauben, diese scheinbar gütigen Menschen spendeten einzig, um ihre Tugendhaftigkeit zur Schau zu stellen. In dem Interview, das ich mit der in den USA tätigen Professorin für Philanthropie Sara Konrath führte, sagte sie zu diesem Thema, der Glaube, reine Freundlichkeit gäbe es nicht, komme manchen sicher gelegen, denen der Zweifel an den Beweggründen anderer eine Rechtfertigung dafür verschafft, selbst solche gute Taten *nicht* zu vollbringen. Wenn andere viel freundlicher sind als wir selbst, treibt uns das in die Enge, und wir fühlen uns bemüßigt zu erklären, warum wir nicht ebenso handeln. Wenn Abie eine Niere weggeben kann, warum können wir es nicht auch? Das bereitet uns Unbehagen. Manchmal ist es dann leichter, die Motive anderer zu kritisieren. Dadurch fühlen wir uns mit unseren eigenen Entscheidungen wohler.

Aber gibt es wirklich Menschen, die vielleicht nur nett sind, um Aufmerksamkeit zu erlangen? Denen es, anders gesagt, *ausschließlich* um die Aufmerksamkeit und nicht um Hilfe für andere geht? Sara Konrath machte sich daran, das mit Experimenten zu ergründen, deren Zielgruppe narzisstische Personen waren, die sich zu gern in Szene setzen und nur wenig Empathie für andere aufbringen.

Erinnern Sie sich noch an die Ice Bucket Challenge aus dem Jahre 2014? Die Idee war, sich filmen zu lassen, wenn man sich einen Kübel Eiswasser über den Kopf schütten lässt, das im Netz zu posten und danach weitere Personen zur Nachahmung zu nominieren. Mit der Aktion sollte auf die Amyotrophe Lateralsklerose (ALS), die am stärksten verbreitete Motoneuronenerkrankung, aufmerksam gemacht und es sollten Gelder für ihre Erforschung gesammelt werden. Es gab die Challenge in mehreren Versionen. In einer spendete eine Person an die ALS Association, um *kein* Eiswasser über den Kopf geschüttet zu bekommen. In anderen war die Idee, die Challenge zu absolvieren und trotzdem einen kleinen Betrag zu spenden, und einen höheren, wenn die Challenge nicht absolviert wurde. Die Leute konnten wählen. Die Initiative ging viral, und es wurden über 17 Millionen Videos auf Facebook gepostet.

Professorin Konrath warb 9000 Menschen dafür, einen Online-Fragebogen auszufüllen, in dem sie gefragt wurden, ob sie von der Ice Bucket Challenge gehört, selbst teilgenommen, einen anderen zur Teilnahme herausgefordert, Geld gespendet und/oder ein Video davon gepostet hatten. Außerdem wurden die Teilnehmenden gebeten, Fragen zu beantworten und ihre narzisstischen Tendenzen einzuschätzen.

Wie von Professorin Konrath erwartet, zeigte sich, dass zahlreiche Narzisst*innen von dieser Art, vor aller Augen Gutes zu tun, angezogen werden.[12] Aber – und das ist der Clou – obwohl die Personen aus dieser Gruppe häufiger als andere Videos posteten, taten sie das größtenteils, ohne zugleich Geld zu spenden. Fairerweise muss gesagt werden, dass das in einigen Versionen der Challenge explizit erlaubt war, es hätte aber niemand die Teilnehmenden daran gehindert, trotzdem zu spenden. Anders als die narzisstischen Personen spendeten die Teilnehmenden mit geringerem Narzissmus-Wert oft nur Geld (die weniger auffallende Option); die Teilnehmenden aus dem Mittelfeld gaben Geld und ertrugen das Eiswasser (waren also großzügig *und* keine Spielverderber).

Bevor wir die Narzisst*innen gänzlich abschreiben, sollte ich eine weitere Studie zu dieser Gruppe zitieren, in der ihre Neigung zu ehrenamtlicher Tätigkeit untersucht wurde. Die gute

Nachricht (für sie und für uns) ist, dass sie nicht seltener (allerdings auch nicht häufiger) anzutreffen war als bei weniger ichbezogenen Menschen. Taten sie anderen Gutes, geschah das jedoch – das ist nun keine Überraschung – häufiger vor den Augen der Öffentlichkeit als im privaten Kreis. Das Renommee spielte also doch eine gewisse Rolle. In Bezug auf die Motive, anderen zu helfen, maßen Personen mit hohen Empathie-Werten altruistischem Handeln eine größere Wichtigkeit bei, als Narzisst*innen das taten. Das bewog Konrath zu der Frage, ob das heißt, dass narzisstische Menschen auch seltener das warme Gefühl des Gebens empfinden. Gäbe es Gerechtigkeit auf der Welt, träfe das zu, vorläufig aber gibt es noch keine Befunde, die Konraths Vermutung bestätigen.

Nach der narzisstischen Freundlichkeit und dem korrumpierten Altruismus soll es in diesem Abschnitt zuletzt noch um das gehen, was man als fehlgeleitete Freundlichkeit oder zu viel des Guten bezeichnen könnte.

Nehmen wir das Beispiel von Pete, einem 90 Jahre alten Witwer, der jeden Tag in seinem Wohnort Chelmsford auf ein Glas Rotwein und einen Teller Hunter's Chicken in den Pub ging. Der Wirt des Pubs mochte den reizenden alten Herrn, der, so seine Vermutung, wohl einsam war. Das brachte ihn dazu, Petes Geschichte in den sozialen Medien zu verbreiten. Der Post ging viral, und das Ende vom Lied war, dass massenhaft Leute in dem Pub anriefen und im Voraus für Petes Wein und sein Essen bezahlten. Auf einem Video auf Twitter sieht man Petes Reaktion, als er hört, dass seine nächsten 90 Gläser Wein bereits bezahlt sind.[13] Es ist ein anrührender Moment.

Man müsste schon ein Herz aus Stein haben, wenn es einem bei diesem Anblick nicht aufginge, und es ist auch nichts verkehrt daran, ganz im Gegenteil, wenn Fremde einem einsamen alten Mann ein Mittagessen und ein Glas Wein spendieren. Gleichwohl gibt es zweifellos zig Millionen von Menschen auf der Welt, deren Not größer ist. Diese Menschen kennen wir nicht, Pete aber schon, dank der Macht der sozialen Medien. (Zumindest glauben wir, Pete zu kennen.) Indem wir nett zu ihm sind, zu anderen aber nicht, erliegen wir dem *identifiable victim effect*, wie es in der Psychologie heißt.[14] Hilfsorganisationen wissen um diesen Effekt, weswegen sie bei Spendenaufrufen häufig einen einzelnen »Fall« herausstellen und sich auf *eine* gerettete Person konzentrieren, statt potenzielle Spendende mit erdrückenden Zahlen zu bombardieren.

Ein Beispiel habe ich beim Schreiben gerade vor mir, einen jener Flyer, die einem aus der Sonntagszeitung entgegenfallen. Er ist von der Hilfsorganisation Sightsavers und zeigt ein weinendes kleines Mädchen, daneben der Aufruf: »Nalukenas Augenlicht wird mit jedem Wimpernschlag schwächer. Mit nur fünf Pfund ließe sich ihr Sehvermögen erhalten.« Als Moderatorin einer vom BBC World Service ausgestrahlten Sendung zur globalen Gesundheit weiß ich, dass Hunderttausende Kinder und sogar Erwachsene erblinden, weil ihnen der Zugang zu einfachen, preisgünstigen Behandlungen fehlt, und allein schon dieses Wissen würde mich bewegen, an Organisationen wie Sightsavers zu spenden. Es ist aber Nalukenas schwindende Sehkraft, die mir wirklich an die Nieren geht, und damit bin ich nicht die Einzige.

In einer idealen Welt wäre es nicht nötig, dass wir auf diese Weise emotional manipuliert werden, es ist aber nun mal Tatsache, dass wir leichter mit einer namentlich vorgestellten einzelnen Person mitfühlen als mit einer anonymen Gruppe. Als die Teilnehmenden im Freundlichkeitstest gefragt wurden, für welche Art Wohltätigkeitsorganisation sie spenden, waren lokale Anliegen beliebter als solche im Ausland, was natürlich Sache der Spendenden ist.

Zeigt man Personen, die im Hirnscanner liegen, Fotos von Menschen, die aktuell Not leiden, lassen die im Gehirn feststellbaren Reaktionsmuster erkennen, dass wir auf neurologischer Ebene mehr Empathie für Menschen haben, von denen wir glauben, sie wären uns besonders ähnlich.[15]

Grausam aber wahr ist, wir werden von Menschen angezogen, die uns ähneln. Zum Beispiel mögen wir, wie wir in Kapitel 5 noch auführlich sehen werden, Menschen sogar besonders, wenn sie am selben Tag Geburtstag haben wie wir, obwohl wir genau wissen, dass das Zufall ist. Wir halten ständig Ausschau nach Gemeinsamkeiten, und wenn wir einen Anknüpfungspunkt finden, tun wir uns leichter damit, freundlich oder zumindest nicht gleichgültig zu sein.

Wir sollten gegen diesen Impuls angehen – und können das auch, wenn wir uns bemühen – und Freundlichkeit breiter – und im weitesten Sinne gerechter – verteilen. Gleichwohl ist jede gute Tat besser als keine gute Tat, und wenn Sie Pete das 91. Glas Wein ausgeben wollen, will ich Sie nicht davon abhalten. Wenn Sie sich gut fühlen, weil Pete in dem Video so glücklich aussieht, ist das auch in Ordnung. Genauso, wie wenn Sie im Flyer von Sightsavers zur nächsten Seite umblättern und das »Nachher«-Foto von Nalukena sehen, die vor Freude strahlt, weil sie jetzt ein Antibiotikum bekommt, das sie von ihrem Trachom geheilt hat.

Denken Sie an sich

Nach Sichtung all dieser Forschungsergebnisse und auf die Gefahr hin, mich zu oft zu wiederholen, möchte ich es zum Abschluss dieses Kapitels noch einmal betonen: Der Umstand, dass freundliches Verhalten uns zu glücklicheren Menschen macht, schmälert den Nutzen der Freundlichkeit für andere in keiner Weise. Davon bin ich überzeugt. Ich würde sogar noch weiter gehen und behaupten, völlig selbstlose Freundlichkeit gibt es im Grunde nicht, und das ist gut so. Freundlichkeit bedeutet nicht zwangsläufig, stets und ständig wie ein Heiliger handeln zu müssen, sondern vielmehr, ein anständiger, hilfsbereiter Mensch zu sein, der durch sein Tun manchmal etwas gibt und manchmal etwas bekommt.

Citizens UK, eine Allianz lokaler Organisationen in Großbritannien, die gemeinnützige Arbeit leisten, hält ihre Führungskräfte und Freiwilligen an, immer die eigenen Interessen im Blick zu behalten, wenn sie Vorhaben in ihrer Gemeinde planen. Sich klarzumachen, welchen Vorteil wir selbst von einem bestimmten Projekt haben, verleiht der Sache Kraft und verbessert die Chancen auf Erfolg.[16]

Zum Beispiel könnte man Sie bitten, sich einer Gruppe Freiwilliger aus Ihrem Viertel anzuschließen, die einen Gemeinschaftsgarten anlegen wollen, damit die Bewohner*innen ohne einen eigenen Garten etwas anbauen können und an warmen Abenden einen Ort zum Draußensitzen haben. Wer in einer Wohnung ohne Balkon lebt und sich der Gruppe anschließt, handelt teils aus altruistischen Motiven, teils aus eigenem Interesse, da die Person von dem Vorhaben gemeinsam mit anderen direkt profitiert. Wer einen eigenen Garten besitzt, schließt sich der Gruppe vielleicht an, weil die Straße mit einem Gemeinschaftsgarten hübscher aussieht und vielleicht gar der Wert der Grundstücke steigt.

So oder so gewinnt bei dem Vorhaben jede Einzelperson, was die Motivation zum Mitmachen erhöht, der Tatsache, dass man gemeinsam aktiv geworden ist, aber keinen Abbruch tut. Man hat Zeit für ein Projekt aufgewendet, das anderen Freude bereitet.

Zeit und Mühe aufzubringen, teils um etwas Gutes für andere zu erreichen, mag aus individueller Sicht sehr aufwändig sein. Diese Sichtweise geht jedoch am Entscheidenden vorbei. Denn der Aufwand bringt auch der Person etwas, die ihn betreibt, sei es die Freude, Teil einer gemeinschaftlichen Unternehmung zu sein, oder der Gewinn an Fitness, den sie vom Schleppen, Umgraben und Pflanzen hat.

Ein Beispiel dafür habe ich in einem Programm der Geflüchtetenhilfe gesehen, an dem ich selbst einen kleinen Anteil habe. Das Programm nennt sich »Kommunale Patenschaft« und etablierte sich 2016 in Großbritannien in Anlehnung an ein Modell, das seit den ausgehenden Siebzigern in Kanada erfolgreich Anwendung findet. Dabei tun sich Bewohner*innen eines Viertels zusammen und bringen eine Familie Geflüchteter in ihrer Nachbar*innenschaft unter. Die Gruppe muss ein Haus für die betreffende Familie beschaffen und sich um eine Aufenthaltsgenehmigung durch das Innenministerium kümmern. Wird sie erteilt, holt die Gruppe die Familie vom Flughafen ab, heißt sie in der Gemeinschaft willkommen und steht ihr bei Formalitäten wie dem Einrichten eines Bankkontos, der Anmeldung in einer Hausarztpraxis und der Unterbringung der Kinder in Schulen zur Seite. Die Freiwilligen helfen den Familienmitgliedern beim Englischlernen, beim Besuch von Ausbildungskursen und bei der Beschaffung von Arbeitsplätzen.

Im Südosten von London, wo ich lebe, entstand die Gruppe Peckham Sponsors Refugees im Jahre 2018 mit dem Ziel, eine Flüchtlingsfamilie aus Syrien willkommen zu heißen. Da ich so viel zu tun habe – es stimmt wirklich –, gehörte ich selbst nie zum Kern der Gruppe. Ich verfolgte jedoch die Bemühungen anderer, darunter zahlreiche Freund*innen und Menschen aus meiner Straße, was mich bewog, zu helfen, wann und wo ich konnte.

Besonders in Erinnerung geblieben ist mir ein Wochenende, an dem die Gruppe ein Haus gefunden hatte, das die Familie – die zu dem Zeitpunkt noch in Jordanien war – mieten konnte, wenn sie nach Großbritannien kam. Das Haus befand sich im Besitz einer sehr freundlichen und großzügigen Italienerin, die sich bereit erklärt hatte, die Miete deutlich unter das Niveau des Marktpreises abzusenken, damit die Familie sie sich bei ihrer Ankunft leisten konnte. Es war ein hübsches Haus in einer schönen Gegend, musste aber renoviert werden, bevor ein Zuhause daraus werden konnte. Und da kam ich ins Spiel.

Der Tag, an dem ich mit anderen Freiwilligen saubermachte und mit Schwamm und Farbroller werkelte, war unbeschwert und erfüllend. Ich glaube schon, dass es nett von mir war, einen Tag dafür zu geben, ein Haus für Geflüchtete herzurichten, die ich bis dato noch gar nicht kannte, aber zeitlich gesehen brachte ich nun wirklich kein großes Opfer, und die Zufriedenheit, die ich verspürte, entschädigte mich voll und ganz.

Regional und landesweit berichteten Medien über die Geflüchtetenarbeit der Peckham Sponsors Refugees – und vieler anderer Gruppen –, und die Freude, die unsere Gruppe an ihrer Hilfstätigkeit hatte, bewog andere Menschen, ebenfalls Initiativen zu gründen. Inzwischen gibt es sie zu Hunderten im ganzen Land, und es kommen ständig neue hinzu.

All das zeigt, dass freundliches Handeln eine Vielzahl positiver Effekte hat. Eine Familie Geflüchteter in Ihre Gemeinde aufzunehmen ist der Idee nach natürlich altruistisch, und die Familie, die in die Lage versetzt wird, sich in Sicherheit ein neues Leben aufzubauen, hat am meisten davon. Doch bisher hat noch jedes Mitglied einer kommunalen Patenschaft, das ich kennengelernt habe – und ich kenne inzwischen viele –, angegeben, mehr Gewinn aus der Erfahrung gezogen zu haben, als es investiert hat. Ihr Beispiel führt auf direktem Wege zu anderen kommunalen Patenschaften oder ähnlichen Projekten. Und dann zieht Freundlichkeit neue Freundlichkeit nach sich, denn sind die Geflüchteten erst einmal angekommen, engagieren sie sich häufig selbst in lokalen Hilfsprojekten.

Der letzte Gefallen,
den ich einer Person getan habe

Der Freundlichkeitstest

Mir kam jemand entgegen, der verschwitzt und müde aussah. Er wollte zu einem Pub. Ich rief dort an und bestellte ihm ein Bier auf meine Rechnung.

Ich habe die Kaffeemühle nicht eingeschaltet, solange sich mein Vater eine Sendung im Radio angehört hat.

Ich habe ein Gespräch mit einem Fremden begonnen.

Ich habe erfahren, dass die Courtauld Gallery wiedereröffnet wird, und die Information meiner Mutter weitergeschickt, die sich auch für die Impressionisten interessiert.

Eine erst kürzlich beförderte Arbeitskollegin macht Fehler. Ich habe sie in den Dingen bestärkt, die sie richtigmacht.

Ich habe meiner Frau gesagt, dass ich sie liebe.

Ich habe eine Schwangere auf der Toilette im Pub vorgelassen.

Bei meiner Arbeit als Freiwillige in einer Notfallambulanz habe ich mich zu jemandem gesetzt, der sehr mitgenommen war.

Ich habe einem Fremden, der mich darum gebeten hat, eine Zigarette gedreht.

Ich habe beim Bridge nicht kontriert, weil das unsere Gegenspieler vollkommen entmutigt hätte.

3 ½

Die sozialen Medien sind voll von Freundlichkeit (okay, nicht voll davon, aber es gibt sie)

Auf der Hochzeitsfeier einer Freundin Anfang des Jahres wurde ich neben eine Unterhausabgeordnete platziert. Sie war freundlich, offen und bescheiden – ein Mensch, der von anderen gemocht wird, ganz gleich, welche politischen Ansichten sie vertreten. Im persönlichen Gespräch begegnen ihr die meisten, wie ich vermute, mit Höflichkeit und respektieren ihre Stellung als gewählte Abgeordnete. In den sozialen Medien liegt der Fall aber anders.

Sie hat es dort, erzählte sie mir, Tag für Tag mit den ekelhaftesten, brutalsten Drohungen zu tun. Leider ist dieses Phänomen heute ziemlich weit verbreitet. Abgeordnete, besonders weibliche Abgeordnete – und darunter besonders PoC (people of color) –, berichten davon, dass sie in sozialen Medien regelmäßig angegriffen werden. Ich weiß noch, dass eine andere Abgeordnete sagte, sie trage ihre Apple Watch nicht mehr, weil sie bei jedem Blick auf die Uhrzeit riskiere, eine neue Todesdrohung vorzufinden.

Dieser Hass richtet sich auch gegen andere Prominente. Und selbst weniger bekannte Menschen entkommen ihm nicht. Jeder Person, die soziale Medien nutzt, kann es passieren, im Netz Opfer von Beschimpfungen und Übergriffen zu werden, und es gibt inzwischen ein ganzes Lexikon neuer Ausdrücke dafür: Es wird getrollt, geflamet (Verfassen beleidigender Beiträge), gedoxt (Klarnamen und andere Daten von Personen im Netz preisgeben) und geshitstormt.

Es hat niemanden aus unserer Arbeitsgruppe, die den Freundlichkeitstest entwickelte, überrascht, dass die sozialen Medien als Sphäre gelten, in der Freundlichkeit am seltensten anzutreffen ist, und es gibt keinen Zweifel daran, dass manche Inhalte auf diesen Plattformen äußerst unangenehm sind und ein düsteres Bild der Menschheit zeichnen. Doch wie in anderen Lebensbereichen besteht auch hier die Gefahr, dass wir dem Negativen besonders viel Aufmerksamkeit schenken und so Positives übersehen. Eigentlich zeigen viele Posts und Wortwechsel in sozialen Medien die nettere Seite der menschlichen Natur. Und es ist an uns, diese Plattformen zu einem noch angenehmeren Treffpunkt zu machen, indem wir darauf verzichten, selbst wütende und gehässige Kommentare zu posten, von anderen gepostete Kommentare dieser Art nicht mehr zu liken oder zu teilen und uns stattdessen mit Inhalten zu beschäftigen, die mehr geistige Substanz haben.

Bevor wir an der Menschheit verzweifeln, sollten wir uns außerdem daran erinnern, dass die im Netz geäußerten Meinungen mit ziemlicher Sicherheit nicht die gesamte Bandbreite von Meinungen widerspiegelt, die es da draußen gibt. Sich im Netz zu bewegen ist ein bisschen wie Autofahren – genau wie wir in der anonymen Blase unseres Wagens sitzen und unserer Wut auf andere Kraftfahrende freien Lauf lassen, fühlen wir uns in den Echokammern im Netz sicher genug, um uns von unserer zornigen Seite zu zeigen. Außerdem ist es vielfach belegt, dass Posts, in denen moralische Entrüstung zum Ausdruck gebracht wird, mehr Beachtung finden; sie werden häufiger geliket und weitergeleitet. Und da fängt das Problem an.

Mit einer Software zum maschinellen Lernen verfolgte eine Arbeitsgruppe an der Yale University moralische Entrüstung in Twitter-Posts in Echtzeit. Zwölf Millionen Tweets später konnte sie nachweisen, dass durch das vermehrte Liken wütender Tweets unsere sich anschließenden Tweets mit der Zeit ebenfalls immer wütender wurden.[1] Wir werden auf widernatürliche Weise dazu angestachelt, statt überlegter, maßvoller Reaktionen zunehmend extreme Ansichten weiterzuverbreiten.

Sie können selbst einmal testen, wie viele Follower Sie finden, wenn Sie probeweise ein Spiel namens Bad News aufrufen, das der Sozialpsychologe Sander van der Linden von der Cambridge University entwickelt hat, und dort Ungeheuerlichkeiten äußern. Man spielt es im Netz auf der Seite eines (Gott sei Dank) gefaketen sozialen Mediums, wählt aus, welche von mehreren Optionen man postet, und schaut sich an, wie viele zusätzliche Follower man auf die einzelnen Posts bekommt.[2] Je extremer Ihr Post, desto höher schießt die Zahl Ihrer Follower. Das Spiel veranschaulicht eine von manchen Nutzer*innen in den sozialen Medien vorsätzlich verwendete Taktik, die Sie dazu verleiten soll, ihnen bei der Verbreitung von Falschinformationen zu helfen – Taktiken wie das Schüren von Angst, die Erfindung vermeintlicher Experten und die Verbreitung von Verschwörungstheorien.

Sie denken jetzt vielleicht, van der Lindens Experiment habe den schädlichen Nebeneffekt, Unfreundlichkeit im Netz zu fördern, wenn es vorführt, dass man mit üblen Inhalten eine große Zahl von Followern gewinnt. Doch nichts liegt ihm ferner. Er möchte im Gegenteil aufzeigen, wie solche Mechanismen wirken, damit wir merken, wann wir manipuliert werden. Diejenigen, die seine Spiele ausprobiert hatten, erkannten hinterher gefakete Schlagzeilen besser und gaben an, in Zukunft vorsichtiger zu sein, wenn sie Inhalte teilten.[3]

Es gibt also Mittel und Wege, den schädlichen Kräften entgegenzuwirken, die Nutzer*innen zu immer scheußlicheren Äußerungen in den sozialen Medien antreiben. Wir haben aber noch einen langen Weg vor uns. Und hatte ich nicht eingangs versprochen, dass es im Netz bereits heute viel Freundlichkeit gibt? Hier beginnt nun meine Verteidigung der sozialen Medien, denn ich möchte Ihnen zeigen, dass sie so schlecht nicht sind. Wenn wir genau hinsehen, ist vieles dort sogar sehr gut. Es geht darum, das zu erkennen, schätzen zu lernen und zu fördern.

Alltägliche Freundlichkeit im Netz

Wollte man Freund*innen oder Kolleg*innen zum Geburtstag gratulieren, musste man in der Ära vor den sozialen Medien entweder eine Geburtstagskarte schicken oder sich die Zeit nehmen und anrufen. Dank der neuen Technik kann man schnell und unkompliziert eine eCard oder ein Geburtstags-GIF senden und gratulieren. Ergebnis: mehr Glückwünsche an dem großen Tag.

Wird das Reservoir an Freundlichkeit dadurch größer? In manchen Fällen geschieht nichts weiter, als dass eine freundliche Geste, die früher in dreidimensionaler Form daherkam, jetzt nur noch zwei Dimensionen hat. An die Stelle des Realen und Persönlichen trat das Virtuelle. Die unkomplizierte Nutzung sozialer Medien hat das Reservoir an Freundlichkeiten sicher vergrößert, es ließe sich aber behaupten, dass diese Freundlichkeiten weniger Tiefe haben – eher einem Teich gleichen als einem

See. Und gegen die Behauptung, es sei »der Gedanke, der zählt«, ließe sich einwenden, dass Kauf, Schreiben und Verschicken einer Geburtstagskarte wesentlich mehr Planung und Aufwand erfordern als ein flink ins Handy getipptes »Alles Gute zum Geburtstag«. So gesehen verhält sich vieles von der in sozialen Medien demonstrierten Freundlichkeit zur Freundlichkeit in der realen Welt wie der sogenannte »Clicktivismus« zum traditionellen Aktivismus.

Das heißt freilich nicht, dass diese Form der Freundlichkeit nicht gut ankäme oder dass sie abgetan werden sollte. Wenn zutrifft, dass negative Reaktionen auf Beiträge, die gepostet werden, echten Schmerz verursachen – und es gibt starke Indizien dafür –, trifft auch zu, dass positive Reaktionen echte Freude bereiten. Als ich, um nur ein kleines Beispiel anzuführen, das Cover dieses Buchs zum ersten Mal auf Instagram postete, ein gutes halbes Jahr vor seinem Erscheinen, wurde mein Post von über 400 Personen geliket und 20 schrieben einen netten Kommentar. Zugegeben, diese freundliche Reaktion war für diese Personen kein großer Aufwand. Sie hatten sich nicht die Mühe gemacht, mir einen Brief zu schreiben oder mich anzurufen, ich wusste ihre herzlichen Worte und ihre Ermutigung aber dennoch zu schätzen. Und außerdem hätte ein großer Personenkreis ohne die sozialen Medien keine Möglichkeit gehabt, mir überhaupt etwas Nettes über mein bald erscheinendes Buch zu sagen. In diesem Sinne haben die sozialen Medien die Gesamtheit menschlicher Freundlichkeit vergrößert, einfach dadurch, dass sie eine Möglichkeit bieten, unkompliziert ein paar nette Worte zu sagen oder positive Empfindungen mitzuteilen.

Besonders gut sichtbar ist Freundlichkeit im Netz im Rahmen von Foren und Unterstützer*innengruppen, in denen Menschen, die krank sind, versuchen, schwanger zu werden, oder mit Ängsten kämpfen, sich Zeichen ihrer Anteilnahme und Unterstützung zukommen lassen. Auch hier ist ein Post schnell und unkompliziert abgesetzt, und manche Mitteilungen mögen banal und sentimental erscheinen. Doch sie kommen trotzdem von Herzen und sind aufrichtig gemeint. Hunderttausende Menschen erfahren auf diese Weise Bestärkung, eine Bestärkung, die sie sonst nicht erleben würden. Und das ist bloß die Spitze des Eisbergs.

Hundert-, ja sogar tausendfach werden gute Taten auf Webseiten herausgestellt oder Nutzer*innen die Möglichkeit eingeräumt, sich zu Wort zu melden und denen zu danken, die ihnen geholfen haben. Auf der Seite thankandpraise.com etwa können Menschen eine Nachricht an Pflegende oder Lehrpersonen senden, die sie besonders gut betreut haben, und die Organisation macht diese netten Menschen dann ausfindig und leitet die Danksagung weiter – eine wunderschöne Idee. Unkompliziert und sie funktioniert nur dank der heutigen Technik.

Durch die sozialen Medien sind wir heute in der Lage, Freund*innen und Fremden im Kleinen Gutes zu tun, zu Hause und über Kontinente hinweg – zusammengenommen eine beeindruckende Demonstration von Solidarität und Mitgefühl. Während ich dies schreibe, ist die russische Invasion der Ukraine im Gang. Ukrainer*innen wird praktische Hilfe aller Art angeboten, es gibt jedoch auch eine Welle der virtuellen Unterstützung, eine Woge der Anteilnahme (und, ja, des Mutes) im Netz. In der Vergangenheit hatten es die in einen Krieg verwickelten Bürger*innen eines Landes viel schwerer, zu erfahren, dass Menschen auf der ganzen Welt an sie dachten. Sie hätten auch nicht gewusst, dass ihre schlimme Lage die Nachrichten im Ausland beherrscht. Und wenn wir heute in den sozialen Medien die ukrainische Flagge als Profilhintergrund verwenden, hindert uns das nicht daran, gleichzeitig Geld zu spenden oder Geflüchteten direkte Hilfe anzubieten. Eher noch steigt die Wahrscheinlichkeit, dass wir selbst tätig werden, wenn wir erleben, dass andere ihre Empathie ausdrücken.

Andere Kanäle, über die soziale Medien dazu beitragen, dass wir freundlicher werden, sind Nachrichtendienste wie WhatsApp. Sie boten während der Pandemie Nachbar*innen oder Stadtteilinitiativen Plattformen zum Austausch von Hilfsangeboten und -gesuchen. Der WhatsApp-Gruppe meiner Straße nach zu urteilen ist das Gute, das eine kurze Nachricht in Menschen zum Vorschein bringt, wirklich erstaunlich. Kaum schrieb eine Person, sie sei positiv auf Covid getestet worden, meldeten sich sofort Menschen aus der Gruppe und boten an, ihr alles vorbeizubringen, was sie benötigte.

Neulich stellte ich in unserer Gruppe die Frage, ob eine Person einen Kinderwagen habe, den sie einer geflüchteten Afghanin spenden könne, die ein Kind erwartete. (Von der Lage dieser Mutter hörte ich in einer anderen WhatsApp-Gruppe, in der ich bin.) Binnen fünf Minuten hatte ich einen alten Kinderwagen sowie zwei Personen, die bereit waren, ihn sauberzumachen und zu reparieren.

Gewiss, Nachbar*innen haben sich auch lange vor WhatsApp-Gruppen schon gegenseitig ausgeholfen, und es geht nichts über persönliche Begegnungen, die ein Gemeinschaftsgefühl schaffen, das die Menschen dazu veranlasst, aufeinander achtzugeben. Eine Menge Menschen haben jedoch auch im Netz Freundschaften geschlossen, und der Kontakt, der uns durch moderne Technik ermöglicht wird, kann zum Schmiermittel für Gemeinschaften werden und unseren sozialen Zusammenhalt verstärken. Und schließlich können aus Gruppen, in denen sich Menschen in einer Notlage helfen, Plattformen für Kampagnen oder Treffpunkte zum Informationsaustausch werden. (Kennt jemand einen guten Klempner?)

Freundlichkeit von zu Hause aus

Am ersten Samstag des zweiten Lockdowns in England, im November 2020, ging ich zum Lebensmitteleinkauf in einen Supermarkt unseres Viertels und traf durch Zufall einen Freund und Kollegen, der zu dem Zeitpunkt in die oberste Führungsetage der Pandemieplaner versetzt woren war. Normalerweise ist er ein fröhlicher und quirliger Mensch, an diesem Tag aber wirkte er gestresst und besorgt. Er hatte gerade Prognosen über die Ausbreitung des Virus gesehen und war verzweifelt, weil ihm klar geworden war, dass die Pandemie noch lange andauern würde und dass sich bald noch viel mehr Menschen infizieren würden. Seine düstere Stimmung übertrug sich auf mich, als wir darüber sinnierten, dass uns noch ein monatelanger Lockdown bevorstehen konnte. So kam es dann ja auch.

Um unsere Stimmung zu heben, wechselten wir zu anderen Gesprächsthemen. Zufällig war es der Tag, an dem nach tagelangem Bangen schließlich bestätigt wurde, dass Joe Biden der neue US-amerikanische Präsident war, während Donald Trump noch immer seinen Sieg behauptete. Trotz der guten Nachrichten war auch das nicht unbedingt ein heiteres Thema, aber mit einem Mal hellte sich die Miene meines Freundes auf, als er sagte, die einzigen Lichtblicke der vergangenen Wochen seien gewesen, wenn er das Handy eingeschaltet und die lustigen Memes angesehen hatte, die zur Wahl des US-Präsidenten gepostet worden waren.

Eines, das ihm – und später auch mir – besonders gut gefiel, zeigte ein montiertes Video, in dem Joe Biden Bongo spielt und ein finnisches Lied in der Interpretation eines türkischen Sängers singt und Donald Trump, der dazu tanzt. Von der Seite ragt eine lustige Katze in den Bildschirm hinein und nickt zum Rhythmus mit dem Kopf. Bekannt ist die kurze Videosequenz als das Vibing Cat GIF, das es in verschiedenen Versionen gibt, unter denen die mit Biden und Trump aber die beste ist. Falls Sie es noch nicht kennen, schauen Sie es sich unbedingt an, es ist leicht zu finden. Mir ist nicht bekannt, ob jemand kommerziell davon profitiert hat – oder darauf hoffte –, aber ganz gleich, was den Schöpfer dieses Nonsens-Stücks bewog, er hat zweifellos viel Freude in die Welt gebracht. Unter den Kommentaren auf You-Tube stammt einer von Kimberley, die schreibt, ihr Bruder habe ihr ein paar Tage, bevor er starb, gesagt, dies sei sein Lieblings-video unter allen, »die je in der Geschichte gedreht wurden«, und dass sie es sich jeden Tag ansehen wolle.

Besonders gelungen an diesem Video ist, dass es ein wenig an der Bedeutungsschwere und Bitterkeit der US-Präsidentenwahl kratzt. Es nimmt vor allem Trump auf die Schippe, aber nicht auf bösartige Weise. Es lässt ihn – und Biden, muss man gerech-terweise anfügen – lächerlich und grotesk aussehen. Zu der Zeit, als ich es mir anschaute, machte ich mir große Sorgen darum, in welche Richtung die USA steuerte – dieses Video war eine willkommene kleine Ablenkung.

Sie werden selbst etwas haben, GIFs, Memes oder Witze, mit denen Sie leichter durch die Tage gekommen sind, etwas, dass Sie zum Lachen gebracht hat. Ich mag einen wenig bekannten Hund auf Instagram: @herbertdoggins. Er ist ein Terrier und gehört ei-ner Kollegin von mir namens Victoria. Es scheint, als habe sie seine »Stimme« perfekt eingefangen. »Magnificent Hair Day!«, sagt er, während ihm der Wind das Fell zerzaust. Herbert hat 154 Fol-lower, er ist in den sozialen Medien kein Promi, aber wenn ich ihn sehe, muss ich lächeln. Ob Pandas auf einer Rutsche oder Babys, die lachen, wenn vor ihrer Nase ein Blatt Papier zerris-sen wird, es gibt derlei Inhalte zuhauf, und jedes Mal, wenn so ein kleines Werk – das in gewissem Maß auch der Eigenwer-bung dient – entsteht und mit anderen geteilt wird, ist dies si-cherlich auch eine kleine freundliche Geste.

Wie wir die sozialen Medien
aktiv freundlicher machen können

Aber was ist nun mit dem Hass? Gesetze und Verordnungen schaffen hoffentlich bald bessere Möglichkeiten, wirkungsvoll gegen kriminelle Drohungen, Belästigungen und die Verbreitung von Fake News vorzugehen. Vorläufig aber können wir selbst etwas gegen einen Teil der Wut, des Negativen und der Kritik in den sozialen Medien unternehmen. Wir können die freundlichen Kommentare teilen und die unfreundlichen ignorieren, können Menschen folgen, die Positives posten, und alle links liegen lassen, die sich schäbig äußern. Auch das Mitmachen macht viel aus, und wir müssen nicht mitmachen. Wir können das Gute verstärken und das Schlechte isolieren. Die Hater und Geiferer in den sozialen Medien sind wie trotzige Kleinkinder – sie wollen unsere Aufmerksamkeit. Erfüllen Sie ihnen diesen Wunsch nicht.

Außerdem gibt es das Phänomen des sognannten »Doom-Scrolling«, des exzessiven Konsums negativer Nachrichten: Wir können nicht widerstehen, ständig nach den neuesten Meldungen zu Pandemie/Ukraine/Klimawandel/Die-Katastrophe-die-Sie-gerade-am-meisten-erschüttert zu suchen, und bald lesen wir nur noch schlechte Nachrichten. Sofern Sie nicht komplett Abstand von Nachrichten und sozialen Medien halten (was wieder andere Folgen hat), werden Sie unweigerlich mit schlechten Nachrichten konfrontiert. Und je schlimmer diese Nachrichten sind und je stärker sie Ihnen zusetzen, desto verführerischer ist es, nach ihnen zu suchen, so bedrückend das auch sein mag. Vielen von uns wird dieses Verhalten an sich selbst aufgefallen sein, als Covid neu in unser Leben trat. Es ist eine normale und oft auch sinnvolle Reaktion, sich über etwas zu informieren, das uns Angst macht. Steht Ihnen eine Operation bevor, möchten Sie vielleicht etwas dazu lesen, damit Sie besser einschätzen können, was auf Sie zukommt. Manchmal kann solches Wissen beruhigen. Es gibt aber Umstände, bei denen die Suche nach mehr Informationen die Unsicherheit, die man empfindet, nicht verringert, sondern steigert. Fast zwei Jahre lang wöchentlich zwei oder drei Radiosendungen zur Pandemie zu moderieren bedeutete, dass ich bis zum Hals in Informationen darüber steckte. Ich las alle wissenschaftlichen Artikel oder Erkenntnisse über das Coronavirus und verbrachte meine Tage damit, Virolog*innen und Epidemiolog*innen zu interviewen. Leider gehört es zu den Themen, bei denen man mit jedem Mehr an Wissen begreift, was man nach wie vor alles nicht weiß – und das trägt kaum zur Beruhigung bei.

Ich habe eine Idee. Wie wäre es, dem exzessiven Konsum von schlechten Nachrichten mit mehr Konsum von guten Nachrichten entgegenzusteuern? Anders gefragt, wie wäre es, sich in guten Nachrichten zu verlieren statt in schlechten? Gillian Sandstrom, Professorin an der University of Sussex und Mitglied der Arbeitsgruppe hinter dem Freundlichkeitstest, trug Proband*innen auf, sich zwei Minuten lang einen echten Twitter-Feed zu Covid anzuschauen, während eine andere Gruppe ebenso lange den @covidkind-Twitter-Feed verfolgte, der voll war von sehenswerten Beispielen für Freundlichkeit in Pandemiezeiten. Eine dritte Gruppe tat gar nichts. Dann kreuzten sie in Tabellen Aussagen an, mit denen ihre Stimmung und ihr Optimismus gemessen wurden. Das Ergebnis? Die Teilnehmenden, die gewöhnliche Nachrichten über die Pandemie gelesen hatten, erreichten beim Wohlbefinden niedrigere Werte als diejenigen, die etwas über gute Taten gelesen hatten, obwohl es auch in diesen Beiträgen um Covid ging; nicht übermäßig überraschend vielleicht, aber ein Anzeichen dafür, wie stark soziale Medien unsere Gemütslage beeinflussen, auch wenn wir uns nur kurz dort aufhalten.

In einer zweiten, ähnlich angelegten Studie sahen sich die Teilnehmenden vier Minuten lang an, wie ein YouTuber auf negative Meldungen zur Pandemie – wie fehlende Schutzausrüstung in Krankenhäusern – reagierte, während andere Teilnehmende denselben YouTuber sahen, als er erfuhr, dass Kund*innen von Lieferdiensten kleine Geschenke als Dankeschön für die Fahrenden der Lieferfahrzeuge ablegten. Wieder war das Wohlbefinden niedriger bei denen, die schlechte Nachrichten gesehen hatten, dieses Mal allerdings hatte sich die Stimmung bei den Teilnehmenden, die das Video über die netten Gesten gesehen hatten, sogar gebessert.[4]

Wenn also nur vier Minuten, in denen wir uns von Freundlichkeit berieseln lassen, schon diese Wirkung auf uns haben, welche Wirkung hätte es dann erst, wenn wir regelmäßig Zeit darauf verwendeten, »Freundlichkeits-Scrolling« zu betreiben? Hier ist weitere Forschung vonnöten, der gesunde Menschenverstand lässt aber vermuten, dass einiges an Düsternis, welche die sozialen Medien verbreiten, abgemildert wird.

Damit Sie nicht gleich ins Netz gehen und nach Freundlichkeit zu suchen brauchen, hier ein paar gute Taten …

Der letzte Gefallen,
den mir eine Person getan hat

Der Freundlichkeitstest

Meine Tochter hat das Geschirr gespült, weil sie meinte, ich sähe erschöpft aus.

Das Sicherheitspersonal am Flughafen hat mein Gepäck mit der Asche eines Toten anstandslos durchgewunken und dafür gesorgt, dass mir das Gepäck nach der Landung ohne Verzögerung persönlich ausgehändigt wurde.

Mein Mann hat mir verziehen, dass ich gemein zu ihm war.

Mir gefiel eine Rose im Gartencenter sehr gut, wir waren aber zu fünft im Auto und hatten keinen Platz dafür. Meine Nachbarin und mein Nachbar sind am nächsten Tag noch einmal hingefahren und haben sie für mich gekauft.

Ich bin obdachlos geworden, und jemand hat mich bei sich aufgenommen, mir zu essen gegeben und alle meine schmutzigen Sachen gewaschen.

Auf einem Berggipfel habe ich ein Foto von zwei Wanderern gemacht. Sie dankten mir sehr für meine Freundlichkeit, was wiederum ich sehr freundlich fand.

Ein Fremder hat mir geholfen, an einem Automaten eine Zugfahrkarte zu kaufen.

Eine überraschende Blumenlieferung samt einigen sehr freundlichen Zeilen von meiner direkten Vorgesetzten.

Auf einem Festival, das ich allein besuchte, hat ein junges Pärchen mich unter seine Fittiche genommen, damit mir nichts passiert und ich Spaß haben kann.

4

Freundliche Menschen
können Gewinner*innen sein

In einem seiner berühmtesten Romane machte sich der große russische Schriftsteller Fjodor Dostojewski mit dem ausdrücklichen Ziel ans Werk, einen »wahrhaft guten und schönen Menschen« zu zeigen. Der Titel dieses Romans lautet *Der Idiot*.

Die Diskrepanz zwischen Ziel und Titel bringt die klassische Auffassung von Freundlichkeit auf den Punkt – sowohl in der Literatur als auch im Leben –, nämlich dass freundliche Menschen zwar reizend und liebenswert sein können, aber auch Dummköpfe und Narren sind, zu gut für die böse Welt, welche sie am Ende zerstören wird.

Tatsächlich geht es, es muss gesagt werden, nicht gut aus für Fürst Myshkin, den »Idioten« des Titels. Dostojewski versucht zu zeigen, dass die Figuren, die der Meinung sind, Myshkins Güte und Einfachheit sei ein Mangel an Menschenkenntnis und weltlicher Weisheit, falschliegen. Wenn es in diesem Buch einen Helden gibt, dann ist er es. Und doch wird am Ende des Romans eine der Frauen, die Myshkin liebt und zu beschützen versucht, ermordet, und die andere ist mit einem Betrüger durchgebrannt. Der Mörder, eine weitere Figur, mit der sich Myshkin anfreunden und der er helfen will, wird zu 15 Jahren in einem sibirischen

Straflager verurteilt, und Fürst Myshkin selbst wird am Ende verrückt und wieder in eben jenes Sanatorium eingewiesen, das er zu Beginn der Geschichte gerade verlassen hat.

Viele Kritiker haben darauf hingewiesen, dass der Fürst zwar Gutes tun will, tatsächlich aber nichts anderes erreicht, als das Leben aller – einschließlich sein eigenes – zu ruinieren. So viel dazu, dass es sich lohnt, freundlich zu sein. Andere liebenswerte und freundliche Figuren der Weltliteratur – Don Quichote und Pickwick – mögen zwar nicht ganz so viel Chaos und Unheil anrichten wie Fürst Myshkin, aber sie werden als schusselig und unfallgefährdet dargestellt. Die Lektion scheint zu lauten: Wenn man naiv und arglos ist, wird man auf die Nase fallen.

Ich möchte diese Ansicht infrage stellen und anhand zahlreicher Belege beweisen, dass freundliche Menschen keine Trottel und Verlierer sind. Vielmehr sind sie in den meisten Fällen erfolgreich – Menschen, die gewinnen.

Das liegt daran, dass freundlich zu sein nicht bedeutet, schwach oder leichtgläubig zu sein, sondern fair, konsequent und vertrauenswürdig. Es geht darum, andere Menschen zu verstehen und so das Beste aus ihnen herauszuholen – eine wichtige Voraussetzung für jeden, der ein Team leitet oder eine Organisation führt. Und es geht darum, das große Ganze zu sehen und zu erkennen, dass echter Erfolg nicht darauf beruht, abzukürzen, und schon gar nicht darauf, andere abzuzocken, sondern vielmehr das Ergebnis harter, kontinuierlicher Arbeit und dem Durchstehen von Höhen und Tiefen ist.

Freundliche Führungskräfte

In der Sendung *All in the Mind*, die ich für Radio 4 moderiere, geht es um Psychologie und Neurowissenschaft, und alle zwei

Jahre vergeben wir die Mental Health Awards. Dafür können die Hörer*innen eine Person nominieren, die sie bei der Bewältigung ihrer psychischen Probleme unterstützt hat. Die Bandbreite der eingereichten Nominierungen ist groß und vielfältig, sie reicht von der Nachbarin, die eine trauernde Mutter einlädt, zu ihnen zu kommen, wann immer sie über ihr verstorbenes Kind sprechen möchte, bis zum Kunden eines Telefonladens, der sich mit dem Verkäufer unterhielt und herausfand, dass dieser ein ehemaliger Basketballspieler ist, der nach dem verletzungsbedingten Ende seiner Sportlerkarriere nur schwer mit dem Leben zurechtkommt. Als Mitglied der Jury lese ich Dutzende Geschichten über außergewöhnliche Freundlichkeit. Ich muss jedes Mal weinen, aber es gibt nichts Besseres, um meinen Glauben an die Menschheit wiederherzustellen. In gewissem Sinne handelt es sich auch hier um eine Form von »Freundlichkeits-Scrolling«.

Zu den im Laufe der Jahre nominierten Personen gehörten Partner*innen, Verwandte, Freund*innen, Psycholog*innen, Pfleger*innen, Ärzt*innen, Arbeitskolleg*innen und … ihre Vorgesetzten. Diese letzten Nominierungen zählen zu den bewegendsten, nicht zuletzt deshalb, weil sie die gängigen Vorstellungen von der Rolle und den Eigenschaften von Chef*innen infrage stellen. Gelten Führungskräfte nicht eigentlich als hart und rücksichtslos? Heißt es nicht, sie würden sich nur um Effizienz und Zahlen kümmern? Ist es nicht das, was uns Fernsehsendungen wie *Dragons' Den* (Die Höhle der Löwen) als notwendige Voraussetzung suggerieren, wenn man in der Wirtschaft erfolgreich sein will? Nun, es hat den Anschein, als gingen diese Sendungen von zunehmend überholten Vorstellungen aus.

Bevor Rosa zur Universität ging, arbeitete sie in einem Schuhgeschäft. Sie war brillant im Umgang mit den Kund*innen, freundlich, warmherzig und hilfsbereit – ein Naturtalent, wie ihr Chef Ian erklärte. Alle im Laden vermissten sie, als sie sich an der Universität einschrieb – Ian ganz besonders.

Aber für Rosa lief es an der Uni nicht gut. Sie begann, Symptome einer Psychose zu entwickeln und zu glauben, sie wäre von einer höheren gottähnlichen Autorität auserwählt worden, und wurde schließlich in die Psychiatrie zwangseingewiesen. Rosa erhielt eine Behandlung und wurde wieder gesund, aber sie hatte nicht das Gefühl, dass sie an die Universität zurückkehren konnte. Stattdessen kehrte sie nach London und zu ihrem Job im Schuhgeschäft zurück. Doch aufgrund ihrer Erkrankung hatte sie so viel von ihrem Selbstvertrauen verloren, dass sie an manchen Tagen nur unkontrolliert zitternd neben den Schuhregalen stand oder ein Verkaufsgespräch mit einer Kundin begann, dann aber auf einmal hyperventilierte und mittendrin davonlief.

Ihr Zufluchtsort war das Büro im Untergeschoss. An manchen Tagen verbrachte sie sieben Stunden ihrer Schicht weinend und in Panik in diesem Büro. Die vorbildliche Mitarbeiterin war zur Last für das übrige Team und zu einer Belastung für das Unternehmen geworden. So oder so ähnlich hätten einige Chefs die Situation vielleicht betrachtet. Aber Ian gab Rosa nicht auf. Er sprach mit ihr und ließ sie im Büro sitzen, bis sie sich wieder besser fühlte. Er half ihr, sich ihren Ängsten zu stellen. Er war entschlossen, ihr Selbstvertrauen wieder aufzubauen, indem er darauf bestand, dass sie weiterhin zur Arbeit kam.

Als Ian in den Zwanzigern gewesen war, hatte er nach dem Tod eines Freundes selbst einige Ängste durchgestanden. Er wusste, dass er damals jemanden gebraucht hätte, der ihm durch diese düstere Periode hindurchhalf, und war entschlossen, das für Rosa zu tun. Nach und nach begann sie, weniger Zeit im Büro und mehr Zeit mit den Kund*innen zu verbringen. Schließlich trug sie wieder maßgeblich zum Erfolg des Geschäfts bei.

Ians Freundlichkeit zahlte sich für Rosa aus, aber auch für seinen Laden.

Steve leitet eine IT-Firma, und Andrew ist einer der 400 Angestellten. Andrew litt unter schweren Depressionen und dachte manchmal an Selbstmord, während er zu anderen Zeiten extreme Hochs erlebte und Geld ausgab, das er nicht hatte. Außerdem war er in diesen Phasen bei der Arbeit sehr erfolgreich. Er verhandelte so intelligent und hartnäckig, dass er einen der größten Verträge unter Dach und Fach brachte, den das Unternehmen in einem Jahrzehnt abgeschlossen hatte. Manchmal verärgerte er in seiner Besessenheit aber auch Kund*innen und andere Mitarbeitende.

Bei Andrew wurde eine bipolare Störung diagnostiziert. Aus Sorge, seinen Job zu verlieren, wenn das herauskäme, hielt er seine Diagnose geheim. Nach und nach fand Steve heraus, dass Andrew unter ernsthaften psychischen Problemen litt, aber anstatt ihn unter einem Vorwand zu entlassen, weil er eine Belastung für das Unternehmen war, machte er es sich zur Aufgabe, alles zu tun, um ihn zu halten.

Als Andrew monatelang nicht arbeiten konnte, wurde seine Stelle für ihn freigehalten, lange nachdem Steve ihn rechtmäßig hätte entlassen können. Die finanzielle Belastung war für Steve beträchtlich. Aber er blieb am Ball. Andrew sagt, wäre Steve nicht so nett gewesen, hätte er sowohl sein Haus als auch seine Familie verloren. Und zum Teil war das tatsächlich der Grund, warum Steve so handelte, wie er handelte. Aber reiner Altruismus war nicht der einzige Grund. Steve hielt es auch für geschäftlich sinnvoll.

Er sagte zu mir: »Es ist viel billiger, jemanden wieder einzusetzen, als einen neuen Mitarbeiter einzustellen. Und man weiß nie, ob die Person, die man einstellt, zukünftig nicht ebenfalls Probleme bekommt. Außerdem sendet es eine Botschaft an den

Rest der Belegschaft. In jedem Unternehmen gibt es in der einen oder anderen Form Menschen mit diesen Problemen.«

In Edinburgh war Gillian 2018 am Tiefpunkt angelangt. Sie lag im Krankenhaus, nachdem sie zum wiederholten Male versucht hatte, sich das Leben zu nehmen. Den Auslöser für ihren Suizidversuch nannte sie einen »ausgewachsenen Sturm« psychischer Probleme: bipolare Störung, Binge-Eating-Störung und prämenstruelle dysphorische Störung.

Als sie aus dem Krankenhaus entlassen wurde, war die Person, die Gillian betreute, der Meinung, es würde ihr helfen, wenn sie sich eine Arbeit suchen würde. Vor ihrer Erkrankung war Gillian Heilpädagogin gewesen, aber sie dachte, niemand würde sie mehr für einen so verantwortungsvollen Job einstellen. Deshalb postete sie auf Facebook, sie sei Lehrerin im Ruhestand und suche nach Verwaltungsarbeit. Eine Kindertageseinrichtung kontaktierte sie und lud sie zu einem Vorstellungsgespräch ein. »Weil ich nichts zu verlieren hatte, legte ich alles auf den Tisch«, berichtete Gillian mir. Obwohl sie ihre ganze Geschichte erzählte, wurde ihr eine Stelle angeboten, und Natalie, die Leiterin der Einrichtung, erklärte, sie würde Rücksicht auf Gillians Zustand nehmen. Gillian dachte, das sei zu schön, um wahr zu sein, aber Natalie hielt Wort, indem sie ihr Auszeiten gab, wenn sie diese brauchte, oder ihr Arbeitspensum reduzierte.

Gillians Freund*innen und Familie erklären, sie hätten sie noch nie so glücklich erlebt. Gillian behauptet sogar, Natalie habe ihr ihr Leben zurückgegeben. Aber hat diese Großzügigkeit und Freundlichkeit nicht auch einen Preis für die Kinderkrippe? Natalie glaubt, nein. Sie sagt, dass Gillian eine liebenswerte Person zu sein schien, und sie wusste, dass sie viel zu bieten hatte. Sie erklärt, dass es sich lohne, freundlich zu sein, um eine gute Arbeitsatmosphäre zu schaffen, und dass Mitarbeitende sich umso mehr Mühe gäben, desto mehr Unterstützung sie erführen. Mit anderen Worten: Die Freundlichkeit wird mehr als belohnt.

Inzwischen ist mir klar, dass Ian, Steve und Natalie in gewisser Weise außergewöhnliche Führungspersonen sind. Immerhin wurden sie für einen Preis nominiert, der außerordentliches Mitgefühl würdigt. Es wäre naiv, zu glauben, dass alle oder auch nur die meisten Chef*innen so freundlich zu ihren psychisch angeschlagenen Mitarbeitenden sind wie diese drei. Aber wenn Sie sich in der Geschäftswelt umsehen, werden Sie feststellen, dass es immer mehr Beispiele für Führungskräfte gibt, die der Meinung sind, dass es sich lohnt, freundlich zu sein. Hier zwei Beispiele:

Graham Allcott führt ein erfolgreiches Schulungsunternehmen, das Workshops für große Firmen anbietet, um deren Produktivität zu steigern. Man könnte also annehmen, dass Produktivität in seinem eigenen Unternehmen für ihn höchste Priorität hat. Und das hat sie, aber nicht auf Kosten des Wohlbefindens seiner Mitarbeitenden, das für Graham immer an erster Stelle steht. An einem Punkt schien es, als würden die Menschen in seiner Firma so viele verschiedene traumatische Schicksalsschläge ereilen, dass Graham scherzte, das Unternehmen müsse verflucht sein. Dann erkannte er, dass es einfach »nur das Leben« ist, dass seine Mitarbeitenden heimsucht. Jeder Mensch hat irgendwann einmal Angehörige, die krank sind, und jeder Mensch hat mal einen Notfall zu Hause, der geregelt werden muss. Er entschied, dass, wenn eine Person aus seinem Unternehmen eine Auszeit braucht, sie diese auch bekommt, und andere Mitarbeitende einspringen. In dem Wissen, dass sie selbst es sein könnten, die beim nächsten Mal von dieser Regelung profitieren. Graham gibt seinen Mitarbeitenden sogar ein paar »Abwesenheitstage« im Jahr, an denen sie ohne Angabe von Gründen nicht zur Arbeit zu kommen brauchen. Vielleicht weil sie traurig sind oder müde oder einfach nur einen Kater haben. Alles ist in Ordnung und keine Erklärung nötig.

James Timpson ist Chef einer äußerst erfolgreichen Kette, die Schuhreparaturen, Schlüsseldienste und alle möglichen anderen Dienstleistungen anbietet. Im Jahr 2019 (vor Ausbruch der Corona-Pandemie) meldete die Timpson Group einen Umsatz von 300 Millionen Pfund und einen Gewinn von über 20 Millionen. Und dennoch verfolgt das Unternehmen in seiner Firmenphilosophie ethische Grundsätze und ist dafür bekannt, dass es ehemalige Strafgefangene einstellt und ihnen die Ausbildung und Unterstützung bietet, die sie zur Wiedereingliederung in die Gesellschaft brauchen. Zehn Prozent der Timpson-Mitarbeitenden sind ehemalige Strafgefangene, und das Unternehmen ist zu Recht stolz auf diese Leistung. Aber es handelt nicht allein aus Herzensgüte. Auf der Webseite des Unternehmens heißt es: »Die große Mehrzahl der ehemaligen Strafgefangenen, die wir einstellen, ist äußerst loyal, fleißig und ausnehmend kollegial. Viele wurden befördert und haben die zweite Chance, die ihnen gegeben wurde, voll genutzt. Um es einfach auszudrücken: Die Einstellung ehemaliger Straftäter*innen hat sich für unser Unternehmen gelohnt.«

Doch die Frage bleibt, ob freundliche Chef*innen eher die Ausnahme als die Regel sind. Die Befunde sind zwangsläufig etwas gemischt.

Beim Freundlichkeitstest wurden die Menschen gefragt, wo sie am häufigsten Zeug*innen von freundlichen Taten werden. An erster Stelle wurde das Zuhause genannt, gefolgt von medizinischen Einrichtungen, und ich denke, wir sind uns wahrscheinlich alle einig, dass das naheliegend ist.

Aber dann? Der nächste Ort, an dem die Menschen freundliche Taten beobachteten, war der Arbeitsplatz. Das war auch der Ort, an dem – wiederum nach dem Zuhause und dem Krankenhaus – die Menschen meinen, dass Freundlichkeit wirklich geschätzt wird. Was die Branchen anbelangt, so wurde Freundlichkeit in der Sozialarbeit, im Gesundheitswesen, in der Gastronomie und im Bildungswesen am meisten geschätzt. Das ist faszinierend, weil dies die Bereiche sind, in denen die Menschen mir häufig erklären, sie hätten nicht mehr die Zeit, so freundlich zu sein, wie sie es gerne wären, weil sie unter so großem Druck stünden.

Die Tatsache ist ermutigend, dass die Menschen im Allgemeinen den Eindruck haben, Freundlichkeit werde bei der Arbeit geschätzt. Doch manche Ergebnisse anderer Untersuchungen fallen weniger positiv aus. So war beispielsweise bei einer repräsentativen Stichprobe von tausend Menschen, die in Großbritannien arbeiten, als sie von einem Beratungsunternehmen für Markenstrategie zu ihrer Ansicht über Freundlichkeit am Arbeitsplatz befragt wurden, nur ein Drittel der Überzeugung, dass ihre direkten Vorgesetzten freundlich seien, und nur ein Viertel hielt die Chef*innen ihrer gesamten Unternehmen für freundlich.[1] So weit, so traurig. Doch diejenigen der Befragten, die freundliche Vorgesetzte hatten, hatten eher vor, noch mindestens ein weiteres Jahr in ihrem Unternehmen zu bleiben. Außerdem sagten sie eher, dass ihr Team hervorragende Arbeit leiste und dass es ihrem Unternehmen finanziell gut gehe.

Wir können nicht mit Sicherheit sagen, dass es dem Unternehmen gut geht, weil die Führungskraft freundlich ist. Vielleicht haben diese freundlichen Führungskräfte andere Fähigkeiten, die ihr Unternehmen erfolgreich machen. Dennoch sind das positive Anzeichen. Und sämtliche Führungskräfte, mit denen die oben genannte Beratungsfirma zusammenarbeitet, von der Handtaschendesignerin Anya Hindmarch bis zum Polizeipräsidenten von Avon und der Polizei von Somerset, bestehen darauf, dass Freundlichkeit zu besseren Leistungen der Mitarbeitenden beiträgt, während ganze 96 Prozent der Angestellten, die an dieser Studie teilnahmen, erklärten, dass es ihnen wichtig ist, bei der Arbeit freundlich zu sein.

Selbstverständlich gibt es noch immer viele Führungskräfte, die erfolgreich sind, weil sie eine rücksichtslose Geschäftspolitik verfolgen und ihre Mitarbeitenden hart anpacken. Es gibt jede Menge Arbeitsplätze, an denen die Angestellten wenig Autonomie haben und mit Niedriglöhnen und Null-Stunden-Verträgen arbeiten. Entscheidend ist aber, dass das nicht der einzige Weg zum Erfolg ist und ein freundlicherer Geschäftsstil immer beliebter wird. Einer der Gründe dafür ist, dass zur neuen Kohorte der Führungskräfte junge Leute, mehr Frauen und mehr Menschen verschiedener Herkunft zählen, die alle wenig mit dem alten Machostil des Managements zu tun haben. Wie wir in Kapitel 7 sehen werden, ist ein Schritt hin zu mehr Freundlichkeit, freundlicher zu sich selbst zu sein, und auch diese Auffassung verbreitet sich in der Geschäftswelt, wodurch die Vorstellung überwunden wird, Erfolg sei nur mit langen Arbeitszeiten, Selbstausbeutung und einem monomanischen Engagement für das Unternehmen zu erreichen.

Whitney Wolfe Herd zählt zu den Self-made-Milliardärinnen, einem sehr exklusiven Club, dem sie im Alter von gerade einmal 31 Jahren beitrat. Sie leitet die Dating-App Bumble, bei der Frauen beim Kontakt mit potenziellen Partner*innen den ersten Schritt machen. Sie sagt, sie sei früher eine Workaholic gewesen und alle zwei Stunden aufgewacht, um ihren Posteingang zu checken, aber in der BBC-Sendung *CEO Secrets* erzählte sie, dass sie sich inzwischen mehr Zeit für die Familie und Freund*innen nehme und ein ausgeglicheneres Leben führe. »Der einzige Rat, den ich mir zu Beginn meiner Tätigkeit gewünscht hätte, wäre, sich selbst nicht zu wichtig zu nehmen … Arbeit ist fantastisch und Erfolg sehr lohnend, aber es gibt am Ende keine Belohnung, wenn man die Dinge vernachlässigt, die wirklich zählen. Deshalb ist es so unglaublich wichtig, dass wir uns, egal wie müde, beschäftigt oder überlastet wir in unserem Alltag sind, die Zeit nehmen, um unsere Großeltern oder eine alte Freundin anzurufen.«

Freundlich, nicht schwach

Eine freundliche Führungskraft zu sein ist nicht dasselbe, wie eine lasche Führungskraft zu sein. Es ist wichtig, das zu betonen. Bei den eben erwähnten Beispielen haben wir Fälle gesehen, bei denen Vorgesetzte ihren Angestellten gestatteten, sich eine Auszeit von der Arbeit zu nehmen, aber das waren jeweils außergewöhnliche Fälle (insbesondere aufgrund psychischer Probleme), und die Vorgesetzten handelten so, weil sie (zu Recht) davon ausgingen, dass ihre Großzügigkeit in der Zukunft durch besonderen Fleiß ihrer Angestellten zurückgezahlt würde. Wenn man jedes Mal alle am Nachmittag nach Hause schickt, wenn die Sonne scheint, oder allen trotz rückläufiger Umsätze ein hohes Weihnachtsgeld auszahlt, kann das ein Unternehmen durchaus in den Ruin treiben. Eine freundliche Führungsperson muss stattdessen ein Umfeld schaffen, in dem die Mitarbeitenden das Beste aus sich herausholen können, indem sie ihnen die Freiheit gibt, so zu arbeiten, wie es ihnen am besten passt. Und tatsächlich haben zahllose Untersuchungen ergeben, dass mehr Autonomie zu größerer Zufriedenheit am Arbeitsplatz und höhere Arbeitszufriedenheit zu höherer Produktivität führt.

Beim Kindfest erklärte Nicholas de Wolff, der als strategischer Berater für viele Unternehmen tätig ist, darunter auch welche aus der Filmindustrie, dem Publikum, dass, wenn Freundlichkeit schädlich für Unternehmen wäre, Geschäftsführende sich zu Recht dagegen wehren würden. Er erklärte: »Ich muss die Führungskräfte davon überzeugen, dass Freundlichkeit essenziell fürs Überleben ist, keine Last oder Herausforderung.« Freundlichkeit, sagte er, bedeutet natürlich nicht, alles schleifen zu lassen.

Aber sie beinhaltet echte Großzügigkeit und Rücksichtnahme auf andere und die Schaffung einer Atmosphäre, in der sich alle miteinander verbunden fühlen, was wiederum dazu führt, dass die Menschen an ihrem Arbeitsplatz glücklicher sind.[2] Ein weiterer wichtiger Faktor ist, ein Gefühl zu erzeugen, dass alle auf ein gemeinsames Ziel hinarbeiten. Das steigert die Motivation der Mitarbeitenden und führt zu Loyalität dem Unternehmen gegenüber. Im Gegensatz dazu wird die Leistung nicht gesteigert, wenn man die Mitarbeitenden immer stärker unter Druck setzt. Freundliche Führungskräfte dürfen Beziehungen, die nicht funktionieren, aufgeben (das heißt letztlich Mitarbeiter entlassen), aber sie sollten ihren Angestellten jede Chance geben, ihre Leistung zu verbessern. Sie können sich um andere kümmern und gleichzeitig für sich selbst und ihr Unternehmen einstehen.

Was die Forschungslage betrifft, so findet ein großer Teil der akademischen Untersuchungen auf diesem Gebiet auf einem noch jungen Forschungsfeld statt, das »ethische Führung« heißt. (Es hat den Anschein, dass diese Formulierung für einige in der Wirtschaft leichter zu verstehen ist als »freundliche Führung«.)

Diese setzt voraus, dass Führungskräfte ihren Mitarbeitenden ein hohes Maß an Vertrauen entgegenbringen, was wiederum den Zusammenhalt fördert – ohne dass die Mitarbeitenden das Gefühl haben, ständig zu allem Ja sagen zu müssen. Ethische Führungskräfte schneiden bei Mitarbeitendenumfragen zu den sogenannten *Big Five* der Persönlichkeitsfaktoren bei den zwei

Faktoren sehr gut ab, die am engsten mit Freundlichkeit verbunden sind: Liebenswürdigkeit und Gewissenhaftigkeit.[3] Das mag zwar sehr nett sein, aber führt es tatsächlich zu Ergebnissen? Eine Studie aus dem Jahr 2013 bejaht diese Frage.

Joe Folkman, der in den USA Psychometriker ist (jemand, der psychometrische Tests durchführt), analysierte die 360-Grad-Feedbackbögen von mehr als 50 000 Führungskräften und stellte fest, dass die sympathischsten Führungskräfte von ihren Angestellten auch in Sachen Effektivität hoch bewertet wurden. Er nannte seine Studie: »Ich bin der Boss. Warum sollte es mich kümmern, ob ihr mich mögt?«[4] Die Antwort lautet, dass es ihn kümmern sollte – sehr sogar –, wenn er seinen Job gut machen will. Tatsächlich stellte Folkman fest, dass eine niedrige Bewertung bei der Sympathie, aber eine hohe bei der Effektivität so selten ist, dass die Wahrscheinlichkeit, dass dieser Fall eintritt, bei lediglich eins zu 2000 liegt. In den folgenden Jahren hat sein Team weiter Daten gesammelt, und Folkman aktualisierte die Zahlen für meine BBC-Sendung *The Anatomy of Kindness* – dieses Mal mit Bewertungen von mehr als 100 000 Führungskräften – und die Ergebnisse zeigten, dass es noch seltener geworden ist, eine großartige Führungsperson zu sein, die nicht sonderlich sympathisch ist. Folkman hat außerdem nachgewiesen, dass die sympathischen Führungskräfte bei einer ganzen Reihe von Ergebnissen, einschließlich Profitabilität und Kund*innenzufriedenheit, besser abschnitten.

Andere Studien haben ergeben, dass ethische Führung zu einer positiveren und konstruktiveren Arbeitsatmosphäre führt und – was entscheidend ist – auch dazu, dass die Mitarbeitenden bessere Leistungen erbringen.[5] Ein weiterer Vorteil dieses Führungsstils besteht darin, dass er kein hohes Maß an Charisma oder Extrovertiertheit erfordert, beides Eigenschaften, die Menschen nur schwer erlernen können, wenn sie ihnen nicht in die Wiege gelegt wurden. Das heißt, dass das Feld der Führungskräfte für ein breiteres Spektrum von Kandidat*innen offensteht.

Der Psychologe Michael Brown hat sich gründlich mit ethischer Führung beschäftigt und herausgefunden, dass Mitarbeitende, wenn Führungskräfte sich ethisch verhalten, sich eher zu wichtigen Themen zu Wort melden und Risiken eingehen, anstatt auf Nummer sicher zu gehen.[6] Eine ethische Führungskraft weckt bei den Mitarbeitenden das Gefühl, dass die Arbeit für das Unternehmen nicht nur eine rein wirtschaftliche Transaktion ist, sondern ein soziales Unterfangen, das die Mitarbeitenden dazu anspornt, sich stärker für den gemeinsamen Erfolg einzusetzen. Die ideale ethische Führungskraft zu werden klingt allerdings ziemlich anspruchsvoll. Michael sagte mir, sie müsse prinzipientreu, bescheiden, offen für Feedback und Vorbild für alle anderen sein. Ach, und natürlich müsse sie auch noch das Unternehmen leiten.

Auf dem Gebiet der Psychologie hat die Theorie des sozialen Lernens immer wieder gezeigt, dass wir häufig das Verhalten kopieren, das wir bei anderen beobachten. Wenn die Geschäftsführung also Freundlichkeit und Rücksicht an den Tag legt, kann sich dieses Verhalten im ganzen Unternehmen ausbreiten. Um dies zu demonstrieren, führte der renommierte Sozialpsychologe Jonathan Haidt eine Untersuchung in einer führenden italienischen Möbelfirma durch, die Holztüren herstellt, und forderte die Belegschaft auf, anonym Fragebögen auszufüllen und diese in eine Box beim Empfang einzuwerfen. Die Befragung enthielt die Geschichte eines fiktiven Chefs namens Massimo Castelli, der kürzlich die Leitung eines Marmor- und Granitunternehmens übernommen hatte. Die Belegschaft wurde aufgefordert, sich vorzustellen, für diese andere, erfundene Firma zu arbeiten und um ihren Arbeitsplatz zu fürchten, weil viele Kund*innen angefangen hatten, bei günstigeren Konkurrenten zu bestellen. In einer Version der Geschichte hörte Signor Castelli auf, seine Manager*innen und Mitarbeitenden über seine Entscheidungen zu informieren, er organisierte nur selten Meetings und war allgemein unfreundlich. In einer anderen Version unternahm er keine zusätzlichen Anstrengungen für das Unternehmen, abgesehen von dem Versuch, sich selbst Chancen zu eröffnen. In einer dritten Version stand seine Tür immer offen, er ging sehr fair mit den Mitarbeitenden um und bat sie um Verständnis dafür, dass das Unternehmen in Schwierigkeiten steckte. In einer letzten Version nahm er eine Kürzung seines Gehalts vor und investierte in dem Bemühen, die Firma zu retten, sogar sein eigenes Geld in das Unternehmen.[7]

Es wird Sie nicht überraschen, dass die Befragten sagten, allein durch das Lesen dieser letzten Geschichte würden sie sich altruistischer, höflicher und engagierter für die Zukunft des imaginären Unternehmens fühlen. Und wenn dieses Gefühl in tatsächliche Arbeit für das angeschlagene Unternehmen umgesetzt würde, wären seine Überlebenschancen natürlich besser. Signor Castelli handelte deshalb nicht nur freundlich, sondern auch klug.

Doch dieses Beispiel war natürlich hypothetisch. Was würde im wahren Leben geschehen? Zur Weiterverfolgung gingen Haidt und sein Team in ein öffentliches Krankenhaus unweit der italienischen Stadt Padua. Dem Pflegepersonal wurden vertrauliche Fragen über ihre Vorgesetzten gestellt. Setzten sie sich für das Team ein? Waren sie fair? Arbeiteten sie selbst viel? In den Fällen, in denen dies bejaht wurde, fühlten sich die Pflegenden in der Tat »moralisch erhöht«, wie Haidt es beschreibt, und berichteten häufiger von ihrem Wunsch, anderen etwas Gutes zu tun, so zu werden wie ihre Vorgesetzten oder ein besserer Mensch zu werden.

Freundlichkeit kann natürlich auch auf Klient*innen und Kund*innen ausgedehnt werden – und zwar mit ähnlich positiven Ergebnissen. Ich habe das Glück, ein Fahrradgeschäft in der Nähe meiner Wohnung zu haben, in dem die Angestellten mich nicht etwa, wie es mir anderswo ergangen ist, herablassend behandeln, weil ich den Reifen meines Fahrrads nicht flicken konnte, sondern freundlich und verständnisvoll sind und – wichtiger noch – manchmal schnell eine Reparatur vornehmen, sogar ohne mir diese in Rechnung zu stellen. Inzwischen liebe ich dieses Geschäft, und wenn ich mir etwas kaufen will, wie zum Beispiel einen Fahrradkorb oder Fahrradlichter oder einen neuen Helm, dann suche ich nicht im Internet danach, sondern gehe in dieses Fahrradgeschäft, auch wenn die Preise dort ein bisschen höher sind. Und wenn ich eines Tages ein neues Fahrrad brauche, weiß ich genau, wo ich zuerst danach suche. Auch wenn der Laden vielleicht den einen oder anderen Fünfer oder Zehner für die zweiminütige Reparatur meines Sattels oder für die Behebung einer Reifenpanne verliert, hat er eine treue Kundin gewonnen, die in den kommenden Jahren viel mehr als das ausgeben wird.

Alles in allem zeigen die Befunde, dass Freundlichkeit in der Geschäftswelt kein Hindernis für Erfolg ist. Tatsächlich kann das Gegenteil der Fall sein. Doch ein neuer Bestseller lässt mich innehalten. Sein Titel lautet: *Nice Girls Don't Get the Corner Office* (Nette Frauen kriegen das Eckbüro nicht), und darin ist davon die Rede, dass Frauen durchsetzungsfähig sein müssen, um voranzukommen. Deshalb mache ich mir als Feministin, die über den noch immer vorhandenen Lohnunterschied zwischen Männern und Frauen und über den Mangel an Frauen in Vorstandsetagen wütend ist, Sorgen, dass der Ratschlag an Frauen, die erfolgreich sein wollen, bei der Arbeit einfach freundlicher zu sein, falsch interpretiert werden könnte.

Dr. Marcia Sirota, die Psychotherapeutin und Gründerin des Ruthless Compassion Institute, schreibt in *Be Kind, Not Nice* (Sei freundlich, nicht nett), dass Menschen manchmal so sehr gefallen wollen, dass sie für jeden alles tun, in der Hoffnung, deshalb gemocht zu werden, am Ende aber frustriert sind, weil sie sich nicht geschätzt fühlen und den Eindruck gewinnen, ihre Bemühungen würden nicht belohnt und andere würden anfangen, ihre Nettigkeit für selbstverständlich zu halten. Ich denke, das trifft häufig auf Frauen zu, zum Teil aufgrund der Art und Weise, wie wir erzogen und in der Schule behandelt wurden.

Aber Lauren Currie, die ein Unternehmen für Führungskräfteentwicklung namens Stride leitet, welches sich darauf spezialisiert hat, Frauen zu befähigen, am Arbeitsplatz erfolgreich zu sein, bleibt bei ihrer Überzeugung, dass die Freundlichkeit vieler Frauen ein »unsichtbarer Wettbewerbsvorteil« sein kann. Sie unterscheidet allerdings zwischen Freundlichkeit und Nettigkeit und behauptet, dass es die Nettigkeit der Frauen ist, die als Waffe gegen sie verwendet wird, nicht ihre Freundlichkeit.

In dem Bereich wird häufig zwischen Nettigkeit und Freundlichkeit unterschieden, wobei Nettsein einen schlechten Ruf genießt. Marcia Sirota geht sogar so weit, zu behaupten, dass nett zu sein unaufrichtig ist, weil Menschen nur nett sind, um die Bestätigung anderer zu bekommen. Es kann dazu führen, sagt sie, dass man ständig den Leuten gefallen und Konfrontationen vermeiden will, aus Angst, die anderen zu verärgern oder zurückgewiesen zu werden. Dies wiederum kann dazu führen, dass die anderen Ihre Nettigkeit als aufmerksamkeitsheischend empfinden und Sie als Fußabtreter betrachten. Im Gegensatz dazu wird die freundliche Person für das geliebt, was sie ist, erklärt Marcia, und ihre Gefälligkeiten sind nicht mit dem Gefühl verbunden, an Bedingungen geknüpft zu sein.

Ich bin mir nicht sicher, ob die Unterscheidung wirklich so

klar ist. Ich denke, Freundlichkeit und Nettigkeit überschneiden sich. Jemandem zu helfen, die heruntergefallenen Einkäufe aufzuheben, ist sowohl nett als auch freundlich, um nur ein naheliegendes Beispiel zu nennen. Aber Marcia und andere haben recht: Freundliche Handlungen können geschehen, ohne nach Anerkennung zu suchen, und müssen nicht mit Sanftmut oder Schwäche einhergehen. Eine freundliche Führungskraft lässt nicht zu, dass eine Person bummelt, während andere ihre Arbeit übernehmen, denn das ist auf Dauer gegenüber allen Beteiligten nicht freundlich. Freundlichkeit kann klare Worte und harte Entscheidungen einschließen, so lange diese fair und vernünftig gefunden werden. Freundliches Handeln bedeutet nicht, immer alle anderen an die erste Stelle zu setzen. Ein freundlicher Arbeitsplatz ist einer, an dem sich jeder geschätzt und fair behandelt fühlt, nicht einer, an dem die Geschäftsführung den Leuten nicht Paroli bietet.

Eine gute Führungskraft muss Freundlichkeit nicht nur praktizieren, sondern auch predigen. Michael Brown hat festgestellt, dass die ethische Führung, wenn sie sich auf die Belegschaft tatsächlich auswirken soll, klar erkennbar sein muss und dass es nicht ausreicht, wenn eine Führungsperson bei ihrem persönlichen Handeln ethisch vorgeht. Mit anderen Worten: Eine Führungskraft muss Freundlichkeit ausdrücklich erwähnen und sie als wichtigen Teil der Unternehmenskultur einführen. Freundlichkeit muss – wage ich es zu sagen? – Teil der »Marke« sein.

Inzwischen habe ich Sie vielleicht überzeugt, dass Freundlichkeit am Arbeitsplatz effektiv ist, solange die Dinge gut laufen. Aber was ist, wenn das nicht der Fall ist? Chef*innen müssen manchmal schwierige und unpopuläre Entscheidung treffen, die den Mitarbeitenden – oder zumindest einigen von ihnen – nicht gefallen. Vielleicht möchte eine Führungskraft stets sympathisch wirken, aber das ist nicht immer möglich oder auch wünschenswert. Die freundliche Version von Massimo Castelli mochte ja bereit sein, sein eigenes Gehalt zu kürzen, um das Unternehmen zu retten, aber manchmal sind Lohnstopps oder Entlassungen notwendig, damit das Unternehmen überleben kann. Womöglich hat sich eine angestellte Person so schlecht verhalten oder eine so miserable Leistung erbracht, dass ihr gekündigt werden muss, nicht zuletzt aus Freundlichkeit dem Rest der Belegschaft gegenüber. In beiden Fällen ist es von einer Führungskraft nicht freundlich, wenn sie sich vor schwierigen Gesprächen drückt. Eine gute Führungskraft wird unter diesen Umständen transparent, objektiv, fair und entschieden vorgehen.

Ein Freund von mir, der bei mehreren Gelegenheiten Angestellte entlassen musste, geht sogar so weit, zu sagen, dass es ein freundlicher Akt sein kann, jemandem zu kündigen. Häufig sind schlechte Leistungen, wie er sagt, darauf zurückzuführen, dass eine Person eine Aufgabe hat, die sie überfordert, sodass eine Kündigung in dieser Situation dazu führt, dass sie einen anderen Job findet, der besser zu ihr passt. Und es gibt auch Fälle, bei denen der Rest des Teams die Arbeit einer anderen Person übernehmen muss, die ihren Beitrag einfach nicht leistet. Eine Führungskraft, die solche Probleme angeht, mag bei dieser speziellen Person nicht beliebt sein, zeigt jedoch Mitgefühl dem Rest des Teams gegenüber, wenn sie das Arbeitsverhältnis beendet.

Warmherzige Triathleten, ethische Fußballspieler und eine sehr rücksichtsvolle Auslandskorrespondentin

Bis jetzt habe ich mich in diesem Kapitel hauptsächlich auf die Arbeitswelt konzentriert, aber auch der Spitzensport ist ein hartes Geschäft, in dem das Streben, die Nummer eins zu sein, der einzige Weg zum Sieg zu sein scheint. Und ja, das trifft im Großen und Ganzen zu. Wenn man die Chance hat, in letzter Minute einen Elfmeter zu schießen, um das Pokalfinale zu gewinnen, dann ist es nicht angebracht, aus Rücksicht auf das gegnerische Team am Tor vorbeizuschießen. Nein, man schießt den Ball ins Netz und bricht damit die Herzen der anderen Mannschaft. Findet euch damit ab!

Und dennoch gibt es sogar im Sport Fälle von Freundlichkeit und Rücksichtnahme, die einen Sportler auf ganz andere Weise zum Gewinner machen können. Nehmen wir als Beispiel Diego Méntrida. Er ist Spitzentriathlet, was bedeutet, dass er körperlich ein robuster Mann und in der Lage ist, bei einem harten Sport auf höchstem Niveau zu kämpfen. Aber das heißt nicht, dass er nicht trotzdem ein freundlicher und rücksichtsvoller Mensch ist.

Diese Seite Diegos zeigte sich bei einem Vorfall im September 2020, der weltweit Aufsehen erregte. Bei einem Triathlon in seiner Heimat Spanien näherte sich Méntrida als Vierter hinter dem Briten James Teagle dem Ziel, als Teagle nur hundert Meter vor der Ziellinie falsch abbog. Méntrida hätte weiterlaufen und die Bronzemedaille gewinnen können. Aber das tat er nicht. Stattdessen verlangsamte er, ließ sich von Teagle einholen und ihn vor sich herlaufen. Das tat er, wie Méntrida später erklärte, weil Teagle »es verdient hatte, die Bronzemedaille zu gewinnen«.

Eine wunderbare Geschichte, aber ich habe behauptet, dass freundliche Menschen Gewinner sein können, während Méntrida eindeutig der Verlierer war, nicht wahr? Nun, nicht wenn man es genauer betrachtet. Diese freundliche Geste erregte wie gesagt weltweit Aufmerksamkeit, was Diegos Ansehen steigen ließ: privat – was er vielleicht, vielleicht aber auch nicht begrüßte – und sportlich – was ihm zweifellos recht war. Der Triathlon wurde von der spanischen Santander Bank gesponsert, und ich bin mir sicher, dass die Aufmerksamkeit rund um Diegos Geste die Bank freute und vielleicht dazu beitrug, dass sie ihre Unterstützung für diesen Sport fortsetzte. Es wurde sogar berichtet, dass Méntrida von den Organisatoren mit einem Ehren-Dritten-Platz ausgezeichnet wurde und das gleiche Preisgeld wie Teagle erhielt (300 €).[8] Ja, Méntrida büßte in einem Rennen den dritten Platz ein. Aber in vielerlei Hinsicht war er ein Gewinner.

Diese Geschichte könnte Sie an einen anderen, berühmteren Fall der Freundlichkeit unter Triathleten erinnern. Dieses Mal handelt es sich um ein Beispiel brüderlicher Liebe, obwohl die beiden besagten Brüder in ihrer Sportart erbitterte Rivalen sind.

Jonny Brownlee lag im Jahr 2016 am Ende der World Triathlon Series in Mexiko 700 Meter vor dem Ziel in Führung. Der Sieg bei diesem Rennen hätte Jonny den Weltmeistertitel eingebracht. Doch an diesem Punkt begann er plötzlich zu schwanken und zu taumeln, zu wanken und zu stolpern, und das bei extremer Hitze und Feuchtigkeit. Es war eindeutig, dass es ihm körperlich nicht gut ging.

Jonnys älterer Bruder, Alistair, lief zu diesem Zeitpunkt an dritter Stelle, vergab aber seine eigene Chance auf den Sieg, denn er legte den Arm um seinen Bruder, stützte ihn und schob ihn als Zweiten über die Ziellinie, während ein anderer Athlet vorbeilief und den ersten Platz errang.

Für Jonny bedeutete es, dass er den Weltmeistertitel knapp verpasste, während Alistair im Gesamtklassement den 10. Platz errang. Aber wer war im Großen und Ganzen der Gewinner dieser Episode? Der Weltmeister von 2016, Mario Mola, hielt sich jedenfalls nicht dafür und sagte, sein Erfolg sei überschattet gewesen und so habe er die Weltmeisterschaft nicht gewinnen wollen. Ich bin der Meinung, dass Alistair Brownlee der wahre Gewinner war. Er hatte zwei olympische Goldmedaillen gewonnen, war zwei Mal Weltmeister im Triathlon geworden, vier Mal Europameister, aber das war gewiss sein bester Moment.

Am Anfang dieses Abschnitts habe ich Fußball erwähnt, und

dieser gilt allgemein als ein Sport, der eine rücksichtslose »Sieg um jeden Preis«-Mentalität belohnt. Zumindest bis vor Kurzem galt Sir Alex Ferguson als Paradebeispiel eines Topmanagers in diesem Sport, berühmt dafür, dass er seinen leistungsschwachen Spielern die »Föhn-Behandlung« (sehr lautes Anschreien) zukommen ließ, oder José Mourinho, mit seiner Art von megalomanischem Charisma und seinen großen Motivationsfähigkeiten. Doch während der Europameisterschaft 2020 – die aufgrund der Pandemie tatsächlich erst 2021 stattfand – war eine ganz andere Einstellung zum Fußball nachweislich erfolgreich, wenn auch nicht erfolgreich genug, um das Finale zu gewinnen.

Gareth Southgate, der Trainer der englischen Fußballnationalmannschaft, ist ein leise sprechender und ruhiger Mann, der sich ernsthaft Sorgen um das psychische Wohlbefinden seiner Spieler macht, ebenso wie um ihre Form auf dem Platz. Er förderte eine Kultur der Freundlichkeit in seiner Mannschaft, die Stars wie Marcus Rashford die Möglichkeit gab, sich öffentlich zu sozialen Themen zu äußern, die ihnen am Herzen lagen – in Rashfords Fall war es der Kampf gegen die Kinderarmut und für die Ausgabe kostenloser Mahlzeiten während der Schulferien. Southgate stand trotz der Beschimpfungen und Buhrufe einiger ihrer eigenen Fans für die Entscheidung seiner Mannschaft ein, vor Beginn jedes Spiels als Zeichen gegen Rassismus das Knie zu beugen. Und dann zeigte sein Team beim Europameisterschaftsfinale einen sehr öffentlichen Akt der Freundlichkeit auf dem Spielfeld, als es einen Kreis um die jungen Schwarzen Fußballer bildete, die gerade einen Elfmeter verschossen hatten, wodurch England das Finale verlor. Die anderen Spieler schirmten ihre Mannschaftskameraden vor der Menge und den Kameras ab, vielleicht weil sie ahnten, in welchem Ausmaß sie in den sozialen Medien bald rassistischen Anfeindungen ausgesetzt sein würden. Und auch Southgate scheut sich nicht, öffentlich zuzugeben, dass er Freundlichkeit schätzt, denn er gab seinem eigenen Buch den Titel: *Anything Is Possible: Be Brave, Be Kind and Follow Your Dreams* (Alles ist möglich: Sei mutig, sei freundlich und verfolge deine Träume).

Der Sportpsychologe Michael Caulfield beschrieb Southgates Ansatz als »einfühlsam, freundlich und verständnisvoll. Er ist sehr wettbewerbsorientiert und kann ziemlich rücksichtslos sein, aber das hindert einen nicht daran, anständig zu sein; er erteilt gerade eine moderne Lektion in Sachen Anstand.«[9]

Okay, England hat die Meisterschaft am Ende nicht gewonnen, aber sie kamen dem Ziel so nahe wie seit einer Generation nicht, und zeigten dabei, dass es selbst in der rücksichtslosen Welt des Fußballs einen anderen Weg zum Erfolg gibt. Marcus Rashford formulierte es auf Twitter folgendermaßen: »Denk immer daran, Freundlichkeit ist Macht.«

Freundlichkeit fördert den Teamgeist, während das Gegenteil, nämlich Unhöflichkeit, unser Vertrauen in unsere Kolleg*innen schwächt und uns demotiviert. Die Auswirkungen können so gering sein, dass die Chef*innen sie vielleicht nicht einmal bemerken, aber sie spielen eine Rolle. Unabhängig davon, ob Sie die psychologischen Bezeichnungen dafür kennen oder nicht: Wenn Sie ein freundlicher Mensch sind, zeigen Sie bei der Arbeit »Organizational Citizenship Behaviour« (was so viel bedeutet wie, dass Sie auch dort helfen, wo Sie nicht direkt von Ihrem Unternehmen dafür belohnt werden). Sie melden, dass der Drucker kaputt ist, anstatt einfach darauf zu warten, dass die nächste bedauerliche Person dies feststellt, Sie gießen die Pflanzen und sind hilfsbereit. Diese Gefälligkeiten halten den Laden am Laufen und erleichtern das Arbeitsleben für alle. Sobald wir jedoch aufgrund ungleicher Entlohnung oder des Eindrucks, dass unsere Arbeit nicht wertgeschätzt wird oder dass die Geschäftsführung sich unethisch verhält, das Gefühl haben, nicht fair behandelt zu werden, stellen wir dieses Verhalten ein. Wir kümmern uns nicht um den kaputten Drucker, wieso sollten wir?

Noch einmal: Unfreundlichkeit erzeugt Unfreundlichkeit, und Freundlichkeit erzeugt Freundlichkeit.

Über die Auswirkung von »Organizational Citizenship Behaviour« – kurz OCB – wurden Dutzende Untersuchungen durchgeführt, und sie können uns einen Einblick in den Nutzen von freundlichem Verhalten am Arbeitsplatz liefern.

Bei einer 2009 von einem Forscher namens Nathan Podsakoff an der University of Arizona durchgeführten Metaanalyse von mehr als 150 verschiedenen Studien mit 51 000 Teilnehmenden zeigte sich, dass diese Verhaltensweisen tatsächlich Auswirkungen haben.[10] Sie führen zu weit mehr als nur einer freundlichen Atmosphäre. Eine Häufigkeit freundlicher Handlungen wie diese korreliert positiv mit der Arbeitsleistung, der Produktivität, der Kund*innenzufriedenheit und Effizienz. Wenn die Leute einander nicht auf diese Weise helfen, wird häufiger krankgefeiert, und mehr Arbeitnehmende denken an einen Jobwechsel. Deshalb spielt Freundlichkeit tatsächlich eine Rolle.

Und schließlich möchte ich eine weitere freundliche Gewinnerin auf einem Gebiet erwähnen, von dem es allgemein heißt, es herrsche rücksichtsloser Wettbewerb – dem Journalismus. Ich führe, wie bereits gesagt, ein Freundlichkeitstagebuch und war erstaunt über einen Eintrag vom März 2022, wenige Wochen nach der Invasion Russlands in die Ukraine.

Habe gerade durch Twitter gescrollt und gesehen, dass eine der erfolgreichsten Korrespondentinnen der BBC, Lyse Doucet, ein Foto von fünf Menschen gepostet hat, mit denen sie in der Ukraine zusammenarbeitet. Die Bildunterschrift lautet: »UNSER TEAM – das sind einige der großartigen Menschen hinter den Kameras in #Kyiv, auf die es ankommt. Riesiges Dankeschön.« Dann folgt eine Liste der Namen.

Lyse Doucet ist bei der BBC dafür bekannt, dass sie die Lorbeeren mit denen teilt, die hinter den Kulissen arbeiten – was nicht alle hochrangigen Journalist*innen tun. Doch diese Freundlichkeit stand ihr offenbar nicht im Weg, denn sie hat es geschafft, leitende Auslandskorrespondentin zu werden.

Von Lady Montagu lernen

Wenden wir uns nun dem vielleicht härtesten aller Berufsfelder zu – der Politik. Zweifellos eine Schlangengrube und sicher kein Ort für Anstand und Freundlichkeit? Denken Sie noch einmal darüber nach. Tatsächlich zeigen Untersuchungen, dass es sich sogar in der Politik auszahlt, ein netter Kerl zu sein. Ich sage ein netter Kerl, aber es war ein nettes Mädchen, dem dies zuerst aufgefallen ist, und zwar einer bemerkenswerten Frau namens Lady Mary Wortley Montagu, die im Jahr 1762 starb. (Schlagen Sie sie nach, sie sollte allgemein bekannter sein.) Was Lady Montagu beobachtete, war, dass »Höflichkeit nichts kostet und alles erreicht«. Das ist inzwischen unter der Bezeichnung Montagu-Prinzip bekannt, das, einfach ausgedrückt, besagt, dass schlechtes Verhalten in der Politik – zumindest langfristig – nicht zum Erfolg führt.

Halten sich also alle Politiker*innen immer an das Montagu-Prinzip? Natürlich nicht. Aber selbst die unglaubwürdigsten Politiker*innen stimmen zumindest dem Prinzip zu. Der ehemalige amerikanische Präsident Trump zählt beispielsweise zu denjenigen, die mehr Anstand in der Politik forderten.[11] Trump hat vielleicht erkannt – und zahlreiche politische Studien haben ergeben –, dass negative Kampagnen tendenziell nach hinten losgehen. Sie erregen zwar Aufmerksamkeit, führen aber nicht dazu, dass die Leute dich mögen oder, wichtiger noch, dich wählen. Vielleicht hätte er seinen eigenen Rat befolgen sollen; wir wissen, wie die Wahl am Ende ausgegangen ist (jedenfalls zum aktuellen Zeitpunkt).

Zwischen 1996 und 2015 analysierte der Forscher Jeremy Frimer die Sprache, die von Mitgliedern des US-Kongresses während der Debatten verwendet wurde. Frimer wies in seiner Studie nach, dass die Zustimmungswerte von Kongressabgeordneten sanken, wenn sie in ihren Reden im Repräsentantenhaus unhöflich waren, und stiegen, wenn sie höflich und großzügig waren. Außerdem bewiesen die höflicheren Politiker Cleverness, denn ihre höheren Zustimmungsraten veranlassten sie, sogar noch höflicher zu sein und damit ihre Werte noch weiter zu steigern.[12]

Als Donald Trump auftauchte, konnte Frimers Team nicht widerstehen, Trumps Tweets zu analysieren (natürlich bevor sein Twitter-Account gesperrt wurde). Welches Datenmaterial könnte für eine solche Untersuchung besser geeignet sein? Es entstand spontan und für jede Person frei einsehbar. Es überrascht nicht, dass Frimer herausfand, dass Menschen, die keine Trump-Anhänger*innen waren, ihn noch mehr ablehnten, wenn er unhöflich oder hasserfüllt twitterte. Noch auffälliger war jedoch, dass nur wenige seiner Anhänger*innen seine bösartigen Tweets wirklich mochten. Die Tweets hielten sie nicht davon ab, ihn zu unterstützen, aber sie taten es eher *trotz*, nicht *wegen* seiner Ausfälligkeiten. In einem interessanten Beispiel gaben diese Anhänger*innen an, dass sie, wenn ihr Idol von Journalist*innen angegriffen wurde, es vorzogen, wenn er das Thema wechselte, anstatt in die Offensive zu gehen.

Ganz im Gegensatz zu Donald Trump erklärt Jacinda Ardern, die Premierministerin von Neuseeland, in ihrem Buch *Jacinda Ardern über Freundlichkeit, Empathie und Stärke,* dass von allen Qualitäten, die sie auf ihrem Weg zur Premierministerin Neuseelands ausgezeichnet haben, Freundlichkeit die wichtigste war.* »Ich finde es traurig, dass in der politischen Führung – weil wir im Lauf der Zeit so viel Wert auf Eigenschaften wie Durchsetzungsvermögen und Stärke gelegt haben – anscheinend davon ausgegangen wird, dass Eigenschaften wie Freundlichkeit und Empathie verzichtbar sind. Aber wenn man an all die großen Herausforderungen denkt, vor denen wir heute in der Welt stehen, sind das vermutlich genau die Eigenschaften, die wir am meisten brauchen.«[13]

Ardern sagt, dass wir Führungskräfte brauchen, die sich in die Lage anderer einfühlen können, auch in die der nächsten Generation. Sie erklärt, wir sollten uns nicht darauf konzentrieren, die mächtigste Person im Raum zu sein. Sie ist stolz darauf, sich auf Empathie zu konzentrieren, denn sie ist überzeugt, dass »man empathisch und stark zugleich sein kann«.[14]

Selbstverständlich hat Neuseeland wie alle anderen Länder seine Probleme, und Ardern ist keineswegs unumstritten, aber sie ist vor allem dank dessen, wie sie ihr Land durch die globale Pandemie geführt hat, in jeder Hinsicht eine erfolgreiche Führungspersönlichkeit. Und obwohl der Umgang mit einem Virus auf einer kleinen Insel, die geographisch fast vom ganzen Rest der Welt weit entfernt liegt, natürlich einfacher ist als in einem großen Land, ist der Kontrast zu Donald Trumps desaströsem Umgang mit Covid-19 in den USA verblüffend.

Als in Belgien 2009 Mitglieder aus der breiten Öffentlichkeit aufgefordert wurden, sich die Wesenszüge eines idealen in der Politik tätigen Menschen vorzustellen, schnitten Eigenschaften, die mit Freundlichkeit in Verbindung gebracht werden, gut ab. Pflichtbewusstsein wurde als die wichtigste Qualität von

---

* Jacinda Ardern ist am 7. Feburar 2023 von ihrem Amt als Premierministerin zurückgetreten (Anm. d. Ü.).

allen betrachtet, aber Liebenswürdigkeit folgte direkt auf dem zweiten Platz. Als dieselben Forschenden detailliertere Persönlichkeitsmerkmale untersuchten, wurde Freundlichkeit als wichtiger für Politiker*innen eingestuft als Tatkraft, Mäßigung oder »Ausgeglichenheit und Schliff«. Machiavellismus landete ganz unten auf der Liste und war bei allen unbeliebt, vor allem bei linken Wähler*innen.[15]

Wie immer bei Forschungen dieser Art müssen die möglichen Schlussfolgerungen etwas vorsichtig gezogen werden. Untersuchungen zeigen nicht eindeutig, dass Freundlichkeit bei allen Politiker*innen zu allen Zeiten eine immens beliebte Eigenschaft ist. Und schauen Sie sich nur Politiker wie Vladimir Putin, Jair Bolsonaro und Rodrigo Duterte an – alles grausame, bösartige Männer, die jeweils bei breiten Wähler*innenschichten sehr beliebt sind. Doch andererseits gibt es freundlichere, einfühlsamere Menschen in der Politik – verzeihen Sie mir, wenn ich dazu neige, Politikerinnen hervorzuheben –, die bewiesen haben, dass es einen anderen Weg zum politischen Erfolg gibt, nicht nur Jacinda Ardern, sondern auch Angela Merkel und Nicola Sturgeon.

Der nette Phil gewinnt

Das Kapitel begann mit einem Beispiel aus der klassischen Literatur, aber ich werde es mit einer TV-Serie beenden. *Modern Family* ist eine klassische Unterhaltungsserie. In dieser sehr erfolgreichen Serie, die von 2009 bis 2020 ausgestrahlt wurde, verfolgten wir das Leben dreier unterschiedlicher, miteinander verwandter Familien. Die eine besteht aus einem älteren weißen Mann, seiner viel jüngeren Latina-Frau und ihren zwei Söhnen. Die andere aus zwei schwulen weißen Männern und ihrer adoptierten vietnamesischen Tochter. Und die dritte Familie ist eine klassische Kernfamilie: Vater, Mutter und drei Kinder.

Der Vater der dritten Familie – Phil Dunphy – ist ein durch und durch »netter Kerl«. Ein bisschen nerdig und albern, im Herzen ein großes Kind. Im Gegensatz dazu ist der Vater der ersten Familie, Jay Pritchett – Phils Schwiegervater – ein mürrischer, nüchterner und eigensinniger Geschäftsmann. Jay denkt immer, er könne die besten Geschäfte abschließen, und gibt sich Phil gegenüber, den er für schwach hält, ziemlich abschätzig.

In einer Episode in Staffel sechs, die ich mir neulich angesehen habe, legt Phil seiner selbstbezogenen ältesten Tochter Haley gegenüber seine typische Freundlichkeit an den Tag und kauft ihr zu ihrem 21. Geburtstag ein Auto. Er hat es günstig erworben, aber als Jay davon erfährt, versucht er, die Sache in die Hand zu nehmen, weil er vermutet, Phil wäre zu weich und den Autohändlern gegenüber zu konziliant gewesen und deshalb beim Preis übers Ohr gehauen worden. Er vertritt eine harte Verhandlungsposition und ist überzeugt, dass er es besser machen wird.

In vielen Hollywood-Shows wäre dies tatsächlich das Ergebnis. Aber dieses Mal – und eher im Einklang mit der Realität, würde ich behaupten – führt Jays Vorgehen dazu, dass der ursprüngliche Deal am Ende platzt. Phils vertrauensvolle und kumpelhafte Vorgehensweise war die bessere. Am Ende wendet sich alles zum Guten – Haley bekommt ihr Auto. Aber die Botschaft dieser Sendung – eine erfreuliche – ist, dass man manchmal besser ehrlich statt auf die harte Tour verhandelt. Mit anderen Worten, die freundliche Person geht am Ende als Sieger hervor.

Der letzte Gefallen,
den ich einer Person getan habe

Der Freundlichkeitstest

Ich habe für eine junge Mutter den Kinderwagen über einen sehr schlammigen Teil des Weges getragen.

Mein fünf Jahre alter Enkel sammelte Steine ganz unterschiedlicher Art, und ich habe ihm geholfen, sie zu sortieren.

Gestern habe ich ein paar neue Kleidungsstücke für afghanische Geflüchtete gekauft.

Ging spazieren. Ein Hund kam auf mich zugerannt und hat mich schmutzig gemacht. Der Besitzer hat sich sehr entschuldigt. Unterhielt mich nett mit ihm. Wollte, dass sich der Besitzer gut fühlt.

Fahrt an den Strand (ich hasse Strände).

Habe einer Nachbarin selbst angepflanzte Tomaten geschenkt, nachdem ich mich mit ihr gestritten hatte.

Ich habe mich in meinem Club mit einer einsamen Person unterhalten. Sie sagte, ich hätte ihren Tag gerettet.

Ich habe eine liebe Freundin, die an Doppelinkontinenz leidet, gewaschen.

Mein Bruder ist bipolar und lebt allein. Er sagte, seine Matratze sei sehr hart und er könne darauf nicht gut schlafen. Ich habe für ihn eine Matratzenauflage aus Schaumstoff bestellt.

Unverhohlene Bewunderung für einen braven Hund in einem Biergarten.

5

Freundlichkeit bedeutet, die Standpunkte anderer zur Kenntnis zu nehmen

»Er war nett, Atticus, so nett …« […] »Das sind die meisten Menschen, Scout, wenn man sie endlich zu Gesicht bekommt.«[1] Dieser Wortwechsel findet sich auf der letzten Seite eines der berühmtesten Bücher überhaupt: *Wer die Nachtigall stört*. Atticus Finch hat seiner Tochter Scout gerade eine Geschichte vorgelesen, in der eine missverstandene Figur namens Stoner's Boy vorkommt. Den Leser*innen des Romans ist klar, dass Stoner's Boy den Nachbarn der Finchs, Boo Radley, symbolisiert.

Boo ist ein Sonderling und Einsiedler, dem die anderen Bewohner von Maycomb, Alabama, dem fiktiven Schauplatz der Handlung, mit Argwohn und Feindseligkeit begegnen. Von dieser allgemeinen Ansicht beeinflusst, denken sich die Finch-Kinder, Jem und Scout, wilde und schreckliche Geschichten über Boo aus und glauben, dass Boo die Haustiere anderer Leute umbringt. Am Anfang geben sie sich keine Mühe, Boo zu verstehen oder die Dinge aus seiner Perspektive zu sehen. Aber im Lauf des Romans entwickeln sie Mitgefühl mit ihm und realisieren, dass er in Wahrheit freundlich zu ihnen ist und sie beschützt.

Scout und Jem nehmen diese Entwicklung zum Teil deshalb, weil sie in ihrem Vater, Atticus, der wohl eine der freundlichsten Figuren in der Literatur ist, ein wunderbares Vorbild haben. Er sieht in jedem das Gute, selbst in rassistischen Nachbarinnen und Nachbarn wie Mrs. Dubose oder dem wirklich widerwärtigen Bob Ewell. Wie bei Fürst Myshkin in Kapitel 4 kann Atticus' großzügige Einstellung manchmal leichtsinnig und naiv sein und seine Kinder sogar in Gefahr bringen, weil er so entschlossen ist, das Beste in den Menschen zu sehen. Aber im Großen und Ganzen gewinnt er mit seiner freundlichen Gesinnung, und die Botschaft von Harper Lees Roman ist sehr klar: Wir alle würden davon profitieren, wenn wir Atticus' Beispiel folgen würden und in unserer Einstellung anderen gegenüber toleranter und mitfühlender wären.

Ich bin mir sicher, das ist eine Aussage, der die meisten von uns zustimmen würden. Trotzdem könnte man den Eindruck gewinnen, dass unsere Bereitschaft, die Dinge aus der Sicht anderer Menschen zu sehen, seit der Veröffentlichung von *Wer die Nachtigall stört* in den 1960er Jahren eher abgenommen als zugenommen hat. Der öffentliche Diskurs, der durch die sozialen Medien noch verstärkt wird, deutet darauf hin, dass wir in unseren polarisierten Standpunkten verhaftet sind und uns mit Menschen, die eine andere Meinung vertreten, nur noch auseinandersetzen, um sie zu beschimpfen und zu verletzen. Wir scheinen nichts von William Hazlitt gelernt zu haben, der im 19. Jahrhundert klug feststellte: »Hätte Geschimpfe sie [die Welt] besser gemacht, wäre sie schon lange reformiert worden ... der schlimmste Fehler ist ein Mangel an Nächstenliebe: Und bei jeder Gelegenheit ›Schuft‹ & ›Dummkopf‹ zu schreien, wird diesen Mangel nicht beheben.«[2]

Ich vermute, dass es in unserem Alltagsleben tatsächlich mehr Toleranz und Mitgefühl gibt, als wir manchmal denken. Ich hoffe jedenfalls, dass es so ist, weil ich wirklich daran glaube, dass Atticus recht hatte: In fast allen Fällen sind die Menschen »wirklich nett«, wenn man »sie endlich zu Gesicht bekommt«. Es geht nur darum – auch wenn das natürlich nicht immer leicht umzusetzen ist –, über unsere eigenen Vorurteile und Standpunkte hinauszublicken und zu erkennen, dass die Ansichten anderer auf eine andere Weise von Belang sind.

Essenzielle Empathie

Der Psychologe David Canter ist dafür bekannt, dass er die Technik der Erstellung von Täter*innenprofilen entwickelt hat und untersuchte, was Kriminelle antreibt. Verfasser von Schlagzeilen betiteln ihn manchmal als »der wahre Cracker« – eine Anspielung auf die Hauptfigur, den Gerichtspsychologen, gespielt von Robbie Coltrane, in einer Fernsehserie der 1990er Jahre. Weniger bekannt ist die Tatsache, dass Professor Canter zu Freundlichkeit forscht, und einer seiner Beiträge zu diesem Thema ist eine nützliche Unterteilung von Freundlichkeit in drei Untergruppen: wohlwollende Toleranz, empathisches Einfühlungsvermögen und vorausschauendes Handeln (bewusstes Anstiften zu freundlichen Handlungen). In diesem Kapitel werden wir uns auf die zweite dieser Untergruppen konzentrieren.

Nun, wie in der Einleitung bereits gesagt, tobt in der akademischen Welt eine Debatte über die Bedeutung bestimmter Wörter, und das gilt für »Empathie« ebenso wie für andere Begriffe. Um die Sache weiter zu verkomplizieren (oder zu bereichern?), kann der Begriff Empathie noch unterteilt werden. Zunächst gibt es die »kognitive Empathie«, die bedeutet, dass man versucht, die Gedanken einer anderen Person zu deuten, um ihre Gedanken, Wünsche, Erkenntnisse, Einstellungen, Wahrnehmungen oder

Absichten zu verstehen. Bei diesem Prozess – in der Psychologie als »Mentalisierung« bekannt – versucht man, herauszufinden, was andere Menschen denken und fühlen, ohne selbst tatsächlich gleich zu denken oder zu fühlen. Und dann gibt es die »emotionale Empathie«, bei der man die Gefühle einer anderen Person in stärkerem Maße teilt, ihre emotionale Not oder Freude miterlebt und zumindest bis zu einem gewissen Grad so »fühlt« wie sie.

Das klingt erst mal nach zwei ziemlich unterschiedlichen Spielarten – die eine arbeitet mit dem Verstand, die andere mit dem Herzen; die eine wirkt ziemlich intellektuell, die andere eher instinktiv. Aber im normalen Leben unterscheiden wir in der Regel nicht zwischen kognitiver und emotionaler Empathie. Wenn ich beispielsweise spät am Abend eine junge einsame Frau im Zug weinen sehe, denke ich vielleicht, dass sie gerade einen Streit hatte oder verlassen wurde. Ich weiß, wie es ist, in ihrer Situation zu sein, weil ich sie selbst durchlebt habe – und in diesem Sinne »spüre ich ihren Schmerz«. Doch zugleich befinde ich mich jetzt nicht in ihrer Situation – also bleibe ich in einer gewissen Distanz zu dem Schmerz, den sie im Moment verspürt. Der Psychologe und Autor Paul Bloom von der Harvard University ist der Meinung, dass diese Arten der Empathie eher »mehrschichtig« als eindeutig sind. Wenn wir Empathie zeigen, bewegen wir uns zwischen diesen Schichten, ohne uns dessen bewusst zu sein, anstatt mechanisch von kognitiv auf emotional umzuschalten. Nur selten ist eine Person in der Lage, die Arten der Empathie, die sie an den Tag legt, vollständig voneinander zu trennen. Ein extremes Beispiel ist der psychopathische Folterer, der sich in die Gedanken seines Opfers hineinversetzt und es grausam manipuliert, während er den Schmerz, den er ihm zufügt, in keiner Weise selbst fühlt.

Neurowissenschaftliche Untersuchungen ergeben, dass in den meisten von uns – die wir keine Psychopathen sind – ähnliche neuronale Aktivitäten stattfinden, wenn eine Person selbst körperliche Schmerzen hat oder eine Person einen anderen unter Schmerzen leidenden Menschen nur beobachtet. Die deutsche Psychologin Tania Singer ist auf diesem Gebiet führend. Bei einem typischen Experiment legt sie eine Versuchsperson in einen Gehirnscanner und sticht sie dann mit einer Nadel (hier möchte ich schnell feststellen, dass die Teilnehmenden ihre Erlaubnis dafür gegeben haben). Ein anderes Mal wird der Person ein Video von einer anderen Person gezeigt, die mit einer Nadel gestochen wird. In beiden Fällen werden meist zwei spezifische Gehirnareale aktiviert (ein Bereich der anterioren Insula und ein spezifischer Bereich des anterioren insulären Cortex) – unabhängig davon, ob das schmerzhafte Erlebnis echt oder nachempfunden war.[3] (Übrigens kommt es zu ähnlichen Überlappungen in der Gehirnaktivität, wenn Menschen berührt werden oder einfach beobachten, wie andere berührt werden, oder wenn sie etwas Kräftiges schmecken oder sehen, wie ein anderer etwas Kräftiges schmeckt.) Das zeigt, dass unser Gehirn es uns offenbar ermöglicht, emotional das zu fühlen, was andere körperlich spüren. Wir leiden mit ihnen, weil wir uns vorstellen können, an ihrer Stelle zu sein. Dieser Effekt ist besonders ausgeprägt, wenn es sich bei der Person, die Schmerzen hat, um einen Menschen handelt, mit dem wir uns identifizieren können, weil er oder sie zur selben Gruppe gehört wie wir – ein Beispiel könnte jemand sein, der Anhänger desselben Fußballteams ist.[4]

Dieses Gefühl der Empathie ist in den meisten von uns so stark ausgeprägt, dass wir in Situationen, in denen wir ein spürbares Fehlen von Empathie seitens anderer erleben, schnell beginnen, uns unwohl zu fühlen. Die Standardmethode, um unter Laborbedingungen Stress auszulösen, besteht darin, dass eine Gruppe von Freiwilligen mit versteinerter Miene dasitzt, während eine andere teilnehmende Person ihnen erklärt, dass sie ein guter Kandidat für einen Job wäre. Dies wird der Trier Social Stress Test genannt.

»Sie sollten die ganzen fünf Minuten lang sprechen«, erklärt eine Hilfskraft der Person, die sich »bewirbt« vor Beginn des Tests in einem Vorraum. Dann fügt sie, ohne der Versuchsperson Zeit zu geben, sich vorzubereiten, hinzu: »Bitte betreten Sie den Raum. Die Zeit beginnt jetzt.«[5]

Zur gleichen Zeit wurden den »Bewertenden« Anweisungen gegeben. »Was immer Sie tun, rühren Sie keinen Muskel. Kein Nicken, kein Zucken und schon gar kein Lächeln. Nichts, um zu zeigen, dass Sie verstanden oder die sich bewerbende Person auch nur gehört haben.« Dieses Verhalten ist so fremdartig und künstlich, dass selbst die Befragungsmitglieder die Übung meist schwierig finden und trainiert werden müssen, um sie erfolgreich durchzuführen. Aber wenn sie es tun – und die ganze Sache wird auf Video aufgezeichnet, um den Druck zu erhöhen –, ist das eindeutige Ergebnis, dass die Person, die dem Gremium gegenübersitzt, unter großem Stress steht. Sie kann einfach nicht mit dem völligen Mangel an Empathie umgehen, der ihr entgegengebracht wird.[6]

Im realen Leben gibt es viele ähnliche Situationen, wenn auch nicht ganz so extrem wie beim Trier Social Stress Test. Denken wir an Stand-up-Comedians, vor allem an die, die das Warmup machen und verzweifelt versuchen, dem Publikum, das nur darauf wartet, dass die bekanntere Person die Bühne betritt, einen Lacher abzuringen. Oder an das Phänomen des »Ghostings«, wenn wir feststellen, dass die Person, die wir gedated haben, den Kontakt ohne Vorwarnung oder Erklärung komplett abbricht. Abserviert zu werden ist schlimm genug, aber dieses plötzliche Ignorieren durch eine Person, mit der man sich eigentlich gut verstanden hat, kann besonders schmerzhaft sein. Zum Glück behandeln uns andere Menschen gewöhnlich nicht so. Wir bekommen bei unseren Interaktionen mit anderen eine Menge zurück – und wir leben von der Bestätigung, die das mit sich bringt.

Einer der Gründe, warum es für viele Menschen so zermürbend war, während der Pandemie von zu Hause aus zu arbeiten, bestand darin, dass Meetings, die normalerweise persönlich stattgefunden hätten, nun online abgehalten wurden. Statt in einem Raum voller ausdrucksstarker und für gewöhnlich hilfsbereiter Kolleg*innen zu sitzen, wurden wir mit Galerien von scheinbar teilnahmslosen Gesichtern konfrontiert, die in ihren Kästchen gefangen waren. In den Jahren 2020 und 2021 habe ich alle meine öffentlichen Vorträge online gehalten. Um mir über das abstumpfende Erlebnis, zu einer virtuellen und scheinbar nicht reagierenden Zuhörer*innenschaft zu sprechen, hinwegzuhelfen, ging ich dazu über, meinen Blick an die Person zu heften, die am häufigsten lächelte, oder zumindest ein freundliches Profilfoto anzusehen, um zu verhindern, dass ich in meinen eigenen Trier Social Stress Test geriet.

Unser Bemühen, mit einer fehlenden empathischen Reaktion bei anderen zurechtzukommen, beginnt schon in der frühen Kindheit, und Babys zeigen schnell akuten Stress, sobald ihre Mutter oder ihr Vater sie auf kühle und ausdruckslose Weise ansehen, anstatt zu lächeln und mit ihnen zu sprechen. Und so wie wir es gar nicht mögen, wenn unser Gegenüber uns nicht zu verstehen scheint, so sehr gefällt es uns, wenn es das tut. Zu diesen Menschen entwickeln wir bessere Beziehungen und lernen durch sie, die Gedanken und Gefühle wiederum anderer zu verstehen und so am Ende den Gefallen zu erwidern. Es entsteht ein Empathie-Kreislauf, der sich Runde um Runde verstärkt.

Doch das ist der Idealfall. Manchmal dreht sich der Kreis auch in die andere Richtung, und in diesen Situationen benötigen wir Hilfe, um andere zu verstehen.

Professor Peter Fonagy, Psychoanalytiker und Psychotherapeut, hat eine Psychotherapieform entwickelt, die Mentalisation-based Treatment beziehungsweise MBT genannt wird. MBT kann speziell für Menschen nützlich sein, die sich mit Beziehungen schwertun, die dazu neigen, anderen Menschen zu misstrauen, und Probleme haben, die Reaktionen anderer Menschen zu deuten. Bei den Sitzungen konzentrieren sich die Klienten auf die Schwierigkeiten in ihrem eigenen Leben, zunächst um ihr Verständnis für sich selbst, aber dann auch – und das ist entscheidend – um ihr Verständnis für andere zu verbessern. Professor Fonagy ist der Meinung, dass wir, um anderen gegenüber wirklich freundlich sein zu können, in der Lage sein müssen, die Dinge aus ihrer Perspektive zu sehen. Aber das ist ein Verhalten, das einigen von uns schwerfällt, daher die Notwendigkeit einer Therapie. Wenn Eltern sich bemühen, ihren Kindern, die anfangs oft misstrauisch sind, beizubringen, mit anderen Kindern in Kontakt zu treten oder Nachbar*innen zu grüßen, helfen sie ihnen nicht nur, andere Kinder zum Spielen zu finden oder gute Manieren zu lernen. Sie vermitteln ihnen auch – wenn auch nur implizit – die Vorstellung, dass man anderen Menschen vertrauen kann, dass sie »wie du« sind. Wir müssen in unseren Interaktionen mit anderen wachsam sein, erklärt Fonagy, weil natürlich nicht jeder vertrauenswürdig ist, aber diese Wachsamkeit und dieses Misstrauen dürfen unser Leben nicht dominieren.[7]

Selbstverständlich sagen die meisten von uns gerne, dass wir es für wichtig halten, die Sichtweise anderer kennenzulernen. Wer würde dem nicht zustimmen? Schließlich hat jeder Mensch ein Recht auf seine Meinung. Aber in dem Moment, in dem wir einer Person begegnen, mit deren Ansichten wir grundsätzlich nicht einverstanden sind, haben wir Mühe, diesen Standpunkt aufrechtzuerhalten.

Ich bin beispielsweise der Überzeugung (untermauert durch jede Menge wissenschaftlicher Belege, wie ich hinzufügen möchte), dass die Impfung gegen das Covid-19-Virus eine gute Idee ist. Mehr als das, ich denke, sie war entscheidend, um die schlimmsten Folgen der Pandemie abzuwenden. Wie bereits erwähnt, moderiere ich nicht nur Radiosendungen und Podcasts zum Thema Psychologie, sondern auch zwei Sendungen des BBC World Service über globale Gesundheit, und habe deshalb während der Pandemie täglich die neuesten Forschungsergebnisse verfolgt. Ich erinnere mich, dass ich an dem Morgen buchstäblich vor Freude gehüpft bin, als ich erfuhr, dass am Nachmittag die Ergebnisse der ersten Impfstudien veröffentlicht würden – und dass der Impfstoff wirkte. Nachdem ich mehr als 150 Sendungen über Covid-19 moderiert habe und das Glück hatte, einige der Menschen zu interviewen, die diese Impfstoffe entwickelt haben, bin ich absolut überzeugt, dass es SARS-CoV-2 gibt und dass die geringen Risiken einer Impfung durch die Risiken einer Nichtimpfung bei Weitem aufgewogen werden. Dennoch weiß ich, dass es Menschen gibt, die ebenso überzeugt sind, dass ich falschliege. Und einige von ihnen sind Menschen, die ich kenne, intelligente, anständige und ja, freundliche Menschen.

Diese letzte Gruppe – und meine Reaktion auf sie – sollte mir helfen, mehr Empathie für mir unbekannte Impfgegner*innen zu entwickeln, denn bei Menschen, die ich kenne, bin ich viel eher bereit, ihnen ihre Ansichten zu Impfstoffen zu verzeihen oder ihre Ansichten zu tolerieren und nicht mit ihnen zu streiten. Das liegt daran, dass ich ihre Perspektive leichter nachvollziehen kann, wenn nicht zu diesem Thema, dann zu anderen Themen. Tatsächlich weiß ich, dass wir in vielen Punkten dieselben Ansichten haben und dass diese Menschen im Allgemeinen vernünftig und sympathisch sind. Aber bei Menschen, die ich nicht persönlich kenne – vor allem Menschen, die sich in den sozialen Medien auslassen –, tappe ich in die Falle und gehe davon aus, dass ihre Ansichten über Impfstoffe, die ich ehrlich für absolut falsch halte, sie zu Idiot*innen oder schlimmer noch, zu bösartigen Idiot*innen machen. Ich kann meine Meinung über sie in diesem einen Punkt nicht gegen meine Meinung über sie in anderen Punkten abwägen.

Das führt mich zu einem einfachen Tipp, wie man in den sozialen Medien freundlicher sein kann. Bevor Sie verärgert auf einen Post reagieren, mit dem Sie überhaupt nicht einverstanden sind, überlegen Sie, wie Sie reagieren würden, wenn der Post von einer befreundeten Person stammen würde. Ich vermute, Sie würden Ihre Reaktion in diesem Fall mäßigen, warum sollten wir das also nicht in allen Situationen tun? Schließlich gibt es auf Twitter und anderen Plattformen schon genug Hass, ohne dass einer von uns dazu beiträgt.

Mehr als ein Spaziergang in den Schuhen einer anderen Person

In einer Zeit der Polarisierung politischer Ansichten, der Social-Media-Blasen und Echokammern wird oft gesagt, dass wir uns in die Lage anderer versetzen sollten, um deren Standpunkte zu verstehen. Aber funktioniert das wirklich? Das erinnert mich an einen Witz, der mit dem Satz beginnt: »Wenn ich eine Meile in den Schuhen einer anderen Person gehen würde …« und mit dem Zusatz endet: »dann hätte ich neue Schuhe und wäre eine Meile weg«. Irgendwie scheint es nicht auszureichen, einfach nur metaphorisch in andere Schuhe zu schlüpfen, um signifikante Empathie zu erzeugen.

Untersuchungen von Paul Gilbert, einem Psychologen der University of Derby, der eine auf Mitgefühl fokussierte Therapie entwickelt hat, bestätigen diese Vermutung. Gilbert hat nachgewiesen, dass im Wesentlichen passive Techniken – sich einfach in die Position einer Person zu versetzen, deren Ansichten man ablehnt – selten dazu führen, dass wir unsere Meinung über die Ansichten dieser Person ändern.

Erfolg versprechender ist es, sich in die Denkweise der anderen Person hineinzuversetzen, indem wir aktiv versuchen, Argumentationslinien zu entwickeln, die eine andere Person zur Erklärung ihrer Ansichten verwenden würde. Dies ist unter dem Begriff »Perspektivenübernahme« bekannt und wird genutzt, um das Verständnis zwischen Menschen zu verbessern, die diametral gegensätzliche politische Parteien wählen, und um für Eintracht zwischen Gruppen zu sorgen, die die sozialen Aktivitäten der jeweils anderen stark missbilligen.

Im Fall meines Argwohns gegenüber Impfgegner*innen würde eine Perspektivenübernahme von mir verlangen, dass ich überlege, woher ihr Misstrauen gegenüber medizinischen Behörden und Regierungen kommt, ob sie in der Vergangenheit von Ärzt*innen und Wissenschaftler*innen enttäuscht wurden und woher sie ihre Informationen beziehen. Wenn sie beispielsweise von den Gesundheitsdiensten diskriminiert wurden, wie es bei vielen PoC der Fall ist, und wenn sie Veranlassung haben, offiziellen wissenschaftlichen Quellen zu misstrauen, kann ich allmählich begreifen, wie es dazu kommt, dass sie Impfstoffen argwöhnisch gegenüberstehen.

Aus diesem Blickwinkel gesehen sollte klar sein, dass es die Menschen nicht überzeugen wird, sich die Spritze geben zu lassen, wenn man ihnen sagt, dass sie dumm sind, wenn sie sich nicht impfen lassen, oder sich über sie lustig macht, weil sie vernünftige Fragen über Impfnebenwirkungen stellen. Stattdessen muss man ihnen die Gelegenheit geben, sämtliche Fragen einer sachkundigen Person aus ihrer eigenen Gemeinschaft zu stellen, der sie vertrauen, vorzugsweise einer medizinischen Fachkraft, die sie hoffentlich beruhigen kann. Das kann zu einem Effekt führen, der »Selbstüberzeugung« genannt wird, wenn die Einstellung einer Person von innen heraus anstatt von außen verändert wird. Durch diesen »sanfteren« und verständnisvolleren Ansatz wurde die Impfzurückhaltung in Teilen der Bevölkerung in Großbritannien tatsächlich bis zu einem gewissen Grad erfolgreich reduziert.

Aber halt, mir ist aufgefallen – und Ihnen vielleicht auch –, dass ich erst gerade auf ziemlich unseriöse Art und Weise von der respektvollen und neutralen Position, zu versuchen, den Standpunkt einer impfskeptischen Person zu verstehen, zu der Überlegung übergegangen bin, wie sie dazu gebracht werden könnte, mit mir übereinzustimmen. Dieses unwissenschaftliche Verhalten illustriert, wie schwierig es ist, sich wirklich in eine Person einzufühlen, deren Meinung man nicht teilt, denn so sehr man sich auch bemüht, die Dinge so zu sehen wie sie, man kehrt immer zum eigenen Standpunkt zurück. In diesem Fall, so könnte man argumentieren, handelt es sich nicht um Empathie, wenn man Impfgegner*innen dazu bringt, ins Lager der Impfbefürworter*innen zu wechseln, sondern eher um eine subtile Form von Nötigung.

Es gibt noch ein weiteres Problem, das auftreten kann, wenn man sich in eine Person hineinversetzt, deren Ansichten von den eigenen abweichen. Der Psychologe Zak Tormala hat in einem Experiment an der Stanford University herausgefunden, dass der Versuch, Dinge aus der Perspektive einer Person mit einer anderen Weltsicht als der eigenen zu sehen, tatsächlich dazu führen kann, dass sich die eigene Ansicht noch mehr verfestigt und – schlimmer noch – die Abneigung gegen die Person, die anderer Meinung ist, noch verstärkt.[8]

Tormala und sein Team rekrutierten für das Experiment Proband*innen, die alle Interesse an Politik zum Ausdruck brachten. Einige neigten dem linken Lager zu, andere dem rechten. Ihnen wurde mitgeteilt, dass sie Argumente für das bedingungslose Grundeinkommen erarbeiten würden. Das ist die Idee, dass alle Bürger*innen eines Staates von Rechts wegen und auf Lebenszeit eine Geldsumme erhalten, die zum Leben reicht, zusätzlich zu allen anderen Einkünften, die sie erzielen. Die Teilnehmenden waren im Vorfeld nach ihrer eigenen Ansicht zu diesem Thema befragt worden. Dann wurden sie aufgefordert, sich eine Person vorzustellen, die die gegenteilige Meinung vertritt. Einer Gruppe wurde gesagt, dass diese Person auch ganz allgemein andere politische Positionen vertritt als sie, während einer anderen Gruppe gesagt wurde, dass diese Person grundsätzlich ähnliche Ansichten habe wie sie und nur in dieser Frage anderer Meinung sei. Beide Gruppen wurden aufgefordert, sich Zeit zu nehmen und sich das Leben der Person auszumalen, welche Erfahrungen sie gemacht und welche Interessen und Motivationen sie wohl hat. Dann mussten sie sich ein Argument ausdenken, das diese Person vortragen könnte und das ihrer persönlichen Ansicht zum bedingungslosen Grundeinkommen widersprach.

Aber es gab noch eine dritte Gruppe. Diese Kontrollgruppe stellte sich keine bestimmte Person vor und musste sich lediglich überlegen, was ihrer Ansicht nach für das bedingungslose Grundeinkommen spricht.

Die Ergebnisse erstaunten sogar Zak Tormala (und er ist uneitel genug, zuzugeben, dass sein Doktorand diese vorhergesagt hatte). Die Leute, die ihre eigene Meinung am meisten abschwächten, waren diejenigen, die sich vorstellten, wie es wäre, die Person zu sein, die bei dieser einen Frage anderer Meinung war, aber allgemein ähnliche politische Ansichten hatte. Vertrat diese Person aber eine andere allgemeine Ideologie, dann ging der Versuch, sich in diese Person einzufühlen, nach hinten los; sie waren sogar weniger empfänglich für deren Gegenauffassung zu der vorliegenden Frage als die Teilnehmenden der dritten Gruppe, die nicht einmal versucht hatten, sich in eine andere Person hineinzuversetzen. Deshalb wäre es, wenn es um den Versuch geht, andere Menschen zu verstehen, besser gewesen, sich gar nicht erst zu bemühen, die Dinge aus der Perspektive des anderen Lagers zu sehen.

Die Schlussfolgerung aus dieser Studie könnte folgendermaßen lauten: Es ist einfach, in die Schuhe einer anderen Person zu schlüpfen, so schlecht diese auch passen mögen, wenn einem das übrige Outfit einer Person gefällt. Diese Neigung ist unter dem Begriff »Wertekongruenz« bekannt und erklärt, warum Menschen in so vielerlei Hinsicht gruppenorientiert sind und sogenannte »Kulturkämpfe« so giftig sein können. Entscheidend ist hier, dass das, was uns häufig trennt, nicht unsere Einstellung zu speziellen Themen ist, sei es das bedingungslose Grundeinkommen oder die Impfung gegen Covid-19, sondern vielmehr ein breiteres Meinungsbild, eine »Weltanschauung«, die politische Sympathien, Positionen zu sozialen und ethischen Fragen und das, was die Gründerväter der USA als »ausgemachte Wahrheiten« bezeichneten, umfasst. Soweit ich weiß, gibt es zahlreiche Dinge, über die ich und, sagen wir, der TV-Moderator David Attenborough, unterschiedlicher Meinung sind. Aber ich habe den Eindruck, dass wir im weiteren Sinne auf der gleichen »Seite« stehen. Deshalb würde ich ihm in den Punkten, in denen wir nicht einer Meinung sind, viel mehr Nachsicht entgegenbringen als beispielsweise Donald Trump.

Das deutet darauf hin, dass wir vorsichtig sein sollten in der Verwendung der Perspektivenübernahme als Technik, wenn die ideologische Kluft zwischen uns und anderen groß ist. In diesen Situationen könnte die Überlegung, wie die andere Person ihre Haltung zu einem bestimmten Thema rechtfertigen könnte, unsere eigene abweichende Meinung zu diesem Thema und einer breiten Palette anderer Themen noch verstärken. Das Ergebnis der Perspektivenübernahme ist in diesen Fällen, dass wir immer überzeugter werden, dass wir nichts gemeinsam haben, und unser Gefühl der Distanz und Abneigung gegenüber dieser Person nur noch verstärkt wird.

Der große Blumenklau

Früher lebte ich in einer Wohnung, die keinen sehr attraktiven Eingangsbereich hatte und vor dem sich oft Berge von alten Kartons stapelten, die die Besitzer des Ladens im Erdgeschoss auf die schmale Gasse hinausstellten. In einem Versuch, den Eingang zu unserem Haus ein bisschen einladender zu machen, kaufte ich zwei quadratische graue Blumenkübel und stellte sie zu beiden Seiten der Eingangstür auf. Aus Sorge, die Blumenkübel könnten gestohlen werden, befestigte ich sie mit Beton auf dem Pflaster. Im Herbst setzte ich Narzissenzwiebeln ein, und als sie im folgenden Frühling blühten, verschönerten sie wirklich die Gasse, nicht nur für mich und meinen Mann sowie unsere Nachbar*innen ein Stockwerk tiefer, sondern auch für alle Vorbeikommenden.

Dann, als ich eines Morgens die Tür hinter mir schloss, bemerkte ich, dass der Eingang zu unserem Gebäude anders wirkte. Jede Narzisse war samt Stiel abgeschnitten worden – und es war eindeutig ordentlich mit einer Schere gemacht worden. Das waren keine betrunkenen Student*innen auf dem Heimweg vom Pub gewesen, die die Narzissen gepflückt hatten, um sie sich gegenseitig in die Haare zu stecken. Das war ein vorsätzlicher Akt von Blumendiebstahl! Ich war wütend. Jedes Mal, wenn ich in den folgenden Tagen zur Tür hinein- oder hinausging, sah ich die grünen Stiele und wurde an die Gemeinheit der Person erinnert, die die von mir sechs Monate lang gezüchteten Narzissen gestohlen hatte. Es ärgerte mich so sehr, dass ich einen anderen Weg finden musste, darüber zu denken. Ich musste die Sache neu betrachten. Deshalb fragte ich mich, welche vernünftigen Umstände zum Diebstahl der Narzissen geführt haben könnten.

In den 1950er Jahren entwickelte der Psychologe Lawrence Kohlberg aus Chicago ein sechsstufiges Modell der moralischen Entwicklung. Um es zu testen, stellte er eine Gruppe von Jungen vor verschiedene moralische Dilemmata. Hier ein Beispiel für die Art der Geschichten, die er ihnen vorlegte:

> *Ein Mann namens Heinz kann sich die 1000 Dollar für die Medizin nicht leisten, die seiner sterbenden Frau das Leben retten würde. Er weiß, dass der Apotheker für das Medikament zu viel verlangt, und er verweigerte ihm auch die Möglichkeit, in Raten zu zahlen, und Heinz findet niemanden, der ihm das Geld leihen kann. Sollte er in die Apotheke einbrechen und das Medikament stehlen?*

Die Antworten, die die Jungs gaben, spielten keine Rolle. Entscheidend waren ihre Überlegungen. Normalerweise nennen jüngere Kinder die mögliche Gefängnisstrafe als Grund, den Einbruch nicht zu wagen, während andere Heinz vielleicht dazu ermutigen, weil es unwahrscheinlich ist, dass er erwischt wird. In beiden Fällen ist die Argumentation der Kinder einfach: In ihrem Denken sind Bestrafung und Belohnung nun einmal das Wichtigste.

Aber wenn die Kinder das Alter von etwa zwölf Jahren erreichen, erreichen die meisten von ihnen höhere Stufen der moralischen Entwicklung. Und sie beginnen abzuwägen, welche Bedeutung es in unserer Gesellschaft hat, sich in einer Weise zu verhalten, die auf Zustimmung stößt, und später, dass Gesetze befolgt werden sollten, weil die Gesellschaft ohne sie nicht funktionieren kann.

Die sechste Stufe, die nicht jeder Mensch erreicht (Kohlberg natürlich schon), basiert auf komplexeren ethischen Prinzipien. Hier erkennt eine Person, dass einige Gesetze besser sind als andere und dass es manchmal in Ordnung ist, das Gesetz zu brechen, wenn das System ungerecht ist. Im Heinz-Dilemma könnte die Rettung eines Lebens als höheres Prinzip angesehen werden als der Verzicht auf den Einbruch in die Apotheke.

Sie stimmen mir sicher zu, dass das alles sehr interessant ist. Aber wie kann Kohlbergs Arbeit auf den Diebstahl meiner Narzissen angewandt werden? Welche ethischen Überlegungen könnten eine solch schändliche Tat erklären? Ich habe mich für die Vorstellung entschieden, dass der »Dieb« auf dem Weg zu seiner sterbenden Mutter im Krankenhaus war. Eigentlich wollte er unterwegs Blumen kaufen, aber dann stellte er fest, dass man ihm die Brieftasche gestohlen hatte. Weil er wusste, wie sehr seine Mutter Blumen liebt, und weil dies aller Wahrscheinlichkeit nach sein letzter Besuch bei ihr sein würde, überlegte er, dass es moralisch gerechtfertigt sei, meine Narzissen zu stehlen, auch wenn Diebstahl generell falsch ist.

Allerdings konnte ich nicht so leicht erklären, warum der Betreffende zufällig eine Schere bei sich trug. Vielleicht hatte er zuvor eine Karte für seine Mutter gebastelt und hatte die Schere zufällig noch in der Tasche stecken. Oder er wollte seiner sterbenden Mutter die Haare schneiden. Mein ausgedachtes Szenario war natürlich unglaubwürdig – es gab in der Nähe kein Krankenhaus, und es war höchst unwahrscheinlich, dass dies die korrekte Erklärung war –, aber das spielte keine Rolle. Entscheidend war, dass ich die Situation durch meine Überlegung über einen Grund für die Ungerechtigkeit, die mir widerfahren ist, besser ertragen konnte.

Die Geschichte meiner gestohlenen Narzissen beschäftigte mich geistig noch sehr, als ich ein gewichtiges und großartiges Buch von dem oben bereits erwähnten Professor Paul Gilbert mit dem Titel *Mitgefühl: Wie wir Mitgefühl nutzen können, um Glück und Selbstakzeptanz zu entwickeln und es uns wohl sein zu lassen* las.[9] Darin beschreibt er ausführlich die Übungen, die man zu Hause machen kann, um sein eigenes Maß an Mitgefühl zu steigern. Er nennt als Beispiel eine befreundete Person, die versprach, zu einer bestimmten Uhrzeit anzurufen, es aber nicht tat. Man bleibt zu Hause, wartet auf den Anruf und ist verärgert, weil man das Gefühl hat, dass die Person so nicht mit einem umspringen darf. Man denkt, dass man ihr egal ist. Dass sie egoistisch und rücksichtslos ist. Vielleicht hat ihr nie etwas an einem gelegen. Vielleicht liegt niemandem wirklich etwas an einem. Diese Gefühle nagen an einem und verderben einem den Abend, man fühlt sich zurückgewiesen, einsam und verärgert – eine unangenehme Kombination.

Klingt diese Situation vertraut? Ich vermute, wir alle haben sie schon einmal erlebt. Was aber können wir dagegen unternehmen? Was sollten wir tun, damit wir uns besser fühlen?

Gilbert schlägt den Einsatz von Techniken der kognitiven Verhaltenstherapie vor: Sich nicht das Recht abzusprechen, verärgert und enttäuscht zu sein, sondern die Gedanken und Gefühle in Bezug auf die Situation zu überdenken und sich zu fragen, ob es nicht eine alternative Möglichkeit gibt, sie zu betrachten. Manche Menschen tun dies vielleicht ganz von allein, während es sich für andere recht seltsam anfühlen wird, aber wer eine Reihe von Schritten befolgt, wird allmählich wieder ruhiger.[10]

Überdenken Sie zunächst einmal die Fakten. Würden Sie die Situation anders sehen, wenn Sie zu Beginn in einer anderen Stimmung wären? Welche anderen Gründe als Desinteresse könnte die befreundete Person haben, dass sie nicht anruft? Welche

Hinweise haben Sie tatsächlich, die Ihre negative Einschätzung ihres Verhaltens stützen? Wie werden Sie in drei Wochen oder drei Monaten über dieses Ereignis denken?

Überlegen Sie als Nächstes, was Ihnen in diesem Moment helfen könnte, die Situation zu bewältigen. Was hat Ihnen in ähnlichen Situationen in der Vergangenheit geholfen? Was würde eine andere befreundete Person Ihnen jetzt sagen, damit Sie sich besser fühlen?

Sie fragen sich jetzt vielleicht, wann eine mitfühlende Haltung ins Spiel kommt. Diese ist der nächste Punkt.

Versetzen Sie sich in die Lage der anderen Person. Vielleicht ist etwas dazwischengekommen, etwas wirklich Wichtiges, das sie davon abgehalten hat, Sie anzurufen. Vielleicht hat sie den Anruf einfach vergessen. Ein Fehler, bestimmt, aber wir alle vergessen manchmal etwas, nicht wahr? Das Verhalten dieser Person an diesem Tag spiegelt vielleicht nicht die Art und Weise wider, wie sie ihre Freundschaft zu Ihnen sieht. Denken Sie an die guten Zeiten, die Sie miteinander hatten. Solche wird es wieder geben.

Das ist alles nicht leicht, vor allem nicht, wenn wir gerade derart verärgert sind, aber wenn Sie sich all diese Fragen stellen, beginnen Sie hoffentlich, die Sache zu relativieren und sich zu beruhigen. Vielleicht hat Ihre befreundete Person es nicht verdient, dass ihr so viel Verständnis entgegengebracht wird. Aber andererseits könnten Sie fair sein und ihr zugestehen, dass etwas sie abgehalten hat, und ihr Verhalten möglichst positiv interpretieren. Wie auch immer, die Chancen stehen gut, dass Sie sich dadurch besser fühlen.

Selbstverständlich sind es ziemlich triviale Vorkommnisse, wenn ein Anruf nicht stattfindet oder ein paar Narzissen verschwinden. Die Anwendung dieser Techniken ist viel schwieriger und bringt wahrscheinlich weniger Trost mit sich, wenn der Schaden, der Ihnen oder einem Menschen, den Sie lieben, zugefügt wird, dauerhafte Folgen hat. Doch selbst nach etwas so Schwerwiegendem wie einem Mord bringen Angehörige des Opfers dem Täter manchmal ein außergewöhnliches Maß an Verständnis entgegen.

Nehmen Sie zum Beispiel Colin Parry. Sein zwölfjähriger Sohn wurde 1993 in Warrington von einer IRA-Bombe getötet. Von Anfang an und all die Jahre danach versuchten Colin und seine Frau Wendy, die Menschen hinter dem Angriff zu erreichen. In einem Interview im Jahr 2009 mit ihrer Lokalzeitung, dem Liverpool Echo, erklärte Colin den Grund. »Wir wollten, dass keine weiteren Familien so leiden müssen, wie wir und so viele andere gelitten haben. Wir wollten Frieden, und das gab unserem Leben, das sonst nur aus Trauer, Wut und Unverständnis bestanden hätte, einen Sinn.«

Diese Entschlossenheit brachte Colin und Wendy dazu, die Tim Parry Johnathan Ball Peace Foundation zu gründen, eine britische Organisation, die mit den Opfern und Überlebenden von politischer Gewalt arbeitet. (Johnathan Ball war ein weiteres Opfer des Bombenanschlags in Warrington.) Colin Parry erklärte, dass er sogar versuchen würde, den Menschen, die den Anschlag verübten, zu verzeihen, wenn sie ihn kontaktierten und sich entschuldigen würden. Und im Versuch, die Motive hinter dem terroristischen Anschlag zu verstehen, hat Parry sich mit den Sinn Féin Führern Gerry Adams und dem inzwischen verstorbenen Martin McGuinness getroffen. Er hat außergewöhnliche Anstrengungen unternommen, um die Perspektive der Menschen zu sehen, die ihm so viel Leid zugefügt haben.

Es ist schwer zu sagen, welche Auswirkungen das Handeln der Parrys tatsächlich hatte. Aber seit 1993 herrscht in Nordirland relativer Frieden, und die Menschen dort und auf dem britischen Festland leben nicht mehr in ständiger Angst vor Terrorangriffen der IRA oder anderer paramilitärischer Gruppen. Die

Parrys sind zweifellos außergewöhnlich freundliche Menschen, und durch ihre Vergebungsbereitschaft und ihr Mitgefühl haben sie sicher einen gewissen Einfluss auf die Handlungen anderer gehabt und möglicherweise dazu beigetragen, die Protagonisten im Nordirland-Konflikt zu Friedensverhandlungen zu bewegen.

David Canter, dem wir in diesem Kapitel schon einmal kurz begegnet sind, untersucht Psychopath*innen. Er tut dies, was erst mal etwas kontraintuitiv wirken mag, weil er auf der Suche nach den Geheimnissen der menschlichen Freundlichkeit ist. Wie ein Neurologe, der geschädigte Gehirne untersucht, um herauszufinden, wie gesunde Gehirne funktionieren, so glaubt Canter, dass er durch die Suche nach Anzeichen von Freundlichkeit bei Menschen, denen diese Eigenschaft scheinbar völlig fehlt, besser verstehen kann, wie Freundlichkeit bei uns anderen funktioniert.

Ein faszinierendes Ergebnis von Canters Forschung ist, dass Menschen, die auf der Freundlichkeitsskala gut abschneiden, auch auf der Unfreundlichkeitsskala eine hohe Punktzahl erreichen können. Das weist auf etwas hin, was wir aus dem Leben kennen: dass Menschen, wir selbst inbegriffen, in der Lage sind, manchmal sehr freundlich und manchmal sehr unfreundlich zu sein. Manchmal ist es hilfreich, sich an diese Tatsache zu erinnern. Wenn also eine Person das nächste Mal furchtbar zu Ihnen ist, versuchen Sie, darauf zu reagieren, indem Sie denken, »diese Person ist unter anderen Umständen wahrscheinlich sehr nett«. Das mag nicht einfach sein, aber es führt dazu, dass Sie sich besser fühlen, und – noch wichtiger – es ist wahrscheinlich wahr.

Empathischer werden

Weil es schwer ist, Mitgefühl zu empfinden, es aber so wichtig ist, dass wir es tun, müssen wir anfangen, Empathie als eine Fähigkeit zu betrachten, die man erlernen und verbessern kann, wie das Kochen oder Autofahren. Wir müssen erkennen, dass unsere Fähigkeit, uns in andere einzufühlen, nicht angeboren und nicht unveränderlich ist. Je mehr wir daran arbeiten, empathisch zu sein, desto empathischer können wir werden.

Carol Dweck, eine weitere Professorin der Stanford University, ist für ihre Forschungen über die Denkweise von Kindern bekannt. Sie hat nachgewiesen, dass Kinder, die glauben – und gesagt bekommen –, dass sie sehr gescheit sind, häufig aufhören, sich anzustrengen, während Kinder, die in der Schule nicht so gut abschneiden, mit der Zeit glauben, dass sie es nie besser machen werden. Zur Überwindung dieser Probleme schlägt Dweck vor, allen Kindern zu sagen, dass Intelligenz nichts Feststehendes ist, dass man in seinem Leistungsniveau aufsteigen – oder absteigen – kann, je nachdem, wie sehr man sich anstrengt und wie viel Risiko man eingeht.

Könnte das nicht auch für die Empathie gelten? Dweck und ihr Kollege, der Sozial-Neurowissenschaftler Jamil Zaki, waren dieser Meinung und führten ein Experiment durch, um es zu bestätigen.

Sie begannen damit, dass sie zwei Gruppen von Teilnehmenden rekrutierten, die auf einem ähnlichen Empathieniveau starteten, und von denen einige glaubten, dass ein Mensch empathischer werden kann, während andere dies nicht für möglich hielten. Dann wurde jeder Gruppe ein anderer Zeitschriftenartikel über eine Frau namens Mary zum Lesen gegeben. In beiden Artikeln stand, dass Mary in der Schule nicht sehr nett gewesen sei, und in dem Artikel, den die erste Gruppe las, hieß es weiter, dass sie jetzt als Hypothekengeberin arbeiten und manchmal die Häuser von Leuten pfänden würde, die in Schwierigkeiten geraten seien. Die Implikation war, dass ihr Empathieniveau gering geblieben war. Die zweite Gruppe las hingegen weiter, dass Mary sich als Erwachsene aktiv in ihre Gemeinschaft einbrachte, Sozialarbeiterin geworden sei und sich sehr um ihre Mitmenschen kümmere. Die Lektion dieser Version des Artikels bestand darin, dass wir uns alle ändern können, dass Empathie eine Fähigkeit ist, die man sich aneignen kann. Dweck und Zaki wollten herausfinden, welchen Einfluss diese beiden Lektionen auf die Teilnehmenden in den beiden Gruppen in Bezug auf ihr Einfühlungsvermögen haben würden.

Um dies zu messen, wurden beide Gruppen gefragt, wie viel Mühe sie in die Unterstützung einer Krebs-Aufklärungskampagne investieren würden. Die Ergebnisse zeigten, dass die Gruppe, die über »Mary, die Hypothekengeberin« gelesen hatte, bereit war, sich an Sponsorenläufen zu beteiligen. Sie ignorierte nicht einfach die Notlage von Krebskranken. Aber die Gruppe, die gelesen hatte, dass Mary sich geändert habe, ging weiter: Sie gab an, viele Stunden Freiwilligenarbeit für Aktivitäten zu leisten, die aktives Einfühlungsvermögen für Krebspatient*innen erforderten, wie zum Beispiel an einer Krebs-Selbsthilfegruppe teilzunehmen oder zuzuhören, wenn Betroffene ihre leidvollen Geschichten erzählen.[11] Die Schlussfolgerung, die Dweck und Zaki daraus zogen, war, dass wir schon allein dadurch, dass wir über eine Person lesen, die mehr Empathie entwickelt hat, beeinflusst und veranlasst werden können, ihrem Beispiel zu folgen. Der entscheidende Punkt ist, dass wir kein vorbestimmtes Maß an Empathie besitzen, sondern dass wir lernen oder inspiriert werden können, aktiv empathischer zu sein.

Die gute Nachricht ist, dass es Belege dafür gibt, die darauf hindeuten, dass das, was wir uns erhoffen, wahr ist: Nämlich dass mehr Empathie zu mehr freundlichen Taten führt. Beim Freundlichkeitstest besteht tatsächlich ein enger Zusammenhang zwischen der Empathie der Menschen und ihrem Maß an Freundlichkeit.

Ich möchte Ihnen etwas über Katie Banks erzählen. Das ist eine sehr traurige Geschichte. Sie ging zur Universität, als ihr Leben durch einen schrecklichen Autounfall auf den Kopf gestellt wurde. Ihre Eltern und eine ihrer Schwestern kamen bei dem Unfall ums Leben, sodass Katie, eine weitere Schwester und ihr Bruder nun Waisen waren. Die Geschwister waren beide im Teenageralter und gingen noch zur Schule, weshalb Katie sich um sie kümmern musste. Das bedeutete, dass sie wenig Zeit für ihr Studium hatte. Aber wenn sie nicht lernte, würde sie ihr Abschlussexamen nicht bestehen und sie würde keine gute Anstellung finden, um ihre Geschwister unterstützen zu können. Sie stand vor einem scheinbar unlösbaren Dilemma, und sie fürchtete, es könnte damit enden, dass ihre Geschwister von Fremden adoptiert werden müssten.

An diesem Punkt sollte ich erwähnen, dass Katies Geschichte fiktional ist (allerdings las ich während der Niederschrift dieses Kapitels einen Zeitschriftenartikel über eine Frau, die etwas Ähnliches durchgemacht und ihr Abschlussexamen zum Glück bestanden hat). Die Geschichte von Katie hat sich der amerikanische Sozialpsychologe Daniel Batson ausgedacht, und er tat dies, um zu messen, inwieweit es möglich ist, Empathie in einer Person zu wecken und sie zu mehr Freundlichkeit zu bewegen.[12]

Im Laufe von 30 Jahren hat Batson zahlreiche Experimente durchgeführt, und ich mag seine Methoden sehr, zum Teil, weil er häufig Radiointerviews nutzt. Im Katie-Banks-Fall bat er Freiwillige, ins Labor zu kommen, wo er ihnen ein Interview mit ihr auf Kassette vorspielte. (Ich sollte erklären: Die Nutzung von Kassetten war keine Art von Retroexperiment, etwa weil Kassetten cool sind. Nein, diese Experimente begannen in den 1980ern, als Kassetten noch die aktuelle Technologie waren.) Den Teilnehmenden wurden verschiedene Instruktionen erteilt, wie sie sich das Interview mit Katie anhören sollten. Einigen wurde gesagt, sie sollten auf das, was ihr zugestoßen war, so objektiv wie möglich reagieren und sich nicht in ihre Gefühle verwickeln lassen. Anderen wurde das Gegenteil mitgeteilt; sie wurden aufgefordert, sich Katies Gefühle vorzustellen und sich auszumalen, wie sich ihr Leben verändert hatte. Und eine dritte Gruppe wurde aufgefordert, sich nicht darauf zu konzentrieren, wie Katie sich fühlte, sondern wie sie – die Teilnehmenden – sich fühlen würden, wenn ihnen diese Tragödie widerfahren wäre. Danach wurden alle gefragt, welches Maß an Unterstützung für Katie sie für notwendig hielten.

Es überrascht nicht, dass jeder dachte, sie sei in gewissem Maße hilfsbedürftig. Und wahrscheinlich erstaunt es auch nicht, dass die Leute, denen gesagt wurde, sie sollten sich Katies Gefühle vorstellen oder sich ausmalen, wie sie sich an ihrer Stelle fühlen würden, mehr Empathie für ihre Notlage zeigten als diejenigen, denen gesagt wurde, sie sollten distanziert und objektiv bleiben. Aber es bestand noch ein weiterer deutlicher Unterschied zwischen den drei Gruppen – und dieser ist vielleicht weniger erwartbar. Die Personen, die sich vorstellten, sie selbst wären Opfer des Unfalls und seiner Folgen geworden, waren verzweifelter als die, die sich vorstellten, wie es sich für Katie anfühlte.

Das ist ein Beispiel dafür, dass es positiv sein kann, sich in die Lage einer anderen Person zu versetzen – wenn es also zu einem erhöhten Empathieniveau führt. Manchmal werden Menschen dafür kritisiert, dass sie freundlich handeln, wenn sie dies tun, um sich selbst weniger schlecht zu fühlen. Diese Neigung ist als egoistische Motivation bekannt und gilt im Allgemeinen nicht als attraktive Eigenschaft. Aber wenn das Ergebnis ist, dass Menschen, die der Freundlichkeit bedürfen, diese erhalten, wo liegt dann das Problem? Um ein Beispiel zu nennen: Wenn man Geld für einen Katastrophenhilfeaufruf hauptsächlich deshalb spendet, weil man es nicht ertragen kann, die erschütternden Szenen im Fernsehen zu sehen, ist es nicht immer noch besser, zu spenden, als nichts zu geben?

Batson gebraucht bei seiner Arbeit nur selten das Wort »Freundlichkeit«, aber seine Forschungsergebnisse scheinen mir klar zu belegen, dass wir allgemein zu freundlichem Handeln neigen. Seine Arbeit zeigt mit »bemerkenswerter Beständigkeit«, wie er es selbst formuliert, dass die Menschen dazu neigen, freundlich zu handeln.[13] Er weist immer wieder nach, dass wir anderen Menschen eher helfen, ihnen mehr geben und lieber mit ihnen teilen, wenn wir Empathie für sie haben. Er hat herausgefunden, dass Menschen, wenn sie aufgefordert werden, sich das Leben aus der Perspektive einer anderen Person vorzustellen, eher bereit sind, zu helfen, selbst wenn die Hilfe anonym und also mit keiner öffentlichen Anerkennung verbunden ist. Er hat nachgewiesen, dass die Menschen anderen helfen, selbst wenn es eine einfache Möglichkeit gibt, die Hilfe zu vermeiden, selbst wenn es leicht fällt, die Hilfsverweigerung zu rechtfertigen, und selbst wenn das Nichthelfen mehr Spaß bedeuten würde. Mehr noch, sobald Menschen für jemanden Empathie entwickelt haben, werden sie ihm weiter helfen, sogar dann noch, wenn diese Person sie enttäuscht hat. Es gibt ein Computerspiel, bei dem die Leute wählen können, ob sie mit einer anderen spielenden Person zusammenarbeiten oder sie unfair behandeln wollen. Bemerkenswert ist, dass Spielende, die einmal begonnen haben, sich in andere einzufühlen, diesen Spielenden oft auch dann noch helfen, wenn sie genau wissen, dass diese sie bereits im Stich gelassen haben.[14] Es hat den Anschein, als könnten wir manchmal gar nicht anders, als freundlich zu sein, sobald wir für eine Person Empathie entwickelt haben.

Vielleicht sollten wir nicht erstaunt sein, dass wir auf mannigfaltige Weise dazu gebracht werden können, mit anderen mitzufühlen. Schließlich tun Romane und Filme genau das seit Jahren.

Sie zeigen, dass wir, sagen wir den Jungen Oliver Twist, der in einem Armenhaus geboren wird, verwaist aufwächst, bei einem Bestatter in die Lehre geht und dazu verleitet wird, sich einer Bande von Taschendieben anzuschließen, nicht kennen oder treffen müssen, um seine Misere zu verstehen. Wir können Mitleid mit fiktiven Figuren haben und uns in sie hineinversetzen. Dafür müssen diese Figuren nicht einmal Menschen sein. Wer empfindet in den Geschichten von Paddington nicht großes Mitgefühl für einen Marmelade liebenden Bären in Not? Wer identifiziert sich nicht mit Thomas, der frechen kleinen Lokomotive, und hat Mitleid mit ihm, wenn Gordon, die größere Lokomotive, ihm eine Lektion erteilt? Im Jahr 2021 wurde sogar eine Reihe von Experimenten veröffentlicht, die nachwiesen, dass es möglich ist, im Menschen Empathie für unsere Ozeane zu wecken, damit wir uns stärker für den Schutz der Meere einsetzen. Die Hälfte der Leute wurde in eine Virtual-Reality-Szene versetzt, in der sie auf dem Deck eines Fischtrawlers standen, während ein Sprecher eine dystopische Zukunft beschrieb, in der autoritäre Regierungen auf dem Vormarsch sind, es wenig Unterstützung für Nachhaltigkeit gibt und der illegale Fischfang zunimmt. Plötzlich finden sich die Teilnehmenden unter Wasser wieder inmitten Hunderter Fische, die um sie herumkreisen, doch als der Sprecher zu Ende erzählt hat, dass die Lebensräume in der Tiefsee zerstört wurden und das Artensterben sich beschleunigt hat, sind es weniger und weniger Fische geworden, bis schließlich nur noch eine leere Schwärze im Ozean zu sehen ist.[15] Die andere Hälfte der Teilnehmenden wurde mit einem optimistischeren Szenario konfrontiert, bei dem Maßnahmen ergriffen wurden und sich die Fischbestände erholten. Sie werden wohl kaum überrascht sein, zu erfahren, dass die Leute, die das pessimistische Szenario gesehen hatten, die größere Empathie für die Ozeane entwickelten. Was mich jedoch fasziniert, ist die Tatsache, dass unsere Empathie weit über Menschen hinaus auf unsere Ozeane und die ganze Welt ausgedehnt werden kann.

Wenn es zu einer entsprechenden Veränderung in der Einstellung kommt, spricht man in der Psychologie vom Empathie-Einstellungs-Effekt. Seine Wirkung kann vielleicht am besten veranschaulicht werden, wenn man ihn auf unsere Gefühle Menschen gegenüber anwendet, die wir aus gutem Grund nicht mögen, beispielsweise auf verurteilte Mörder und Drogendealer.[16] Daniel Batson spielte Testpersonen im Jahr 2002 ein Interview mit einer ganz anderen Person als Katie Banks vor. Dieses Mal war der Interviewte ein 22 Jahre alter Mann namens Jared, der seit zwei Jahren seine siebenjährige Haftstrafe wegen des Konsums und Verkaufs von Heroin absaß – auf den ersten Blick also keine Figur, mit der die Menschen mitfühlen würden. Doch als die Freiwilligen sich Jareds Ängste und seine Hoffnungen für die Zukunft erst einmal angehört, eine Verbindung über die Kriminalität hinaus hergestellt und begonnen hatten, die Dinge aus seiner Perspektive zu sehen, empfanden sie nicht nur mehr Mitgefühl mit ihm, sie handelten auch danach. Noch bemerkenswerter ist, dass sie auch anderen Drogenabhängigen helfen wollten, deren Geschichten sie nicht gehört hatten, und als sie gefragt wurden, ob mehr Geld für ein Drogenberatungsprogramm auf Kosten anderer Wohltätigkeitsprogramme, einschließlich einer Umweltorganisation und einer Bildungseinrichtung, ausgegeben werden sollte, waren sie dafür.[17]

Wir haben gesehen, dass es möglich ist, Empathie kurzzeitig im Labor zu erzeugen. Aber wie sieht es längerfristig aus?

Paul Gilbert hat nachgewiesen, dass es möglich ist, Menschen mithilfe von Meditationstechniken darauf zu trainieren, mehr Mitgefühl zu entwickeln. Eine dieser Übungen habe ich hier zusammengefasst. Sie dauert nicht lange, und es gibt viele weitere Beispiele wie dieses, die Sie ausprobieren können.

- Stellen Sie sich locker hin und atmen sie etwa 30 Sekunden lang in einem entspannten Rhythmus.
- Beginnen Sie sich vorzustellen, dass Sie eine sehr mitfühlende und kluge Person sind.
- Überlegen Sie, welche idealen Qualitäten Sie als diese Person gerne hätten. (Ob Sie diese Eigenschaften bereits besitzen, spielt keine Rolle, Sie denken nur an Ihren Wunsch, sie zu besitzen.)
- Stellen Sie sich den mitfühlenden Gesichtsausdruck vor, den Sie haben würden, wenn Sie so eine Person wären.
- Spüren Sie unterdessen, wie sich Ihr Körper entspannt.

Gilbert erklärt, dass man diese einfache Technik zu jeder Tageszeit und an jedem Ort üben kann. Denken Sie immer daran, dass Sie sich im Training befinden, also fühlen Sie sich nicht unter Druck gesetzt, schnell Ergebnisse zu erzielen.

Ebenso können Sie üben, freundlich über andere Menschen zu urteilen, indem Sie sich befreundete Personen vorstellen sowie Ihren Wunsch, dass sie glücklich sein mögen, und dies dann auf Menschen auszudehnen, die Sie weniger gut kennen.

Mentale Übungen wie diese brauchen Zeit, bis man sie beherrscht, und sie können sich zu Beginn unangenehm oder seltsam anfühlen. Aber mit der Zeit fällt es den meisten Menschen leichter, sie durchzuführen. Und die Ergebnisse können beeindruckend sein. Gilberts Forschungen belegen, dass die Menschen nach einigen Wochen berichten, freundlichere Gefühle für andere Leute zu empfinden und sich auch selbst besser zu fühlen. Manchmal werden diese Techniken auch als Mitgefühlsmeditation, Mitgefühlstraining oder *loving kindness meditation* bezeichnet. Die Methoden variieren, aber der Gedanke ist derselbe: langfristig unser Mitgefühl zu stärken.

Wichtig ist, dass dieses Training uns anderen gegenüber nicht nur mehr Mitgefühl empfinden lässt, sondern dass es sich auch in einem erhöhten Maß freundlicher Handlungen niederschlägt. Tania Singer vom Max Planck Institut in Leipzig hat mit Menschen Mitgefühlstrainings durchgeführt und festgestellt, dass diese, wenn sie danach ganz bestimmte Computerspiele spielten, eher bereit waren, Fremden, die in diesen Spielen mitspielten, zu helfen als diejenigen, die nicht an dem Training teilgenommen hatten.[18]

Bei einer anderen Studie bat Singer zunächst eine Gruppe von Freiwilligen, ein paar einfache Empathie-Übungen zu machen, bei denen sie lernen sollten, sich in das Leid, das sie sahen, einzufühlen. Dann schauten sie sich, während ein Gehirn-Scan durchgeführt wurde, kurze Filmausschnitte aus Nachrichtensendungen und Dokumentationen an, in denen Menschen Verletzungen erlitten oder Naturkatastrophen erlebten. Die Teilnehmenden wurden gefragt, wie sie sich fühlten, und ihre Antworten mit ihren neuralen Reaktionen verglichen. Diejenigen, die an dem einfachen Mitgefühlstraining teilgenommen hatten, zeigten häufiger als die Kontrollgruppe Aktivitäten in Gehirnarealen, die mit Schmerzempfinden zu tun haben – es war, als würden sie die Schmerzen selbst empfinden. Aber bis zu diesem Punkt ging die Studie nicht über die Forschung hinaus, die ich an anderer Stelle in diesem Kapitel geschildert habe.

Der Unterschied zeigte sich, als dieselbe Gruppe dann ein intensiveres Mitgefühlstraining erhielt, bei dem sie lernte, fürsorgliche Gefühle auf die Menschen, die sie leiden sahen, auszudehnen. Als ihnen nach diesem Training erneut Videos von leidenden Menschen gezeigt wurden, unterschieden sich ihre Gehirnreaktionen von den vorherigen. Dieses Mal zeigten sie Aktivierungen in Gehirnarealen, die mit Liebe und Belohnung in Verbindung stehen, was auf eine stärkere empathische Reaktion schließen ließ. Außerdem berichteten sie, dass sie sich anders fühlten. Nach dem Empathietraining fühlten sie sich schlecht, wenn sie Leid sahen, nach dem Mitgefühlstraining fühlten sie sich hingegen etwas positiver.[19]

Ein bemerkenswertes Ergebnis, das den Schluss nahelegt, dass Menschen nach der Teilnahme an der intensiveren Trainingsform nicht nur empathischer, sondern auch stärker motiviert sind, etwas zu tun, um das Leiden zu lindern.

Die komplizierte Empathie

Das soll nicht heißen, dass mehr Empathie in jeder Situation stets besser ist. Es gibt Situationen, in denen uns, fühlen wir uns zu stark in den Schmerz einer anderen Person ein, die Intensität überwältigen und sogar lähmen kann. Dann sind wir nicht mehr in der Lage, zu helfen oder freundlich zu sein. Im nächsten Kapitel werde ich mich mit einer extremen Art der Freundlichkeit befassen – dem Held*innentum. Wenn Sie eine Person im Wasser mit den Armen rudern sehen, nachdem sie in einen Kanal gestürzt ist, ist es wahrscheinlich nicht wirklich hilfreich, wenn Ihre erste Reaktion darin besteht, sich ihr eigenes Ertrinken auszumalen.

Als Paul Bloom ein Buch über Empathie schrieb, stellte er fest, dass die Menschen seinem Thema häufig sehr aufgeschlossen gegenüberstanden, weil sie davon ausgingen, dass er Empathie für rundum gut hielt. Deshalb waren sie verdutzt, als er ihnen den Titel seines Buches nannte – *Against Empathy* (Gegen Empathie).[20] Selbstverständlich ist Bloom nicht gegen jede Empathie, sondern nur gegen jene Form, die er als exzessiv betrachtet, die, wie er behauptet, das Urteilsvermögen verzerren kann. Ein Beispiel dafür ist der *Identifiable victim effect*, bei dem in Nachrichtensendungen oder Spendenkampagnen alle Aufmerksamkeit auf *einen* leidenden Menschen gelenkt wird (man erinnere sich an Pete aus Kapitel 3 und die 90 Gläser Rotwein, die ihm spendiert wurden), manchmal auf Kosten anderer Menschen, die sich in einer ähnlichen Notlage befinden, oder auf Kosten anderer, vielleicht wichtigerer Probleme.

Bloom fordert uns auf, uns ein Mädchen im Endstadium einer Krankheit vorzustellen, das auf der Warteliste für eine Behandlung steht, die seine Schmerzen lindern soll und sein Leben vielleicht sogar verlängert. Je mehr wir über das Mädchen erfahren, desto mehr Mitgefühl empfinden wir für es und umso wahrscheinlicher ist, dass jeder von uns es gerne an die Spitze der Warteliste setzen würde. Aber das ginge auf Kosten anderer Kinder, die ebenfalls Schmerzen haben und dem Tod ins Auge sehen, deren Namen wir aber nicht kennen. Und vielleicht werden wir, wenn wir uns auf das Leid des einen kleinen Mädchens konzentrieren, von größeren Problemen abgelenkt – unzureichenden Investitionen ins Gesundheitssystem oder einem Mangel an Fachkräften.

Vertreter*innen des Effektiven Altruismus bemühen sich, der Versuchung zu widerstehen, für Dinge zu spenden, die sie persönlich ansprechen, indem sie mit statistischen Analysen herauszufinden versuchen, wie die eingesetzten Mittel die größte Wirkung erzielen können. Davon haben zum Beispiel Hilfsverbände profitiert, die Moskitonetze verteilen, um die Ausbreitung der Malaria in Subsahara-Afrika zu verhindern, wo ein Leben für eine geringere Summe gerettet werden kann als in einem reicheren Land.

Natürlich sind die Ergebnisse nur so gut wie die verwendeten Maßstäbe, und es besteht die Gefahr, dass der Wohlfühlfaktor, der so viele von uns zum Spenden ermutigt, verloren geht. Andererseits gibt es noch immer viele Menschen, die für Dinge spenden, die ihre Familien oder Freund*innen betreffen, sodass wir am Ende eine Mischwirtschaft haben, die chaotisch erscheinen mag, aber ein guter Weg sein könnte.

Ein weiteres Beispiel dafür, wie Freundlichkeit schiefgehen kann, wird durch die noch immer ziemlich verbreitete Praxis veranschaulicht, dem Kind einer befreundeten Person ein Praktikum zu ermöglichen. Es könnte freundlich erscheinen, positiv auf eine solche Bitte zu reagieren. Aber den Preis zahlen all die jungen Leute, die keine so guten Beziehungen haben und die auf dem Arbeitsmarkt den Kürzeren ziehen. In solchen Situationen müssen wir uns fragen, ob wir unsere Freundlichkeit gerecht verteilen. Ist es wirklich eine gute Tat, Ja zu sagen?

Jahrzehntelange psychologische Forschung über die Diskriminierung von »Outgroups« hat jedenfalls gezeigt, dass Ungleichheit nicht nur durch absichtlich andere benachteiligende Handlungen verursacht wird, sondern auch dadurch, dass Zugehörige von »Ingroups« ihre eigenen Gruppen bewusst oder unbewusst bevorzugen. Wenn ich also der Tochter eines Freundes helfe, indem ich zustimme, dass sie mir bei meiner Arbeit »über die Schulter« schauen darf, dann privilegiere ich – ohne Absicht und ohne es zu wollen – diese junge Frau gegenüber einer jungen Frau, die ich nicht kenne, die sich vielleicht in einer schwierigeren Situation befindet und meine Hilfe dringender benötigt.

In den 1970er Jahren führte der Sozialpsychologe Henri Tajfel Experimente durch, die inzwischen als klassische Studien über sogenannte »Minimalgruppen« gelten. Aus diesen Experimenten entwickelte er die Theorie der sozialen Kategorisierung, die unseren kognitiven Prozess erklärt, um Menschen einfach und schnell Gruppen zuzuordnen. Wenn Sie also jemanden namens Frank vom Zug abholen und nicht wissen, wie er aussieht, aber wissen, dass er Lehrer ist, dann werden Sie nicht jeden Mann fragen, ob er Frank ist, sondern Sie werden nach einem Mann Ausschau halten, der Ihrer Meinung nach wie ein Lehrer aussieht, basierend auf seiner Kleidung und seinem Gepäck. Hat er vielleicht eine Kordjacke mit Ellbogenflecken aus Leder an und trägt einen Handkoffer voller Schulhefte? (Ich gebe zu, mein Bild von Lehrern könnte veraltet sein.)

Es kann sein, dass Sie mit Ihrer Kategorisierung falschliegen, aber die Erfahrungen – und die Wissenschaft – belegen, dass Sie oft recht haben, und das spart eine Menge Zeit und Ärger. Deshalb ist die mentale Abkürzung, die die soziale Kategorisierung bietet, nützlich und gerechtfertigt. Aber sie wird zu einem echten Problem, wenn wir anfangen, Menschen negativ zu stereotypisieren. Uns allen fallen offensichtliche Beispiele für dieses Problem ein, am bekanntesten ist vielleicht die Tendenz, junge Schwarze Männer in Kapuzenpullis als Bedrohung oder Frauen, die Kopftuch tragen, als Opfer männlicher Unterdrückung anzusehen.

Offensichtlich bilden sich die bedeutendsten In- und Outgroups über Jahre, Jahrzehnte oder sogar Jahrhunderte hinweg auf der Grundlage von sozialen Bindungen, Geographie, Nationalität und ethnischer Zugehörigkeit. Aber Tajfels Arbeit hat gezeigt, dass eine Minimalgruppe, die bestimmt, wer zu ihr gehört und wer nicht, sich auch sehr viel schneller herausbilden kann. In der Tat kann ein einziger Münzwurf ausreichen, um uns »Partei« ergreifen zu lassen und Loyalität gegenüber der eigenen Seite und sogar Feindseligkeit gegenüber der anderen zu zeigen.

Die Aufgaben, die Tajfel bei den Tests verschiedenen Gruppen gab, waren an sich einfach. Bei einer wurden die Teilnehmenden zunächst in zwei Gruppen aufgeteilt, um sich dann eine Liste von Wörtern einzuprägen und sie anschließend aus dem Gedächtnis zu wiederholen. Wenn eine Person zögerte oder zu lange brauchte, um sich an ein Wort zu erinnern, hörte sie über ihren Kopfhörer ein lautes, unangenehmes Geräusch, während gute Leistungen mit Süßigkeiten oder kleinen Geldpreisen belohnt wurden. Sowohl das Maß an Belohnung als auch Bestrafung wurde entweder von einer Versuchsperson der Gruppe A oder einer der Gruppe B bestimmt. Die Ergebnisse der Studie waren verblüffend, denn sie zeigten wieder und wieder, dass Mitglieder der Gruppe A zwar im Großen und Ganzen fair waren, den Mitgliedern ihrer eigenen Gruppe gegenüber aber immer ein wenig großzügiger waren als denen der Gruppe B – und umgekehrt. Es wurde deutlich, dass die Gruppenmitglieder ihre »eigene« Gruppe gegenüber der »anderen« leicht bevorzugten, obwohl die Teilnehmenden zufällig in die beiden Gruppen eingeteilt worden waren, sie davor also keinerlei Beziehungen oder Verbindungen hatten, und es über die gespielten Spiele hinaus keine Gruppenidentität gab. (Diese Neigung ist in uns allen tatsächlich so stark ausgeprägt, dass andere Experimente ergeben haben, dass Kinder schon im Alter von drei Jahren auf diese Weise reagieren.) Der einzige Lichtblick in Tajfels Studie war, dass die Teilnehmenden ihrer eigenen Gruppe zwar mehr als den fairen Anteil an Süßigkeiten zuteilten, aber der anderen Gruppe nur ein paar mehr unangenehme Geräusche als der eigenen. Sie zeigten mit anderen Worten mehr Bevorzugung als Diskriminierung. Obwohl das Ergebnis natürlich dasselbe sein kann. Wenn Weiße alle Arbeitsplätze nur an andere Weiße anstatt an PoC vergeben, ist es keine gute Entschuldigung, zu sagen, man »kümmere sich um die Seinen«.

Die Tatsache dass selbst die Zugehörigkeit zu einer Gruppe aufgrund eines Münzwurfs – Sie erinnern sich? – ausreicht, um starke In- und Outgroup-Effekte auszulösen, macht das Ganze umso besorgniserregender.[21]

Wäre es manchmal nicht so ernst, dann wäre unsere Neigung zur Bildung von Minimalgruppen, die sich auf so gut wie alles stützen, tatsächlich zum Lachen. So mögen wir nicht nur Menschen lieber, die am gleichen Tag wie wir Geburtstag haben. Eine Studie ergab auch, dass unsere Bindung an den ersten Buchstaben unseres Namens so stark ist, dass wir mit größerer Wahrscheinlichkeit als zufällig einen Beruf ausüben, der mit demselben Anfangsbuchstaben wie unser Name beginnt. Ja, Sie haben richtig gelesen. Bei der Studie untersuchten die Forscher Dachdecker und Besitzer von Baumärkten und fanden heraus, dass Dirk wahrscheinlich eher Dachdecker als Baumarktbesitzer wird, während bei Bernd das Gegenteil der Fall war – und diese Neigung war so ausgeprägt, dass sie statistisch signifikant war.

Mir gefällt es immer, wenn Akademiker*innen Artikel mit lustigen Titeln bei seriösen Zeitschriften einreichen, und diese Beispiele stammen aus einem Artikel mit dem Titel: »Why Susie Sells Seashells by the Seashore«, analog zum deutschen »Fischers Fritz fischt frische Fische«[22] Es ist also wahrscheinlicher, dass Fritz am Strand ein Fischgeschäft eröffnet, als etwa Marie, die wohl eher in Mecklenburg Marmelade herstellt. Ich könnte fortfahren. Die gleichen Autor*innen untersuchten zum Beispiel alle Frauen, die 1926 in Texas ein Baby bekamen, und stellten fest, dass diese Gruppe von Frauen mit 40 Prozent höherer Wahrscheinlichkeit als zufällig einen Mann mit einem Nachnamen heirateten, der denselben Anfangsbuchstaben wie ihr Mädchenname hatte. Dasselbe galt mehr oder weniger in Georgia, Florida und Kalifornien. Außerdem zog eine statistisch unverhältnismäßig große Zahl von Frauen mit dem Namen Virginia in den US-Bundesstaat Virginia, während Leute, die Louis oder Louise hießen, mit größerer Wahrscheinlichkeit nach Louisiana zogen.

Bevor Sie nach einer Möglichkeit suchen, Ihre Dating-App so einzustellen, dass sie Ihnen nur Treffer mit den gleichen Anfangsbuchstaben wie Ihrem eigenen anbietet, sollte ich hinzufügen, dass es einige Zweifel an der bei diesen Studien angewendeten Methodik gab und bei einer kritischen Analyse festgestellt wurde, dass der Effekt des Anfangsbuchstabens des Namens nur für die Marken gilt, die den Menschen am besten gefallen.²³ Es werden leider keine Beispiele genannt, aber ich vermute, dass Vicky mit Virgin Airlines fliegt, während Emily Emirates bevorzugt.

Dennoch deuten die Befunde insgesamt in die gleiche Richtung: Wir können uns mit anderen identifizieren und auf der Grundlage von bedeutungslosen und fadenscheinigen Vorstellungen recht starke Gruppen bilden. Wenn wir also überlegen, wem wir unsere Freundlichkeit zukommen lassen, sollten wir uns fragen, welche Gruppen von Menschen wir bevorzugen und warum.

Empathie abstellen

Kennen Sie vielleicht das Spiel *Dr. Bibber?* Dabei nutzen die Spielenden eine kleine Pinzette und versuchen, Objekte aus einem dickbäuchigen Mann zu entfernen (sein dicker Bauch verbirgt übrigens geschickt seine Genitalien – oder vielleicht das Fehlen derselben), ohne die Seiten seiner offenen »Wunden« zu berühren. Ungeschickte »Chirurg*innen« kommen nicht ungeschoren davon, denn wenn das »Skalpell« ausrutscht, ertönt ein Summen, und die Nase des Mannes leuchtet auf. Früher mochte ich dieses Spiel, auch wenn ich nicht gerade gut darin war, da es für mich unmöglich war, meine Nerven unter Kontrolle und meine Hand ruhig zu halten, während ich versuchte, den Brotkorb aus dem Darm des Mannes, den Apfel aus seinem Hals oder den Schmetterling aus seinem Bauch zu entfernen. Es war fast, als fürchtete ich, dem armen rosafarbenen Patienten mit seinem ständig aufleuchtenden Zinken tatsächlich wehzutun.

Chirurg*innen müssen bei Operationen alle Empfindlichkeiten überwinden, sonst können sie diesen Beruf nicht lange ausüben. Die Anästhesie hilft heute selbstverständlich den Patient*innen, aber auch den Ärzt*innen, die während einer Operation ihren Patient*innen meist keine Schmerzen zufügen. Doch es gibt Maßnahmen, bei denen die zu behandelnde Person bei Bewusstsein bleiben muss, und diese können manchmal »ein bisschen unangenehm« sein, was in der Regel ein medizinischer Euphemismus für »unmenschliche Qualen« ist.

Das medizinische Personal lernt, mit dem Anblick – und den Geräuschen – von Menschen mit Schmerzen umzugehen, indem es sich emotional abschottet und die Dinge nicht aus der Perspektive der behandelten Personen betrachtet. Ich habe Notärzt*innen bei Hubschraubereinsätzen begleitet, und die Retter verhalten sich äußerst professionell, haben aber einfach keine Zeit für tröstliche Worte am Unfallort. Sie müssen handeln, nicht mitfühlen. Die Forschung belegt, dass ihr Gehirn sogar anders auf das Miterleben von Schmerz reagiert. Eine Studie in Taiwan zeigte zum Beispiel, dass ein Teil des Gehirns, das mit der Reaktion auf die Zufügung von Schmerz verbunden ist, aktiviert wird, wenn eine Person die nicht Ärzt*in ist, beobachtet, wie einer anderen Person eine Nadel in den Arm gestochen wird. Beobachtet dieselbe Person, wie ein Tupfer auf den Arm gedrückt wird, findet eine andere Gehirnreaktion statt. Bei Ärzt*innen ist hingegen kein Unterschied in der Reaktion des Gehirns auf diese unterschiedlichen Fälle festzustellen. Das Gehirn eines Menschen mit medizinischer Ausbildung schützt ihn vor der normalen Reaktion auf das Miterleben von Schmerz.[24] Natürlich kann es vorkommen, dass Ärzt*innen – oder vielmehr wir – den Preis dafür bezahlen, wenn sie die Schmerzen eines Patienten unterschätzen, was manchmal schwere Folgen haben kann, doch unterm Strich überwiegen die Vorteile dieser Abgrenzung die Nachteile.

Durch das Abschalten von Empathie bewältigen Ärzt*innen nicht nur die emotionale Belastung ihrer Arbeit, sondern vervollkommnen auch ihre handwerklichen Fertigkeiten. Das belegt eine Studie von Lasana Harris, einem Psychologen am University College London. Er nahm eine Gruppe von Freiwilligen, die keine Ärzt*innen waren, und gab jedem aus der Gruppe einen Arm aus Gummi. Dann forderte er die Versuchspersonen auf, an dem Arm ein paar Stiche vorzunehmen, so als würden sie eine Wunde zusammennähen. Es waren zwar Arme aus Gummi, aber sie waren sehr realistisch, und einigen der Teilnehmenden fiel die Übung schwer, weil sie sich den Schmerz vorstellen konnten, den sie hervorrufen würden, wenn es sich um einen echten Arm handeln würde. Das Ergebnis war, dass diejenigen, die beim Einfühlungsvermögen am besten abschnitten, beim Nähen viel schlechter waren, während die mit geringeren Empathiewerten dabei besser abschnitten (vielleicht zukünftige Chirurg*-innen?).[25]

Im Oktober 2021 interviewte ich Brett Campbell, einen Intensivmediziner, der in Nashville, Tennessee, arbeitet und zu diesem Zeitpunkt seit mehr als achtzehn Monaten Covid-19-Patient*-innen behandelt hatte. Er hatte gedacht, in den ersten Monaten von 2021 den schlimmsten Teil der Pandemie hinter sich gebracht zu haben, aber dann kam die Delta-Variante. Die Patient*innen, die mit Delta auf der Intensivstation landeten, waren jünger. Und noch etwas: Sie glaubten seltener als frühere Erkrankte an die Existenz des Virus, das sie so krank gemacht hatte.[26]

»Auf jeden Fall waren viel mehr Menschen dem Personal gegenüber feindselig eingestellt«, erzählte mir Dr. Campbell. »Die nicht geimpfte Bevölkerung scheint, wahrscheinlich im ganzen Land, in jedem Fall in unserer Region, eine ganz andere Vorstellung von der Krankheit und ihren Risiken zu haben. Sie leben in einer Umgebung oder einer Blase, in der die Menschen glauben, dass die Folgen von Covid-19 übertrieben werden, und wenn sie erkranken, scheinen sie das auf etwas anderes als das Virus zurückzuführen. Ich habe schon Leute erlebt, die das medizinische Personal – Menschen, die sie nie zuvor gesehen hatten – beschuldigten, dafür verantwortlich zu sein, dass sie krank geworden sind, nach dem Motto: ›Ihr habt mir das angetan.‹ Es gab Patient*innen, die sich weigerten, zu glauben, dass sie an Covid-19 erkrankt waren. Egal, wie oft du ihnen sagst, wie krank sie sind oder dass sie an Covid-19 sterben werden, sie sagen: ›Nein, bin ich nicht, das ist es nicht, Sie lügen mich an.‹«

Dr. Campbell stellt fest, dass er sich in die Lage nicht geimpfter Patient*innen versetzen kann, wenn diese ihre Entscheidung bereuen, sobald sie ins Krankenhaus müssen. Doch er erzählt mir, dass er es aufgegeben hat, diejenigen verstehen zu wollen, die ihn beschuldigen, sie krank gemacht zu haben, die die Impfung auch nach ihrer Einlieferung ablehnen und abstreiten, an Covid-19 erkrankt zu sein. Er weiß, dass es seine Aufgabe ist, ihnen die bestmögliche Behandlung zukommen zu lassen und zu versuchen, ihnen das Leben zu retten, aber er bemüht sich nicht mehr darum, Mitgefühl mit diesen Patienten zu haben. Er und seine Kollegen müssen sich vor Mitleidsmüdigkeit und Burnout schützen, und selbst bei Menschen, die im Sterben liegen, haben sie festgestellt, dass ein solches Verschließen der einzige Weg ist, dies zu erreichen.

Die 36 Fragen

Lassen Sie uns für einen Moment die Richtung ändern.

Mit welcher berühmten Person würden Sie gern zu Abend essen?

Was bedeutet Freundschaft für Sie?

Okay, das sind zwei Fragen, keine 36, aber das Kapitel ist schon jetzt ziemlich lang, deshalb hoffe ich, dass ein Vorgeschmack ausreicht. Vielleicht erkennen Sie die Fragen, weil sie von einer bekannten Liste stammen, die manchmal als »Die 36 Fragen zum Verlieben« bezeichnet wird. Angeblich öffnen wir uns durch die Beantwortung dieser Fragen potenziellen Partner*innen, kommen ihnen näher und denken schließlich (nun, das soll es ja geben): »Das ist die richtige Person für mich!«

Der akademische Name für die Liste lautet »The Fast Friends Procedure«, aber dem Verfahren fehlt eine gewisse Romantik, obwohl es von einem verheirateten Paar entwickelt wurde, Elaine und Arthur Aron, eine Psychologin und ein Psychologe, die ein halbes Jahrhundert mit der gemeinsamen Erforschung von Beziehungen verbracht haben, was einen echten Beweis ihrer eigenen Kompatibilität darstellt.[27]

Die Idee ist, das Erlebnis »Gespräch mit einem Fremden im Flugzeug« nachzustellen, bei dem Fremde, die zufällig nebeneinandersitzen, überraschend tiefe und persönliche Gespräche führen. Das ist mir einmal passiert. Ich saß in einem Flugzeug nach Frankreich und las zur Vorbereitung für ein Interview ein Buch über Transhumanismus. Die Norwegerin, die neben mir saß, fragte mich, was Transhumanismus sei, und wir unterhielten uns für den Rest des Fluges darüber, was wir glauben, was nach dem Tod mit uns geschieht und warum manche Menschen alles tun, um nach dem Tod weiterzuleben, indem sie sich einfrieren lassen oder versuchen, ihre Gehirne auf Festplatten zu speichern. Wir setzten unser Gespräch fort, als wir an der Passkontrolle in der Schlange standen, und auch dann noch, als wir auf unser Gepäck warteten. Nach einem so tiefgründigen persönlichen Gespräch ohne Smalltalk fühlte es sich ein wenig seltsam an, sich zu verabschieden und wegzugehen, ohne den anderen je wiederzusehen, während unsere jeweiligen Freund*innen, an die Absperrung gelehnt, uns zuwinkten.

Das Fast Friends Verfahren geht die Dinge ein wenig langsamer an. Zwei Menschen setzen sich zusammen und diskutieren ihre Antworten auf die Fragen, beginnend mit der berühmten Frage nach dem Abendessen, und es wird sehr allmählich tiefgründiger und persönlicher, bis sie zu den Fragen kommen, was sie an ihrer Erziehung am meisten bedauern, oder zur Frage 35 auf der Liste, die lautet: »Von allen Menschen Ihrer Familie, wessen Tod würde Sie am meisten bestürzen? Und warum?«

Dieser Fragenkatalog wurde 1997 entwickelt und wird noch immer in der akademischen Forschung verwendet, unter anderem für Studien, die dazu dienen, Misstrauen und Feindseligkeit zwischen verschiedenen ethnischen Gruppen abzubauen.[28] Die Ergebnisse sind beeindruckend und zeigen deutlich, dass ein auf diese Weise strukturierter Dialog den Menschen die Angst vor dem Umgang mit anderen ethnischen Gruppen nehmen kann.[29]

Neue Forschungsergebnisse scheinen darüber hinaus zu bestätigen, dass es Menschen gefällt, tiefschürfende Gespräche mit einem Fremden zu führen, jedenfalls mehr, als sie selbst erwartet haben. In dieser neuen Studie wurden Freiwilligen im Labor Themen vorgegeben, die sie mit einer Person, die sie zuvor nicht kannten, diskutieren sollten. Manche der Themen waren unverfänglich, wie etwa Fernsehsendungen oder Frisurenmoden. Aber es gab auch deutlich tiefschürfendere Themen. Etwa Fragen wie: »Können Sie ein Erlebnis beschreiben, bei dem Sie vor jemandem geweint haben?« oder »Wofür sind Sie in Ihrem Leben am dankbarsten?«.

Als die Teilnehmenden der Studie die Frageliste zum ersten Mal sahen, waren sie wegen der tiefschürfenden Themen nervös. Sicherlich wäre es heikel, solche Dinge mit einem Fremden zu besprechen. In Wahrheit stellte sich heraus, dass sie sich nach den tiefschürfenderen Gesprächen glücklicher fühlten und dass diese Unterhaltungen deutlich weniger befremdlich waren als gedacht.[30]

Aber man muss nicht über tiefschürfende philosophische und existenzielle Themen sprechen, um eine Bindung zu einem anderen Menschen aufzubauen. Ich habe in diesem Buch mehrfach von der Forschung gesprochen, die an der University of Sussex durchgeführt wird, und die Leiterin des Sussex Centre for Research on Kindness ist Gillian Sandstrom. Sie hat sich auf die Untersuchung von Gesprächen unter Fremden spezialisiert, und ihre Forschungen zeigen, dass die bloße Aufnahme eines Gesprächs mit einer fremden Person beide Parteien in eine messbar bessere Stimmung versetzt.

Bei einem Experiment in der Tate Modern in London veranlasste Gillian Freiwillige, mit anderen Besucher*innen über die Ausstellungsstücke zu plaudern. Zunächst waren die Freiwilligen vorsichtig und fragten sich, wie ihre Annäherungsversuche wohl aufgenommen würden. Schließlich gehen viele Menschen auf der Suche nach Ruhe und Stille in Kunstgalerien und wollen die Exponate für sich genießen und nicht in Gespräche verwickelt werden. Aber nachdem die Freiwilligen überzeugt worden waren, genossen nicht nur sie die Erfahrung, sondern auch die Menschen, mit denen sie sich unterhielten. Sie mochten ja Versuchskaninchen in diesen künstlich herbeigeführten Gesprächssituationen sein, aber als sie das Museum verließen, erklärten sie, dass sich ihre Stimmung verbessert habe und sie sich mit ihren Mitmenschen stärker verbunden fühlten.

Es wird Sie nicht überraschen, zu erfahren, dass Menschen mit hohen Extravertiertheits- und geringen Schüchternheitswerten weniger nervös sind, wenn es darum geht, Fremde anzusprechen. Aber es wird Sie vielleicht mehr erstaunen, zu lesen, dass die meisten von uns zwar glauben, in vielen Dingen besser als der Durchschnitt zu sein (eine statistische Unmöglichkeit, die als der *Lake Wobegon Effect* bekannt ist), nicht aber darin, ein Gespräch zu beginnen, was vielleicht erklärt, weshalb wir dabei so zurückhaltend sind. Das ist schade, denn obwohl wir Angst vor Zurückweisung haben, wenn wir uns mit Menschen unterhalten, die wir nicht kennen, zeigen andere Studien von Gillian Sandstrom, dass die Wahrscheinlichkeit, abgewiesen zu werden, erstaunlich gering ist.[31]

Wenn Sie das nächste Mal im Zug sitzen, machen Sie sich bewusst: Vielleicht würde die Person neben Ihnen sich ehrlich freuen – und nicht etwa aufstehen, »Spinner!« murmeln und ans andere Ende des Waggons flüchten –, wenn Sie ihm Nummer sieben der 36 Fragen stellen würden: »Haben Sie eine geheime Vorahnung, wie Sie sterben werden?«

Aber im Ernst, Gillian Sandstrom geht tatsächlich so weit, zu behaupten, dass ein Gespräch mit Fremden ein Akt der Freundlichkeit ist, und sie hat herausgefunden, dass die Gespräche sich nicht um Leben und Tod drehen müssen, um positive Auswirkungen hervorzurufen. Selbst scheinbar oberflächliche Unterhaltungen und kurze Interaktionen unterstreichen unsere Verbundenheit mit anderen und unsere gemeinsame Menschlichkeit, was uns daran erinnert, dass wir trotz aller Polarisierung, die wir im Internet oder in der Politik erleben, etwas gemein haben.

Wie die Freiwilligen in der Tate haben auch wir Angst, zurückgewiesen zu werden, wenn wir auf Fremde zugehen. Mithilfe einer App hat Sandstrom Menschen die Aufgabe gestellt, innerhalb kurzer Zeit viele Gespräche mit Fremden zu führen, und die Ergebnisse waren bis jetzt positiv. Dennoch stellt sie immer wieder fest, dass viele von uns versuchen, Gesprächen mit Fremden aus dem Weg zu gehen, und dass es natürlich Menschen gibt, die sich regelrecht davor fürchten. Das Problem scheint hier wieder in unserer Sorge zu bestehen, dass der anderen Person das Gespräch nicht gefallen oder sie uns nicht mögen könnte.[32] Beides Anzeichen dafür, dass die Menschen ziemlich freundlich sind.

Wie bereits erwähnt, sind Menschen, die eine hohe Extravertiertheit und eine geringe Schüchternheit aufweisen, weniger ängstlich, ein Gespräch mit Fremden zu beginnen. Der

Freundlichkeitstest lieferte weitere Belege dafür, dass dies der Fall ist. Noch bestechender ist, dass unabhängig vom Persönlichkeitstypus Menschen, die dazu neigen, mit ihnen bisher Unbekannten zu sprechen, im Durchschnitt häufiger Akte der Freundlichkeit zuteilwerden. Dazu kommt außerdem, dass sie eher dazu neigen, gute Taten um sich herum zu bemerken, was wichtig ist, weil das Registrieren guter Taten uns das Gefühl vermittelt, in einer positiveren Welt zu leben, in der wir und andere enger miteinander verbunden sind.

Ich habe mich gefragt, ob sich die Dinge in dieser Hinsicht verbessern. Viele Menschen berichteten, dass Fremde während des ersten Covid-19-Lockdowns einander häufiger anlächelten und mehr miteinander plauderten, und eines der wichtigsten Ergebnisse des Freundlichkeitstests war, dass zwei Drittel der Menschen (zumindest in Großbritannien) meinen, die Pandemie habe die Menschen freundlicher gemacht. Vielleicht lässt sich das durch die Tatsache erklären, dass wir aufgrund von Selbstisolation und Social-Distancing selten mit anderen Menschen zusammentrafen und die Kontakte, die wir hatten, deshalb umso mehr schätzten.

Es wird interessant sein, zu beobachten, ob sich dieser Trend fortsetzt, nachdem in vielen Ländern die Kontaktbeschränkungen aufgehoben wurden. Wenn einige von uns in der Pandemie begonnen haben, mehr mit Fremden zu sprechen, werden wir in Zukunft vielleicht weniger Angst davor haben.

Hören Sie zu, hören Sie wirklich zu;
lesen Sie, lesen Sie gründlich

Bei jedem Gespräch, ob mit einer fremden oder einer befreundeten Person, ist der Schlüssel zu empathischer Freundlichkeit, einander zuzuhören, *wirklich* zuzuhören. Wir neigen dazu, zu meinen, wir würden zuhören, aber häufig sind wir nicht so aufmerksam, wie wir denken. Ich weiß jedenfalls, dass das für mich gilt, selbst wenn ich Menschen in meinen Podcasts und für Radiosendungen interviewe. Ich konzentriere mich sehr darauf, nicht den Fehler zu machen, meinem Gast zweimal dieselbe Frage zu stellen (was schnell passiert ist, wenn man an viele Dinge denken muss), aber trotzdem höre ich nicht uneingeschränkt zu – weil ich es nicht kann. Ich sehe auf die Uhr, um zu prüfen, ob die Zeitabläufe stimmen. Ich achte auf die Qualität der Verbindung und frage mich, ob sie hält, wenn das WiFi versagt. Ich lausche dem Produzenten, wenn er mir Zusatzfragen ins Ohr flüstert oder mich daran erinnert, dass die Zeit gleich um ist.

Ich bin mir sicher, dass die Hörer*innen meiner Sendungen genauso meinen, sie würden aufmerksam zuhören, während sie oft durch andere Dinge abgelenkt sind. Intensives Zuhören ist nicht einfach.

Häufig ist das, was bei uns »zum einen Ohr hinein- und zum anderen hinausgeht« – und zwar spurlos –, gar nicht so wichtig. Aber es gibt Zeiten, in denen man wirklich versuchen muss, zuzuhören. Kathryn Mannix, die Autorin eines Buches mit dem passenden Titel *Listen* (Zuhören), hat viele Jahre in der Palliativpflege gearbeitet und sterbende Menschen begleitet.[33] Sie sagt, wenn man in seinem Leben ein besonders wichtiges Gespräch führen will, sollte man es nicht im Sinne einer »guten Konversation«, sondern eines »guten Zuhörens« angehen. Denn nur durch demütiges, großzügiges und intensives Zuhören können wir die Perspektive des anderen wirklich verstehen und auf wirklich freundliche Weise handeln.

Es gibt jedoch eine Alternative zum aufmerksamen Zuhören, die ich bereits erwähnt habe – das Lesen. Die Schriftstellerin Elif Shafak behauptet in ihrem neuen Buch *Hört einander zu!,* dass wir heutzutage vieles oberflächlich lesen und nur kleine Informationsschnipsel, zum Teil *Fehl*informationsschnipsel aus den sozialen Medien, aufnehmen.[34] Ihre Lösung für dieses Problem besteht darin, dass wir mehr Bücher lesen, dickere Bücher, Bücher, in die die schreibende Person wirklich viel Zeit investiert hat.

Nun, man kann erwarten, dass eine gefeierte Schriftstellerin so argumentiert – schließlich hat sie ein persönliches Interesse daran, dass die Menschen mehr lesen –, aber es liegen jede Menge wissenschaftlicher Beweise vor, die Shafaks Ansicht stützen. Studien haben ergeben, dass das Lesen von Belletristik zu allem Möglichen führen kann, von einer Zunahme des sozialen Engagements bis hin zu mehr Wahlbeteiligung.[35] Die geheime Kraft der Romanlektüre besteht darin, dass sie wie ein Training in Perspektivenübernahme wirkt, ohne dass wir es überhaupt bemerken.

Aristoteles sagte, dass zwei Gefühle vorherrschen, wenn wir uns eine Tragödie ansehen – Mitleid mit der dargestellten Figur, aber auch Angst um uns selbst. Wir stellen uns vor, wie es wäre, sagen wir, Antigone zu sein, und vergleichen ihre Reaktionen mit der Art und Weise, wie wir in der Vergangenheit reagiert hätten oder vielleicht in der Zukunft reagieren würden (obwohl zum Glück nur wenige von uns in einem unterirdischen Verließ lebend begraben werden). Der in Kanada ansässige Kognitionspsychologe Keith Oatley bezeichnet Romanliteratur als »Flugsimulator des Geistes«. Genau wie es Flugsimulatoren angehenden Pilot*innen ermöglichen, zu spüren, wie es ist, ein Flugzeug zu steuern, so ermöglichen uns Romane, zu spüren, wie es ist, eine andere Person zu sein. Oatleys Forschungen zeigen, dass wir, wenn wir anfangen, uns mit einer Romanfigur zu identifizieren, beginnen, ihre Ziele und Wünsche anstelle unserer eigenen zu berücksichtigen.[36] Außerdem hat seine Arbeit ergeben, dass Menschen, die mehr Belletristik und Sachbücher lesen, bei Tests zur zwischenmenschlichen Sensibilität und zur Erkennung der Emotionen, die Menschen mit ihren Augen ausdrücken, besser abschneiden.[37]

Sorgfältiges Lesen erfordert die Fähigkeit, die als »Theory of Mind« bekannt ist, eine Fähigkeit, die es uns ermöglicht, zu verstehen, dass andere ihre eigenen, von den unseren abweichenden Ansichten haben, und die uns in der realen Welt in die Lage versetzt, erfolgreich an sozialen Interaktionen teilzunehmen. Studien haben ergeben, dass Gehirnareale, die mit der »Theory of Mind« in Verbindung stehen, aktiviert werden, wenn wir in einem Buch lesen, wie eine Figur sich fühlt – auch wenn wir wissen, dass diese Figur frei erfunden ist.[38] Mehr noch, wenn wir das Wort »Treten« lesen, werden Gehirnregionen aktiviert, die mit körperlichem Treten zu tun haben, lesen wir hingegen, dass eine Figur an einer Schnürsenkel zieht, nimmt die Aktivität in der Gehirnregion zu, die mit Greifen zu tun hat.[39]

Was mich am meisten interessiert, ist die Frage, ob sich die Verbesserung, die wir durchs Lesen hinsichtlich des Verstehens der Emotionen anderer erfahren, in der Praxis in Freundlichkeit niederschlägt. Das testeten Forscher mit einer Methode, die viele Studierende der Psychologie irgendwann einmal genutzt haben dürften: Eine Person lässt »versehentlich« eine Handvoll Stifte zu Boden fallen und beobachtet, wer ihr hilft, sie wieder aufzusammeln. In dieser speziellen Studie wurde den Teilnehmenden vor dem Herunterfallen der Stifte ein Stimmungsfragebogen vorgelegt, in den Fragen zur Messung der Empathie eingestreut waren. Dann lasen sie eine kurze Geschichte und beantworteten eine Reihe von Fragen dazu, inwieweit sie sich beim Lesen in die Geschichte hineinversetzt gefühlt hatten. Die den Versuch leitende Person erklärte dann, etwas aus einem anderen Raum holen gehen zu müssen, und – ups! – ließ sie beim Hinausgehen sechs Stifte fallen. Ich freue mich, berichten zu können, dass die

Teilnehmenden, die sich von der Geschichte am meisten angesprochen gefühlt und die stärkste Empathie für die Figuren zum
Ausdruck gebracht hatten, eher bereit waren, beim Aufsammeln
der Stifte zu helfen.[40]

Es ist natürlich möglich, dass Menschen, die gerne Romane
lesen, von vornherein bereits empathischer sind. Um hier Klar-
heit zu gewinnen, müsste man zunächst die Empathiewerte einer Gruppe von Menschen messen, sie dann nach dem Zufallsprinzip zahlreiche oder gar keine Romane lesen lassen – und
zwar jahre- oder jahrzehntelang –, um dann ihre Empathiewerte erneut zu messen und festzustellen, ob die Romanlektüre sich tatsächlich ausgewirkt hat. Es überrascht nicht, dass eine
solche Studie nie durchgeführt wurde. Die Menschen sind zwar
gerne bereit, ein paar Stunden zu opfern, um das psychologische
Verständnis zu fördern, aber es gibt Grenzen.

Wir müssen stattdessen auf Studien vertrauen, die nur die kurzfristige Auswirkung des Lesens auf die Empathiewerte messen.
In einer solchen Studie ließen niederländische Forschende im
Jahr 2013 Studierende entweder einige Zeitungsartikel über Un-
ruhen in Griechenland und den Befreiungstag in den Nieder-
landen lesen oder aber das erste Kapitel des Romans *Die Stadt der
Blinden* von Nobelpreisträger José Saramago. In dieser Geschichte
wartet ein Mann in seinem Auto an einer Ampel, als er plötzlich
erblindet. Er wird nach Hause gebracht, und ein Mann verspricht
ihm, sein Auto zu ihm zu bringen, kommt aber nie, sondern stiehlt
das Auto stattdessen. Als die Studierenden die Geschichte lasen,
stieg nicht nur ihr Empathiewert unmittelbar danach an, sie er-
zielten darüber hinaus, sofern die Geschichte sie berührt hatte,
auch noch eine Woche später höhere Empathiewerte als die Studierenden, die nur die Zeitungsartikel gelesen hatten.[41]

Daraus können wir vorsichtig schließen, dass das Lesen von
Belletristik uns durchaus dazu anregen kann, freundlicher zu

werden. Tatsächlich halten einige medizinische Fakultäten die Lektüre von Belletristik für so signifikant und vorteilhaft, dass sie inzwischen Module über Literatur in ihre Lehrprogramme aufgenommen haben. Dies geschieht in der Abteilung für Familienmedizin der University of California, Irvine. Johanna Shapiro, die in dieser Abteilung arbeitet, ist der festen Überzeugung, dass Medizinstudierende, die intensiv Belletristik lesen müssen, bessere – das heißt empathischere – Ärzt*innen werden.[42]

Am Ende dieses Kapitels möchte ich aber von der Fiktion zu den Fakten zurückkehren, indem ich einen weiteren Eintrag aus meinem Freundlichkeitstagebuch mit Ihnen teile, einen Eintrag, der perfekt veranschaulicht, wie das Denken aus der Perspektive eines anderen zu einer freundlichen Handlung führen kann.

Dienstag, 19:10 Uhr
Kam von der Arbeit nach Hause und stellte fest, dass eine winzige gelbe Gießkanne vor meine Eingangstreppe gestellt worden war. Ich fragte herum. Niemand wusste, woher sie kam. Deshalb denke ich, dass eine fremde Person mit einer Gießkanne, die sie nicht mehr brauchte, meinen kleinen Vorgarten voll Blumen bemerkte, die Dinge aus meiner Perspektive sah, sich dachte, vielleicht würde ich mich über eine Gieskanne freuen, und beschloss, mir ihre Gieskanne zu überlassen. Ich konnte der Person nicht danken, aber sie hat die ideale Größe für mein ebenfalls sehr kleines Gewächshaus. Wenn ich sie benutze, werde ich daran denken, wie nett diese Person war. Das könnte sogar die gestohlenen Narzissen wettmachen.

Der letzte Gefallen,
den mir eine Person getan hat

Der Freundlichkeitstest

Meine Freundin hat mir einen versteinerten Haifischzahn geschenkt.

Bergwandern. Ich rutschte aus & fiel hin & verletzte mir die Knie, jemand half mir mit Aromatherapieölen, befahl mir, sitzen zu bleiben & sorgte dafür, dass ich mich nicht dumm fühlte!

Meine elf Jahre alte Tochter schrieb mir eine Nachricht, um mir zu sagen, dass sie mich lieb hat.

Ich habe von einer fremden Person ein schönes Kompliment bekommen.

Ich lebe isloiert auf einer abgeschiedenen Farm. Ich pflege meine Partnerin nach einem Schlaganfall. Ein Freund und Nachbar ruft mich jede Woche an, um mich aufzumuntern.

Bei meiner Kosmetikerin habe ich aus einem persönlichen Grund angefangen zu weinen, und sie hat mich mit netten Worten getröstet und sich Zeit für mich genommen. Sie war sehr warmherzig und fürsorglich.

Jemand hat mir einen wunderbaren Videoclip geschickt.

Ich habe mir Kaffee bestellt. Dann bemerkte ich, dass ich meinen Geldbeutel verloren hatte. Sie schenkte mir den Kaffee. Der Geldbeutel wurde zurückgegeben und nichts rausgenommen.

Meine Frau hat meine Brille gefunden!

6

Wir alle können Held*innen sein

»Manchmal bist du das Insekt, manchmal die Windschutzscheibe.«[1] Das sind die Worte des Gefreiten Johnson Beharry, einem inzwischen berühmten Soldaten der britischen Armee, der mit dem Victoria Cross ausgezeichnet wurde – der höchsten militärischen Auszeichnung Großbritanniens –, weil er zwei Mitglieder seiner Einheit 2004 im Irak aus einem feindlichen Hinterhalt rettete. Beharry besteht darauf, dass er nur seine Pflicht getan hat. Er hält seine Heldentat nicht für bemerkenswert.[2]

Ich bin Johnson Beharry nie begegnet, aber ich habe einen anderen Helden der britischen Armee, den Obergefreiten Matthew Croucher, kennengelernt. Croucher hatte weniger als sieben Sekunden Zeit, zu entscheiden, ob er sein eigenes Leben aufs Spiel setzen soll, um das seiner Kameraden zu retten, nachdem er 2008 auf einer Patrouille in der Provinz Helmand in Afghanistan den Stolperdraht einer Sprengfalle ausgelöst hatte. »Ich hatte dieses Szenario im Kopf durchgespielt und erkannte, dass ich nirgends in Deckung gehen konnte. Es hat keinen Sinn, davonzurennen, weil man von einem Schrapnell getroffen wird.« Deshalb warf sich Croucher auf den Boden, rollte sich herum und nutzte seinen Rucksack, um die Wucht der bevorstehenden Explosion zu dämpfen. Er wurde in die Luft geschleudert und landete ein Stück weiter entfernt. »Ich brauchte dreißig Sekunden, bis mir klar wurde, dass ich definitiv nicht tot war.«[3] Die einzigen Verletzungen, die er davontrug, waren tatsächlich Nasenbluten und perforierte Trommelfelle – was erstaunlich ist, wenn man den Zustand seines Rucksacks sieht, der inzwischen im Imperial War Museum in London ausgestellt wird.

Anhand dieses Vorfalls können wir erkennen, dass Croucher und seine Kameraden dadurch gerettet wurden, dass er auf der einen Seite wusste, was in einer solchen Situation zu tun war, und auf der anderen ruhig und gefasst genug geblieben ist, um nach diesem Wissen zu handeln. Die Tapferkeit, die er an den Tag legte, beruhte nicht auf reinem Instinkt, sondern darauf, dass er die Geistesstärke besaß, sein Wissen in die Tat umzusetzen.

Später wurde Matthew Croucher mit dem George Cross ausgezeichnet, doch wie Johnson Beharry ist er in Bezug auf seine Taten bescheiden geblieben und der Überzeugung, dass jeder, der sich in dieser Situation befunden hätte, genauso gehandelt hätte.

Held*innen des Alltags

Glauben Sie, Sie könnten ein Held wie Beharry oder Croucher sein? Ich muss sagen, dass ich, was mich anbelangt, so meine Zweifel habe. Wenn ich Glück habe, werde ich mich nie in einer Kriegssituation befinden. Aber es gibt Situationen, die danach verlangen könnten, dass ich mutig handele. Beispielsweise könnte jemand vom Bahnsteig einer Bahnstation stürzen. Sollte das passieren, wäre ich dann diejenige, die auf die Gleise hinunterspringen würde, um den Betreffenden vor einem herannahenden Zug zu retten? Oder wäre ich eine der Umstehenden, die alarmiert, aber untätig herumstehen, während sich eine womöglich abwendbare Tragödie abspielt?

Beweise, dass ich mich trotz meiner Zweifel in dieser Situation als Heldin entpuppen könnte, findet man in einer kleinen grünen Oase in einem hektischen Teil Londons, zwischen der St. Paul's Cathedral und dem Museum of London. Dem Postman's Park, der so heißt, weil das große Gebäude an seinem südlichen Ende einst Sitz der Hauptpost war und der Park häufig von Postbeamten während ihrer Mittagspause aufgesucht wurde. Der gepflegte, winzige Platz mit seinem schönen Garten liegt neben der Kirche St. Botolph's, Aldergate, und wie viele kleine Parks in London befindet er sich auf dem Gelände eines ehemaligen Friedhofs.

Ich besuchte den Park an einem kühlen Frühlingsvormittag im März 2021 während des dritten Corona-Lockdowns in Großbritannien, auf einem der langen Spaziergänge, die mein Mann und ich damals unternahmen. Der Hauptgrund für den Besuch war die berühmteste Sehenswürdigkeit des Parks, das Watts-Denkmal für selbstlose Aufopferung. Dieses besteht aus einem hölzernen, kreuzgangartigen Bau, der 54 Tafeln aus glasierten Keramikfliesen schützt, welche an der Mauer eines heutigen Wohnblocks befestigt sind. Die Tafeln erzählen die Geschichten von »Held*innen des Alltags«, von normalen Personen oder Gruppen von Menschen, die versuchten, das Leben anderer zu retten.

Es gibt eine Tafel zu Ehren von Sarah Smith, einer jungen Pantomime-Künstlerin, die am 24. Januar 1863 im Princes Theatre in London ihren schrecklichen Verletzungen erlag, nachdem sie versuchte, die Flammen zu ersticken, die einen Tanzkollegen erfasst hatten. Eine andere Tafel erinnert an Arthur Strange und Mark Tomlinson, die am 25. August 1902 versuchten, zwei Mädchen vor dem Versinken im Treibsand in Lincolnshire zu retten, aber »selbst verschlungen wurden«.

Das im Juli 1900 eröffnete Denkmal wurde vom viktorianischen Künstler George Frederick Watts ins Leben gerufen und

zeigt auf bewegende und eindrucksvolle Weise, dass Held*innentum nicht nur eine Domäne von Soldat*innen und Mitgliedern von Rettungsdiensten ist und dass Held*innen oft ganz normale, unauffällige Zivilpersonen jeden Alters, Geschlechts und
Hintergrunds sind. In seinem faszinierenden Buch über das Watts-
Denkmal weist der Historiker John Price außerdem darauf hin,
dass »alltägliches Held*innentum« in verschiedenen Formen da-
herkommt. Er schreibt: »Das Watts-Denkmal hat keinen Mangel an [...] Menschen, die sich in brennende Häuser stürzen oder
auf Eisenbahngeleise springen [...] Taten, die durch die Dring-
lichkeit und Gefährlichkeit der Situation bestimmt und ange-
trieben wurden und in gewissem Maße durch die Dramatik und
das Spektakel, die sie begleiteten, gekennzeichnet waren.«[4] Aber
neben solchen Aktionen gibt es auch »das Held*innentum um-
sichtiger und hingebungsvoller Aufopferung, des professionel-
len Engagements und damit verbundener Verantwortung sowie
des ruhigen und überlegten Handelns«. Solche heroischen Taten
sind meiner Meinung nach Beispiele der vielleicht höchsten Form
menschlicher Freundlichkeit, bei der Menschen sich selbst für
andere opfern und manchmal Menschen retten, die sie gar nicht
kennen.

Ein ergreifendes Beispiel dafür, das für alle, die die Pandemie
durchlebt haben, als so viele Arbeiter*innen aus dem Gesund-
heitssektor sich selbst in Gefahr brachten, um Leben zu retten,
von großer Bedeutung ist, ist die Geschichte von William Lucas, einem jungen Arzt, der bei einem an Diphterie erkrankten
Kind einen Notfall-Luftröhrenschnitt vornahm. Während der
Verabreichung von Chloroform als Narkosemittel »hustete und
nieste das Kind, und sein [Lucas'] Gesicht war mit infiziertem
Schleim überzogen. Lucas, der sich der Infektionsgefahr durchaus bewusst war, bestand darauf, mit der Operation fortzufahren,
ohne innezuhalten, um sich zu reinigen, und der Eingriff konnte

wie geplant durchgeführt werden.«[5] Es ist nicht bekannt, ob das Kind aufgrund von Lucas' mutiger und selbstloser Professionalität überlebt hat, aber Lucas starb wenige Wochen später im Alter von 23 Jahren.

Neben Lucas wird im Postman's Park eines anderen jungen Arztes gedacht – Samuel Rabbeth. Obwohl er um die Gefahren wusste, sog er die Atemwege eines Kindes frei, die aufgrund der Diphterie blockiert waren. Wie Lucas wurde auch Rabbeth auf verschiedene Weise gewürdigt, mitunter in einem im Spectator veröffentlichten Gedicht, das den gütigen, stillen Heroismus sehr schön widergibt:

Kein Schlachtruf, der dein junges Blut erweckte,

drängte dich zu tapfren Taten und Hoffnungen auf Ruhm.

Bescheiden deine liebende Aufgabe,

demütig dein Weg, unbekannt bis jetzt dein Name.[6]

Zu den Held*innentaten, an die das Watts-Denkmal erinnert, zählen auch einige von Kindern, so wie die des elfjährigen Solomon Galaman, der den Verletzungen erlag, die er sich zuzog, als er versuchte, seinen jüngeren Bruder davor zu retten, in der Commercial Street in Whitechapel überfahren zu werden. In einer Szene auf dem Sterbebett im Londoner Krankenhaus, die so ergreifend ist, dass sie an Dickens erinnert, soll der kleine Solomon seiner Mutter gesagt haben: »Mutter, ich sterbe. Haben sie meinen kleinen Bruder nach Hause gebracht? Ich habe ihn gerettet, aber ich konnte mich selbst nicht retten.«[7] Andere Tafeln berichten von kleinen Jungen, die nicht Geschwister, sondern Freund*innen retteten oder zu retten versuchten – alles Fälle, in denen Kinder auf eine Art und Weise handelten, die den Irrglauben widerlegt, dass Kinder immer egoistisch seien und sich nicht um das Wohl anderer kümmerten.

Und dann gibt es noch ein Denkmal für eine der berühmtesten Heldinnen des viktorianischen Zeitalters. Mary Rogers war eine Stewardess an Bord des Dampfschiffs Stella, das regelmäßig zwischen Southampton und St. Peter Port auf Guernsey verkehrte. Am 30. März 1899 – Mary war damals 44 Jahre alt – sank das Schiff auf einem Osterausflug, nachdem es vor Alderney die berühmte Felsengruppe Casquets gerammt hatte. Insgesamt befanden sich 190 Passagiere an Bord, und 86 der 190 Passagiere kamen ums Leben, mit ihnen 19 Crewmitglieder. Unter denen, die ihr Leben ließen, war auch der Kapitän des Schiffs – und in der Tat waren nach Aussage einer Überlebenden, einer gewissen Miss Drake, »alle Besatzungsmitglieder Helden«.[8] Aber es war Mary, die die Fantasie der Öffentlichkeit mehr als alle anderen erregte, hauptsächlich durch die Aussage einer anderen, dieses Mal namentlich nicht bekannten Überlebenden, die 1899 in der *Jersey Times* veröffentlicht wurde.

Mit großer Geistesgegenwart und Gelassenheit holte Mrs. Rogers alle Damen aus ihren Kabinen an die Seite des Schiffes und half ihnen in die kleinen Boote, nachdem sie allen, die noch keine Schwimmweste hatten, diese angelegt hatte. Dann, als sie sich umdrehte, sah sie, dass noch eine junge Dame keine Schwimmweste trug, woraufhin sie darauf bestand, ihr ihre eigene umzulegen. Anschließend führte sie sie zu dem sich schnell füllenden Boot. Die Seeleute riefen: »Springen Sie hinein, Mrs. Rogers, springen Sie hinein!« Das Wasser stand zu diesem Zeitpunkt nur wenige Zentimeter von der Oberkante des Bootes entfernt. »Nein, Nein!«, rief sie. »Wenn ich hineinsteige, werde ich das Boot zum Kentern bringen. Auf Wiedersehen, auf Wiedersehen«, und dann sagte sie mit erhobenen Händen: »Herr, rette mich!«, und gleich darauf versank das Schiff unter ihren Füßen.[9]

Zweifelsohne steckt in diesem Bericht ein Hauch von viktorianischem Melodrama, aber er ist ein Zeugnis aus erster Hand, und es besteht kein Zweifel, dass Mary Rogers' außergewöhnliche Bedachtheit, Freundlichkeit und Selbstaufopferung gezeigt und damit viele Leben gerettet hat. Infolgedessen wurde sie weithin verehrt, und es gibt Denkmäler für sie in Southampton, Liverpool und St. Peter Port. Und im Postman's Park.

Ich bezweifle, dass sich Mary Rogers wie die jungen Ärzte Lucas und Rabbeth mit der Bezeichnung Heldin oder Held wohlgefühlt hätte. Sie wäre der Meinung gewesen, dass sie als Mitglied der Mannschaft der Stella nur ihre Pflicht erfüllt habe. Aber wir sehen an ihrem Beispiel, dass die Hingabe an die Pflicht Menschen zu außergewöhnlicher Selbstlosigkeit motivieren kann. In einem anderen Bericht über Marys letzte Momente fleht ein Passagier sie an, in eines der überfüllten Rettungsboote zu steigen, aber Mary antwortet: »Nein, mein Platz ist hier.«

Die »Banalität des Held*innentums«

Psycholog*innen haben sich lange Zeit viel mehr für unsere böse als für unsere gute Seite interessiert. Aber seit den 1980er Jahren ist das Interesse an der menschlichen Güte gestiegen. Ein Paradebeispiel dafür ist die Arbeit des Psychologen Philip Zimbardo. Zimbardo ist vor allem für das Stanford Prison Experiment von 1971 berühmt, ja berüchtigt, das zu demonstrieren schien, wie schnell normale Menschen beginnen, andere schlecht zu behandeln, wenn sie Macht über sie haben.[10] Es handelt sich um eine Studie, deren Methodik und Ergebnisse über die Jahre häufig infrage gestellt und diskutiert wurden.[11] Es ist klar, dass nichts an dem Experiment oder an der Art und Weise, wie es beschrieben wird, jemals so einfach ist, wie es klingt. Doch Zimbardo interessiert sich nicht nur dafür, was uns dazu bewegt, schlecht zu handeln, sondern auch dafür, was uns veranlasst, Gutes zu tun. Das brachte ihn dazu, das Heroic Imagination Project zu starten. Die Idee ist, psychologische Forschungen zu nutzen, um die Menschen aufzuklären, wie sie selbst zu Held*innen werden können, wenn der richtige Zeitpunkt gekommen ist. Das ist sicher ein ehrgeiziges Ziel. Im Jahr 2021, nachdem innerhalb von zehn Jahren 35 000 Menschen in zwölf Ländern ausgebildet worden waren, verkündete er, dass man nun »von individuellen Held*innentaten zum Aufbau einer kritischen Masse für ein kollektives Held*innentum übergehen könne, um die feindselige Einstellung unserer Zeit in eine allgemeinere heroische Einstellung zu verwandeln«.[12]

Das ist mitreißend, und als wolle er zeigen, dass wir zwar alle Held*innen sein können, aber nur wenige Superhelden sind, ist ein großes Farbfoto von Professor Zimbardo beigefügt, auf dem er ein Superman-T-Shirt trägt, wobei das S durch ein Z ersetzt wurde. Ich habe mich mit Zimbardo getroffen und ihn interviewt, und er ist eine überlebensgroße Figur, deshalb wundere ich mich nicht über das T-Shirt. Ich besitze ein Foto von uns beiden vor der Skyline San Franciscos, auf dem er ein T-Shirt mit einem Bild seines Gesichts darauf trägt. Aber unabhängig von seinen T-Shirts versuchen er und seine Stiftung etwas Bedeutendes zu tun, nämlich Leben zu retten, indem sie jeden von uns auffordern, sich bewusst zu machen, dass wir eine heroische, freundliche Tat vollbringen könnten, wenn es nötig wäre. Und diese Arbeit hat die Art und Weise beeinflusst, wie ich über heroische Taten der Freundlichkeit denke. Nach jahrelanger Forschung über Held*innentum ist Zimbardo zu folgendem Schluss gelangt: Erstens, jeder Mensch kann heroische Taten vollbringen, und Held*innentum ist sicherlich nicht nur einer elitären Minderheit vorbehalten. Zweitens, spielen Menschen, die mutig handeln, ihre Tapferkeit im Nachhinein fast immer herunter und bestehen darauf, dass sie instinktiv gehandelt haben und dass jeder das Gleiche getan hätte.[13] Dieses offenkundige Herunterspielen des Alltagsheld*innentums – nicht zuletzt durch die Held*innen selbst – veranlasste Zimbardo und seinen Co-Autor, Zeno Franco, den Begriff »Banalität des Held*innentums« zu prägen, ein bewusstes Echo auf den Begriff »Banalität des Bösen« der Philosophin Hannah Arendt, den sie gebrauchte, um zu erklären, wie scheinbar normale Menschen während des Holocausts monströse Taten begehen konnten. (Es sollte angemerkt werden, dass ihre Einblicke zum Teil das Stanford Prison Experiment inspirierten.) Diese Umdeutung des Begriffs könnte natürlich geringschätzend klingen, würde sie nicht mit der Art und Weise übereinstimmen, in der viele als Held*innen bezeichnete Menschen sich selbst sehen: als unauffällig, durchschnittlich und normal. Ironischerweise könnten Held*innen mehr als alle anderen diese Wortschöpfung begrüßen.

Der Rest von uns aber bleibt der Behauptung, »das war nichts besonderes«, gegenüber oft skeptisch und betrachtet sie als Beispiel für falsche oder tatsächlich heroische Bescheidenheit, die uns in nur noch größere Bewunderung verfallen lässt. »Diese Menschen sind nicht nur bemerkenswert mutig, sie sind auch bemerkenswert bescheiden«, sagen wir uns. Wir stellen sie damit auf ein noch höheres Podest und entfernen ihre Taten noch weiter von dem, was zu tun wir jemals für möglich halten.

Die Persönlichkeitsmerkmale von Held*innen zu untersuchen ist schwierig, weil sie erst nach ihrer Tat als solche identifiziert werden können und wir wiederum nicht wissen können, ob diese Erfahrung ihre Persönlichkeit nicht auch irgendwie verändert hat. Uns bleibt also nur das, was wir über sie wissen, bevor sie zu Held*innen wurden, und das führt uns zu der Tatsache zurück, dass sie aus allen Gesellschaftsschichten kommen und ganz verschieden sind. Es scheint, als seien wir in demselben Dilemma gefangen: An diesen besonderen Menschen gibt es nichts offensichtlich Besonderes, bis sie ihre besondere Tat vollbringen.

Doch wenn Menschen aufgefordert werden, die Persönlichkeitsmerkmale, die sie mit Held*innen assoziieren, zu benennen, tauchen neben den beliebtesten Begriffen wie »mutig« und »tapfer« auch Wörter wie »fürsorglich«, »hilfsbereit« und »mitfühlend« auf, alles Wörter, die im Freundlichkeitstest zu den fünf meistgenannten gehörten, mit denen die Befragten erklärten, was Freundlichkeit für sie bedeutet.[14] Das legt den Schluss nahe, dass wir Held*innen sowohl als freundlich als auch als mutig betrachten – eine wichtige Erkenntnis, weil infolgedessen das Feld des Held*innentums einer weit größeren Gruppe von Menschen offensteht.

Allerdings muss erklärt werden, warum auf die relativ weit verbreitete Fähigkeit zur Selbstlosigkeit im einen Fall ein tatsächlich heroischer Akt folgt – und im anderen nicht. Eine heroische Tat wird zum Teil durch die Umstände diktiert, in welchen sich eine Person befindet. Der Grund, warum wir uns nicht vorstellen können, dass wir in einen Kanal springen würden, um ein ertrinkendes Kind zu retten, liegt wohl eher darin, dass wir noch nie mit dieser Situation konfrontiert waren, als darin, dass wir so nicht handeln können. So gesehen werden Menschen nicht nur durch das, was sie getan haben, zu Held*innen, sondern auch weil sie die Gelegenheit dazu hatten.

Das bedeutet zugleich, dass unsere Fähigkeit, Held*innentum zu zeigen, notwendigerweise – eigentlich glücklicherweise – begrenzt ist. Das gilt zumindest für die auffälligsten Formen des Held*innentums, etwa Kamerad*innen auf dem Schlachtfeld zu retten oder Menschen aus brennenden Gebäuden zu holen. Ja, wir alle können Held*innen sein. Aber eben nicht alle gleichzeitig. Die bekannten Psychologen Bibb Latané und John Darley – deren Arbeit wir später noch genauer kennenlernen werden – schätzten in einer klassischen Studie von 1969, dass der durchschnittliche Mensch in seinem Leben weniger als sechs Notfälle erlebt.[15]

Doch wie bereits erwähnt, wird die Vorstellung, was Held*innentum ausmacht, inzwischen weiter gefasst und schließt eine größere Palette menschlichen Handelns mit ein. Forschungen über die Carnegie-Medaille für Held*innentum – die in den USA an Zivilpersonen verliehen wird – ergaben, dass deutlich mehr Männer mit der Medaille ausgezeichnet wurden als Frauen, zum Teil deshalb, weil bei so vielen Kategorien Körperkraft eine Rolle spielt. Doch eine breitere Definition von Held*innentum schließt auch jede Menge Frauen ein. In Kapitel 3 war von Abie die Rede, der einem Fremden eine Niere spendete, doch tatsächlich sind es mehrheitlich Frauen, die Nieren spenden und so ein Opfer bringen, das sowohl Freundlichkeit als auch Tapferkeit demonstriert.

Die klassische Definition eines Helden ist ein großer Anführer oder Krieger (gewöhnlich ist es ein Mann), der zum Wohl seines Landes Tapferkeit zeigt. Der Psychologe Zeno Franco, der Held*innentum in drei Kategorien unterteilt hat, würde diese Art von Helden – zu dem auch Johnson Beharry und Matthew Croucher, aber auch historische Figuren wie Napoleon oder Alexander der Große sowie die außergewöhnlichen Taten von Feuerwehrleuten und Polizist*innen zählen – in die Kategorie »martialisch« einordnen. Doch heutzutage, mindestens seit Mitte des 19. Jahrhunderts, schätzen wir zwei andere Held*innentypen ebenso, wie das Watts-Denkmal zeigt. Franco bezeichnet diese Kategorien als das »zivile« und das »soziale« Held*innentum. Ersteres betrifft mutige Taten, wenn zum Beispiel eine Zivilperson jemanden aus einem Feuer rettet oder eingreift, um eine Schlägerei zu stoppen, während das zweite zahlreiche Bereiche umfasst, wie zum Beispiel Whistleblowing oder ein guter Samariter zu sein oder ein Underdog, der sich gegen alle Widrigkeiten durchsetzt und wissenschaftliche Entdeckungen macht.[16]

Wenn wir diese Kategorien annehmen, erkennen wir leicht, dass die Held*innen des Postman's Park im Großen und Ganzen zum »zivilen« Typus gehören. Und im nächsten Abschnitt, der sich mit den Held*innen der Pandemie befasst, werde ich eine Reihe von Menschen und Gruppen nennen, die ich für treffende Beispiele des »sozialen« Held*innentypus halte.

Pandemie-Held*innen?

Am frühen Morgen des Neujahrstags 2020 war Sarah Gilbert, führende Wissenschaftlerin an der University of Oxford, bereits wach und las, zwar noch im Schlafanzug, Berichte über eine neue »virale Pneumonie« in Wuhan, China. Vielleicht muss die Welt dankbar sein, dass Professorin Gilbert nicht wie viele von uns nach der Silvesterparty lange ausschlief, denn das war der Start der rekordverdächtig schnellen Entwicklung eines Impfstoffs durch ihr Team gegen das, was bald als Covid-19 bekannt werden sollte.

Denn Professor Gilbert und ihr Team am Jenner Institute von Oxford hatten nach dem Ebola-Ausbruch von 2014 bis 2016 ein generisches Vakzin entwickelt, das als Baustein für einen spezifischeren Impfstoff gegen das nächste tödliche Virus genutzt werden konnte. Und sie wussten, dass ein solches mit Sicherheit kommen würde. Professorin Gilbert sagte meinem BBC-Kollegen James Gallagher: »Wir hatten für Krankheit X geplant, wir warteten auf Krankheit X, und ich dachte, diese (das »Wuhan-Virus«) könnte sie sein.«[17]

Professorin Gilberts Arbeit rettete zweifellos Millionen Menschenleben und trug dazu bei, dass sich das Leben inzwischen wieder annähernd normalisiert hat, was ohne Impfstoffe niemals möglich gewesen wäre. Wenn das mal keine großartige Arbeit ist, Arbeit, auf die man stolz sein kann, dann weiß ich nicht, welche es sein könnte. Aber ist sie eine Heldin?

Ich glaube, sie ist eine, und sie passt in Francos Kategorie des »sozialen« Held*innentums. Neben Sarah – inzwischen Dame Sarah – Gilbert könnten wir auch andere Virolog*innen, Epidemiolog*innen und mathematische Modellierer*innen nennen, die zwar in gewisser Weise lediglich »ihre Arbeit« getan, aber ihre Pflicht mehr als erfüllt haben. Es mag nach einer Weile ermüdend gewesen sein, Politiker*innen davon reden zu hören, dass die Arbeit zur Bewältigung der Pandemie »unermüdlich« sowie »Tag und Nacht« fortgeführt werde, aber im Fall von Professorin Gilbert und anderen waren diese Feststellungen zutreffend. Und obwohl diese Forschenden sich eigentlich nicht in Gefahr brachten – allerdings sollten die Folgen eines Burnouts nicht vernachlässigt werden –, legten sie eine unglaubliche Menschlichkeit und Selbstlosigkeit an den Tag, weil sie jedes Quäntchen ihres Könnens und ihrer Erfahrung zum Wohle anderer einsetzten.

Und dann ist da das Gesundheitspersonal an vorderster Front.

In den etwa achtzehn Monaten, in denen die Pandemie auf ihrem Höhepunkt war, interviewte ich zahlreiche Ärzt*innen, Pflegende und anderes Personal, das in der Notaufnahme arbeitet, für meinen Podcast. Einer der auffallendsten Aspekte ihrer Berichte war, dass sie aufgerufen wurden, nicht nur medizinische Aufgaben zu erfüllen, für die sie sich gerüstet fühlten, auch wenn sie noch so schwierig waren, sondern auch große Freundlichkeit an den Tag zu legen. Weil Angehörige und Nahestehende ihrer eigenen Sicherheit wegen keinen Zugang zu Krankenhäusern und Pflegeeinrichtungen hatten, blieb es dem Krankenhauspersonal überlassen, Patient*innen letzte Worte und tröstende Berührungen zukommen zu lassen. Neben der Verabreichung von

Medikamenten und der Durchführung von medizinischen Maßnahmen sahen sich diese Fachkräfte häufig veranlasst, verängs-
tigte Menschen in den letzten Momenten ihres Lebens in den
Arm zu schließen.

Als die Mutter meiner besten Freundin Jo im März 2020 in
England im Krankenhaus mit Covid-19 im Sterben lag, war Jo
Tausende Kilometer weit entfernt in Neuseeland und hatte keine Möglichkeit, nach England zu fliegen, um am Krankenbett
ihrer Mutter zu weilen. Meine Freundin konnte nicht mehr tun,
als mit ihrer Mutter, Paula, zu sprechen und sie zu trösten. Eine
Krankenschwester, die zweifelsohne jede Menge zu tun hatte,
hielt Paula das Telefon ans Ohr und drückte ihre Hand, während
meine Freundin mit ihrer Mutter sprach. So wurde die Berüh-
rung der Tochter von der anderen Seite der Erde einer sterbenden Mutter übermittelt. Dieser Akt der Freundlichkeit seitens
der Krankenschwester war für Jo und hoffentlich auch für Paula
ein großer Trost.

Tatsache ist aber, dass sich die meisten Pflegenden und Ärzt*-
innen in ihrem Arbeitsvertrag nicht verpflichtet haben, Sterbende zu umarmen und Gespräche am Sterbebett zu führen. Diese
Dinge fallen diesen Fachkräften nicht leicht, die, wie ich im vor-
hergehenden Kapitel erläutert habe, gelernt haben, mit dem Leid
und der Not ihrer Patient*innen umzugehen, indem sie persönlich Abstand halten und absichtlich nicht zu viel Mitgefühl für
sie empfinden. Deshalb konnte es sich für sie unangenehm, un-
behaglich und sogar unnatürlich anfühlen, in gewissem Sinne
für abwesende Angehörige einzuspringen.

Und im Gegensatz zu Angehörigen, die in den meisten Fällen nur einen Verlust zu verkraften hatten, war das Personal in
Krankenhäusern und Pflegeeinrichtungen in der schlimmsten
Phase der Pandemie täglich mit Todesfällen konfrontiert. Während mancher Schichten sprachen sie mit einer Reihe von Kran-

ken über Leben und Tod, und als sie am nächsten Tag wieder zur Arbeit kamen, waren mehrere dieser Menschen gestorben, während neue, ebenso kranke Menschen ihre Betten übernommen hatten. Manchmal war es beim letzten Gespräch, das sie mit ihren Patient*innen geführt hatten, um das Einverständnis für die künstliche Beatmung gegangen, und sie mussten den Kranken erklären, dass sie ohne diese Zustimmung mit Sicherheit sterben würden, dass ihre Überlebenschance aber auch mit ihrem Einverständnis lediglich bei 50:50 stehe. All dies brachte das Personal in die Gefahr dessen, was Psycholog*innen als moralische Verletzung bezeichnen: Diese Verletzung tritt ein, wenn eine Person den Eindruck gewinnt, ihre Reaktion auf eine Situation sei unangemessen, was sie mit Schuld- und Schamgefühlen zurücklässt.

Das erklärt zum Teil, warum das medizinische Personal das Klatschen ablehnte, das während des ersten Lockdowns jeden Donnerstagabend stattfand. Sie wussten, dass das Klatschen und Kochtopfschlagen gut gemeint war, aber sie betrachteten sich nicht als Held*innen, sondern vielmehr als Menschen, die aufgrund unzureichender Schutzausrüstung und fehlender Intensivbetten nicht in der Lage waren, ihre Arbeit richtig zu machen.

Als Held*in bezeichnet zu werden kann auch belastend sein, deshalb kann es hilfreich (und in der Tat an sich freundlich) sein, solche Taten als Akte außergewöhnlicher Freundlichkeit statt als heroisch zu betrachten. Darüber hinaus wäre dieses »Reframing« ein weiteres Beispiel für die Normalisierung des Held*innentums, wodurch es in Reichweite für uns Normalsterbliche geraten würde. Dies könnte auch einige der negativen Auswirkungen des sogenannten »Zuschauereffekts« abschwächen, auf den ich später in diesem Kapitel zu sprechen kommen werde.

Bevor wir uns von der Pandemie verabschieden, sollten wir des großartigen verstorbenen Captain Sir Tom Moore gedenken, der während der Krise eine andere Art von »sozialem Held« war. Bekanntermaßen sammelte er mehr als 30 Millionen Pfund für Wohltätigkeitsorganisationen des Nationalen Gesundheitsdienstes, indem er vor seinem 100. Geburtstag hundert Mal in seinem Garten auf und ab ging. Sir Tom hatte im Zweiten Weltkrieg in Indien und Burma gedient und im Kampf zweifellos »martialischen« Heldenmut bewiesen. Aber er wurde als Held anerkannt, und das meiner Meinung nach zu Recht, weil er trotz seines hohen Alters eine außergewöhnliche Spendensammelaktion unternahm und weil er in einer Zeit, als dies am meisten gebraucht wurde, ein so warmherziges, sonniges und freundliches Gemüt zeigte.

Eines der wichtigsten Merkmale sozialen Held*innentums ist die Tatsache, dass es als aktive Inspiration für andere dient. Zu traditionellen heroischen Taten kann es nur kommen, wenn sich die entsprechende Situation ergibt, und diese kann nicht künstlich herbeigeführt werden – es ist beispielsweise offenkundig alles andere als heldenhaft, das Haus Ihres Nachbarn anzuzünden, damit Sie anschließend in die Flammen rennen können, um ihn zu retten. Doch wenn es zu außergewöhnlicher Menschenfreundlichkeit oder vielleicht zur Gründung einer sozialen Bewegung kommt (qualifiziert sich Greta Thunberg nicht eindeutig als Heldin?), dann können wir alle bis zu einem gewissen Punkt beschließen, in die Fußstapfen derer zu treten, die uns inspirieren. Wir können, wie es im Personalwesen heißt, zu *self-starters* werden.

Das geschah jedenfalls bei Sir Tom, weil zahlreiche ähnliche Sammelaktionen ins Leben gerufen wurden. Zwar erreichten andere Senior*innen, die jeden Tag zehnmal die Treppe hinauf- und hinunterstiegen oder täglich mit ihrem Rollator um den Park gingen, nicht die weltweite Berühmtheit des Captain, doch sie bewiesen auf ihre eigene Weise ebenso viel Held*innentum und Hingabe, und sie werden wiederum andere inspiriert haben. Das Großartige am sozialen Held*innentum ist, dass es im besten Sinne des Wortes »viral« gehen kann.

Die Eindämmung des Zuschauereffekts

Doch so wie wir dazu inspiriert und ermutigt werden können, wie Held*innen zu agieren, können wir manchmal auch davon abgehalten werden, das Richtige zu tun. Mit ziemlicher Sicherheit haben Sie schon einmal vom »Zuschauereffekt« gehört, der besagt, dass je mehr Menschen Zeug*innen eines Verbrechens oder Notfalls werden, desto geringer wird die Wahrscheinlichkeit, dass sie eingreifen beziehungsweise helfen. Diese These tauchte zum ersten Mal 1968 in einer klassischen Studie der Psychologen John Darley und Bibb Latané auf, die den Titel »Bystander intervention in emergencies« trug. Darley und Latané begannen ihre Forschungen, nachdem sie von dem berüchtigten Fall von Kitty Genovese von 1962 hörten (den ich bereits in Kapitel 1 erwähnte), als – was sich später als absolut falsch erwies – angeblich 38 Menschen dabei zusahen, wie Kitty erstochen wurde, aber nichts unternahmen. Doch es gibt ein Problem mit dem Zuschauereffekt, und zwar weil er keineswegs so verbreitet ist, wie manchmal behauptet wird, und weil er gewaltig missverstanden wird.

Wenn in einer Menschenmenge etwas Schlimmes passiert, ist die Annahme selbstverständlich zu einem gewissen Grad natürlich und gewiss nicht irrational, dass ein anderer reagieren wird. Sie selbst könnten den Angreifer konfrontieren, aber das könnte auch die Person tun, die neben Ihnen steht, wieso sollten Sie es nicht ihr überlassen? Tatsache ist, dass in einer solchen Situation jegliche Schuld, die aus der Untätigkeit erwachsen könnte, auf die ganze Gruppe fällt. Okay, Sie sind nicht losgestürmt und haben dem Räuber die Pistole entrissen, aber das hat auch keine der anderen Personen getan. Niemand kann auf Sie zeigen.

Diesen Aspekt des Zuschauereffekts können sie übrigens umkehren und für sich nutzen, falls Sie je in die Lage geraten, Hilfe zu benötigen. Anstatt der vorbeiziehenden Menge einfach »Hilfe! Hilfe!« zuzurufen, greifen Sie eine Person heraus. »Sie da, in der grünen Jacke. Rufen Sie die Polizei! Ich brauche Hilfe!« Wenn eine bestimmte Person der Meinung ist, die Verantwortung, einzugreifen, liege bei ihr, ist die Chance größer, dass sie Ihnen hilft.

Ein weiterer Faktor, der das Eingreifen verhindert, ist die Art und Weise, wie die Gesellschaft heutzutage in einigen Teilen der Welt beschaffen ist, weil wir häufig ein individualisiertes, von unseren Mitmenschen abgeschottetes Leben führen. Wie häufig hört man zum Beispiel, dass Nachbar*innen, wenn sie nach einem Mord von Journalisten befragt werden, über das Opfer sagen: »Er lebte zurückgezogen«? Unter diesen Umständen ist es vielleicht kaum überraschend, dass die Leute, selbst wenn die Möglichkeit bestanden hätte, nur zögernd eingreifen würden, um anderen Menschen zu helfen, die sie kaum kennen, vor allem dann nicht, wenn sie sich selbst womöglich in Gefahr bringen würden. Wir denken gern, dass wir in Gegenden leben, in denen man freundlich ist und Gemeinschaftssinn vorherrscht – was man die Leute nach einem Mord nämlich ebenfalls häufig zu Journalisten sagen hört, ist: »Ich kann nicht fassen, dass so etwas *hier* passiert!« Doch trotz unseres Wunsches, anderen zu helfen und ein gutes Miteinander zu pflegen, halten wir uns oft deshalb zurück, weil wir uns nicht einmischen wollen. Und wir haben im Freundlichkeitstest gesehen, dass der Hauptgrund dafür, dass die Menschen nicht häufiger freundliche Handlungen vollbringen, die Angst ist, diese könnten falsch interpretiert werden.

Diese Verlegenheit kann noch dadurch verstärkt werden, dass wir befürchten, eine Situation falsch einzuschätzen. In einer Notsituation ist häufig nicht klar, was genau passiert, deshalb ist es vernünftiger, sich erst mal zurückzuhalten, um zu beurteilen, was gerade geschieht, als sich kopfüber in mögliche Gefahren zu stürzen. Wir nutzen eine Reihe kognitiver Prozesse, um zu entscheiden, ob wir einer Person zu Hilfe kommen oder nicht – dazu gehört, ob andere Personen anwesend sind, ob wir die geeignetste Person sind, um Hilfe zu leisten, oder wie besorgt die anderen Personen erscheinen. Unser Gehirn gibt Antworten auf Fragen wie: Ob dieser Kerl dort wohl ein besserer Schwimmer ist als ich? Gibt es etwas, das ich den Kindern zuwerfen könnte? Hat der Rest der Menge recht mit der Annahme, dass die Kinder im Wasser nur herumalbern und nicht etwa versuchen, sich über Wasser zu halten? Wir wollen die Lage nicht falsch einschätzen.

In der nachfolgenden Tabelle habe ich nachzuvollziehen versucht, wie sich die Gedankenprozesse einer heroischen Person und einer zuschauenden Person voneinander unterscheiden, wenn sie an einem Bahnhof eine Person in Gefahr sehen.

	Held*in	Zuschauer*in
Beobachtung des Vorfalls	»Oh, nein! Jemand ist vom Bahnsteig gestürzt und liegt auf den Geleisen.«	»Oh, nein! Jemand ist vom Bahnsteig gestürzt und liegt auf den Geleisen.«
Einschätzung, was geschehen muss	»Eine Person wird hinunterspringen und ihm helfen müssen. Vielleicht sollte ich diese Person sein?«	»Eine Person wird hinunterspringen und ihm helfen müssen. Gewiss gibt es eine andere Person, die das besser kann als ich?«

Einschätzung, ob gehandelt werden soll	»Es muss etwas unternommen werden, sonst wird die Person vom nächsten Zug überrollt. Es könnte gefährlich sein, aber ich werde es tun!«	»Was werden die Leute denken, wenn ich hinunterspringe? Was ist, wenn ich die Lage falsch einschätze? Es könnte gefährlich sein. Gott sei Dank. Eine andere Person hat es getan. Gut für die Person, die gestürzt ist!«
Erklärung der persönlichen Handlung im Nachhinein	»Jede Person hätte das getan. Ich habe nur nach Instinkt gehandelt und habe getan, was getan werden musste.«	»Ich bin nicht wie diese heroische Person. Ich glaube nicht, dass es irgendwelche Umstände gibt, in denen ich handeln würde wie sie.«

In einer Notsituation laufen diese Gedankenprozesse natürlich rasend schnell ab. Und trotz der Faktoren, die uns zurückhalten könnten, wie etwa Verlegenheit oder Angst, treten die Held*innen vor. Was also hebt sie von den anderen ab, falls überhaupt? In einem Aufsatz mit dem schönen Titel »Sind Psychopath*innen und Held*innen Zweige desselben Asts?« entdeckten Forschende etwas Auffälliges bei Menschen, die bei einem bestimmten Merkmal der Psychopathie, nämlich der »Furchtlosen Dominanz«, einen hohen Wert aufweisen.

Furchtlose Dominanz bedeutet, dass diese Menschen den Wunsch hegen, soziale Situationen zu dominieren, dass es ihnen egal ist, was die anderen über ihre Handlungen denken, und dass sie bereit sind, körperliche Risiken einzugehen. Sie könnten ihren Mut also für etwas Schlechtes einsetzen, etwa indem sie Schlägereien anzetteln, doch die Forschenden fanden heraus, dass Menschen mit diesen Wesensmerkmalen eher Held*innentaten vollbringen als andere. Was vielleicht noch interessanter ist: Sie schnitten auf einer Skala zur Messung des Altruismus gegenüber Fremden tendenziell besser ab.[18]

Selbstverständlich hat jedes mit Psychopathie verbundene Persönlichkeitsmerkmal seine Nachteile, und das könnte zumindest bedeuten, dass manche Held*innen vielleicht mutig und freundlich, aber manchmal eben auch Angeber*innen sind, die gern im Zentrum der Aufmerksamkeit stehen. Trotzdem regt es zum Nachdenken an.

In diesem Buch habe ich bereits die Vorstellung infrage gestellt, dass eine freundliche Tat abgewertet wird, wenn die Person, die sie vollbringt, sich dadurch gut fühlt oder gar Anerkennung bekommt. Ich glaube allerdings nicht, dass dies für Held*innentaten gilt, denn schließlich gibt es Tapferkeitsmedaillen und finden Zeremonien zu Ehren von Held*innen statt. Davon abgesehen: Sollten wir vielleicht alle versuchen, von den furchtlos Dominanten zu lernen und unsere Zurückhaltung, Unbeholfenheit und Verlegenheit zu überwinden, wenn es darum geht, in schwierigen Situationen einzugreifen? Müssen wir unsere Angst, missverstanden zu werden, vielleicht besiegen?

Die Psychologin Rachel Manning und der Psychologe Mark Levine untersuchten weitere Gründe, weshalb Menschen anderen zu Hilfe eilen. Für ein Experiment rekrutierten sie einige Fans von Manchester United, dann ließen sie eine joggende Person in einem Park so tun, als stolpere sie und verletze sich den Knöchel. Ein paarmal trug die Person ein Liverpool-Trikot, andere Male eins von Manchester United oder ein neutrales Shirt. Zum Glück blieben in jedem der Fälle manche Fans stehen und boten ihre Hilfe an, aber sie taten es eher, wenn die Person ein

Manchester-United-Trikot trug. So stark ist die gemeinsame Identität, die durch Fußballclubs geschaffen wird.[19]

Aber was ist, wenn Sie sich, so wie ich, nicht für den Tribalismus des Fußballs interessieren oder wenn Sie es für wichtig halten, anderen, ungeachtet aller Unterschiede, wie zum Beispiel Nationalität oder ethnischer Zugehörigkeit, zu helfen? Gibt es nicht so etwas wie eine gemeinsame *Menschlichkeit*?

Bei Berufspendler*innen hat man normalerweise nicht das Gefühl, dass sie eine starke Gruppenidentität haben. Vielleicht vereint sie die Unzufriedenheit über verspätete und überfüllte Züge, dennoch deutet ihr Verhalten in den meisten Fällen darauf hin, dass sie für sich sein und auch bleiben wollen. Doch unter bestimmten Umständen kann aus Einzelpersonen, die vorher nichts miteinander verband, zum Wohle aller ein Kollektiv werden. Das wurde von Professor John Drury von der University of Sussex demonstriert, der analysierte, was nach den Bombenanschlägen auf die Londoner U-Bahn im Juli 2005 geschah. Trampelten die Menschen einander nieder, als sie um ihr Leben rannten? Nein, sie haben aufeinander aufgepasst. Waren sie egoistisch? Nein, sie waren rücksichtsvoll.

Die Forschenden sammelten Aussagen von Zeug*innen aus Zeitungen, Blogs, Radiodokumentationen und offiziellen Berichten und schalteten sogar Werbung, um Menschen zu finden, die dabei waren und ihnen ihre Erfahrungen schilderten. Von insgesamt 287 Berichten war nur in 18 davon die Rede, dass jemand sich egoistisch verhalten hatte (in Interviews wurde kritisiert, dass ein paar Personen auf ihr Handy fixiert waren oder in einer eigenen Welt zu sein schienen, nicht aber, dass sie sich an anderen Passagieren vorbeidrängten). Es gab 207 Geschichten von Personen, die einander halfen, trotz der Angst, es könnte zu einer weiteren Explosion kommen oder der Tunnel einstürzen. Sie legten behelfsmäßige Verbände und Stauschläuche an, trösteten Verletzte, boten ihnen Wasser an, halfen ihnen beim Aufstehen und führten sie hinaus ins Freie. In dem Augenblick, als die Bombe hochging, waren die Leute in den Zügen nicht mehr nur eine Gruppe zufällig zusammentreffender Menschen, sondern sie »saßen alle im selben Boot«, wie es einer ausdrückte, beziehungsweise im selben Waggon, und waren miteinander verbunden, weil sie sich alle in derselben fürchterlichen Situation befanden. Es war keine Gruppenidentität, die sie vorher hatten, und auch keine, die einer von ihnen freiwillig gewählt hätte, doch in diesem Moment verband sie ein Wir-Gefühl. Jetzt waren sie Teil einer psychologischen Gruppe, und das förderte den starken Zusammenhalt.[20]

Selbstverständlich ist die Frage, die es vielen so schwer macht, sagen wir, in eine Schlägerei einzugreifen, ob der Aggressor sich gegen uns wenden und uns ernsthaft verletzen könnte. Wir alle haben Geschichten wie die von Kevin Alderton gelesen.

Kevin war Sergeant bei der britischen Armee, als er im Mai 1998 sah, wie zwei Männer eine Frau in einem Hauseingang in London überfielen. Kevin und ein Freund griffen ein, waren aber bald von einer viel größeren Gruppe von Männern umringt und wurden ihrerseits attackiert. Bei dem Angriff versuchte einer dieser Männer, Kevin die Augen auszustechen. Obwohl Kevins Augenverletzung sehr ernst war, dachte er zunächst, dass seine Sehfähigkeit erhalten geblieben sei. Doch innerhalb von wenigen Tagen erblindete er fast vollständig.

Kevin hat sein Leben wieder in den Griff bekommen, ist Weltrekordhalter im Blinden-Speedskiing und tourt als Motivationsredner durch die Welt. Wie so viele andere Held*innen sagt er, dass er sein Eingreifen trotz des hohen Preises, den er dafür bezahlen musste, nicht bereut.[21]

Geschichten wie diese füllen die Schlagzeilen und veranlassen die Polizei zu dem Ratschlag, nicht einzugreifen, sondern lieber eine Streife zu rufen. In den meisten Situationen ist das sicher ein guter Rat, aber es ist erwiesen, dass wir die Wahrscheinlichkeit, bei dem Versuch, eine Aggression zu stoppen, verletzt zu werden, überschätzen. In einer interessanten Studie aus dem Jahr 2020 wurde Videoüberwachungsmaterial von Vorfällen in Amsterdam, Kapstadt und Lancaster sorgfältig analysiert. Das Ergebnis: Wenn zwei Menschen miteinander kämpften und ein dritter eingriff – etwa einen der Schläger zurückhielt oder sich zwischen die beiden Kämpfenden stellte –, blieb dieser in 96,4 Prozent der Fälle unverletzt.[22] Die 3,6 Prozent, die verletzt wurden, wurden entweder einmal geschlagen oder mehrmals gestoßen – und in der Regel nicht ernsthaft verletzt. Das Alter der eingreifenden Person spielte keine Rolle, doch die Wahrscheinlichkeit, dass die angreifende Person die sich einmischende Person schlug, war höher, wenn sie diese kannte (vielleicht war sie diejenige Person, die trotz des großen Risikos in den gefährlichsten Situationen einschritt). In den Fällen, in denen absolut Fremde eingriffen, war, wie sich zeigte, die Wahrscheinlichkeit, verletzt zu werden, sehr gering.

Wenn ich diese Studie zitiere, möchte ich die Menschen keineswegs ermuntern, ihre eigene Sicherheit aufs Spiel zu setzen, und lediglich darauf verweisen, dass wir unserem Instinkt, Menschen in Not zu helfen – der in uns allen meiner Meinung nach stark ausgeprägt ist –, unter bestimmten Umständen ohne Gefahr folgen können.

Aber wenn ich einen Augenblick an die alltäglicheren Momente von Heldentum und Freundlichkeit zurückdenke, bin ich noch immer erstaunt über das Haupthindernis, das die Leute im Freundlichkeitstest angegeben haben: die Angst, falsch verstanden zu werden. Dieses Ergebnis veranlasste mich, wieder in meinem Freundlichkeitstagebuch zu blättern, und ich fand einige Gelegenheiten, bei denen ich daran dachte, etwas Freundliches zu tun, es dann aber doch nicht tat.

Ich wohne unweit einer der verkehrsreichsten Bahnstationen des Landes, die aber noch immer keinen Aufzug oder Rolltreppen hat, deshalb helfe ich recht häufig Leuten, Kinderwagen zum Bahnsteig hinaufzutragen – wobei ich mich alles andere als sicher fühle. Ich habe jedes Mal Angst, dass ich den Buggy nicht richtig halte und das Kind die Betonstufen hinunterstürzen könnte. Obwohl das bis jetzt noch nie passiert ist, bin ich immer froh, wenn wir heil auf dem Bahnsteig angekommen sind. In diesen Situationen ist die Aufgabe klar definiert mit einem Anfang und einem Ende, und ich weiß, was von mir erwartet wird. Aber in meinem Tagebuch finden sich viele Vorkommnisse, bei denen ich mir nicht sicher bin, was zu tun ist.

Mittwoch, 6:45 Uhr

Ich schließe in der Tiefgarage mein Fahrrad auf, als ich sehe, dass eine Frau versucht, mit einer winzigen Fahrradpumpe ihre Reifen aufzupumpen. Ich höre die Luft am Reifen vorbeizischen. Sollte ich helfen? Würde ich es wirklich besser hinbekommen? Würde sie denken, ich hätte gedacht, sie könnte es nicht allein schaffen, weil sie eine Frau ist? Ich denke, ich würde mich freuen, wenn mir jemand in dieser Situation Hilfe anbietet, deshalb sage ich: »Klappt es?«, und frage, ob sie es mit der großen Fahrradpumpe probiert hat, die in der Garage steht. Sie probiert sie aus. Damit geht es besser. Sollte ich bleiben, bis sie fertig ist? Es ist dunkel, und ich habe Hunger, ich will also wirklich los. Ich habe noch 45 Minuten Fahrt mit dem Rad vor mir. Deshalb frage ich, ob es klappt. Sie sagt, dass es klappt, und ich wünsche ihr viel Glück. Einerseits war ich freundlich, weil ich sie auf die bessere Pumpe hingewiesen habe, andererseits wäre es noch freundlicher gewesen, ihr anzubieten, das Rad für sie aufzupumpen. An genau der gleichen Stelle ist vor ein paar Jahren die Kette von meinem Fahrrad gesprungen, und eine andere Frau hat das Rad fröhlich auf den Kopf gestellt und die Kette wieder aufgelegt, dann wischte sie sich die ölverschmierten Hände an ihrer schicken schwarzen Hose ab. Das war wirklich freundlich.

Beim Durchsehen des Tagebuchs erkenne ich ein Muster. Ich bin häufig verwirrt darüber, was genau vor sich geht, und zögere, bevor ich Hilfe anbiete, für den Fall, dass ich es falsch eingeschätzt habe. Wie die Menschen, die am Freundlichkeitstest teilnahmen, will ich nicht missverstanden werden und dumm dastehen. Ich denke, ich zähle zu einer Kategorie, die ich den zögerlichen Helfer nenne. Wie zum Beispiel beim Eintrag vom November 2021.

Mittwoch, 9:15 Uhr

Radle zur Arbeit. Denke gerade, wie kalt es ist, als ich einen Mann um die dreißig bemerke, der auf der anderen Straßenseite sehr schnell in die entgegengesetzte Richtung läuft. Er trägt Shorts und Flip-Flops. Bei diesem Wetter eine mutige Wahl, denke ich. Er ruft jemandem vor ihm »Lola!« zu. Ich radle weiter. Plötzlich bremsen die Autos vor mir, weil ein kleiner Terrier über die Straße rennt. Eine Frau in einem Regenmantel winkt ihn heran und ruft: »Schnuffi, Schnuffi!«

Riskant, einen Hund an dieser viel befahrenen Straße von der Leine zu lassen, dachte ich und radelte weiter. Vielleicht haben Sie dieses Ereignispuzzle schneller zusammengefügt als ich. Aber eine Weile später, als ich schon ein ganzes Stück entfernt war, fügte ich die Teile zusammen. Der Mann trägt deshalb Shorts und Flip-Flops, weil er gar nicht vorhatte, in die Kälte hinauszugehen. Sein Hund ist ihm entwischt und muss Lola sein. Er hat sich in der falschen Richtung auf die Suche gemacht, und der Grund, warum die Frau im Regenmantel den Hund »Schnuffi« nennt, statt ihm einen besseren Namen zu geben, ist der, dass es gar nicht ihr Hund ist, den sie von der Straße retten will. Ich habe es herausgefunden! Ich könnte Detektivin werden! Allerdings eine, die ziemlich langsam arbeitet. Kann ich umdrehen und den Hund finden und ihn in meinen Fahrradkorb setzen, den Mann suchen und ihm den Tag retten? Denkt er wohl, dass ich den Hund stehlen will? Wird die Frau denken, ich würde versuchen, den Hund zu stehlen? Inzwischen muss ich einsehen, dass ich viel zu weit entfernt bin, um irgendwie von Nut-

zen zu sein. Ich habe zu lange gebraucht, bis ich es verstanden habe,
und war zu zögerlich, zu helfen.

Es ist wieder wie bei der Geschichte mit der Matratze. Ich bin zu
langsam, um zu helfen. Vielleicht muss ich entschlossener handeln und mir fest vornehmen, dass ich unter solchen Umständen
meine Hilfe anbiete, auch wenn ich dabei riskiere, in Verlegenheit zu geraten, falls ich die Situation falsch einschätze. In den
meisten Fällen werde ich schließlich Fremden helfen, die ich nie
mehr wiedersehen werde. Spielt es wirklich eine so große Rolle,
ob sie mich für ein bisschen blöd halten oder meinen, dass ich
meine Nase in Dinge stecke, die mich nichts angehen?

Geplanter Heroismus

Vor ein paar Jahren habe ich in New York einen Psychologie-
professor namens Harold Takooshian interviewt. Im Jahr 1983
veröffentlichte Takooshian eine Arbeit, die belegte, dass eine
Strategie, die wir nutzen können, um sicher und erfolgreich zu
intervenieren, darin besteht, im Voraus zu überlegen, welche
Maßnahmen wir unter bestimmten Umständen bereit sind zu
ergreifen.[23]

Glauben Sie, dass Sie körperlich in der Lage sind, eine kriminelle Person anzugehen, falls Sie beispielsweise Zeuge eines
Verbrechens werden? Vielleicht ist es aufgrund Ihrer Größe und
Stärke ein wenig zu viel für Sie – hier denke ich an mich selbst –,
einem Verbrecher nachzurennen, ihn wie beim Rugby zu Boden zu werfen und sich auf ihn zu setzen, bis die Polizei kommt.
Aber wie wäre es, dem Kriminellen klarzumachen, dass Sie den
Vorfall mit dem Handy filmen, in der Hoffnung, ihn von der Tat
abzuhalten? Oder wie wäre es, ihm zuzurufen, dass Sie gesehen

haben, was er vorhatte, aber ihm die Chance zu lassen, davonzurennen?

Takooshian erklärt, einer der Hauptgründe für das Fortbestehen der Straßenkriminalität bestünde darin, dass die Kriminellen davon ausgehen, dass die Leute sich nicht einmischen. Es
ist unwahrscheinlich, dass Gelegenheitsdiebe, Taschendiebe und
Graffitisprayer alle die Literatur über den Zuschauereffekt gelesen haben, aber sie haben dessen Wirkung häufig selbst beobachtet. Und sie vertrauen darauf, mit ihren Vergehen davonzu-
kommen.

Dies gilt insbesondere in Großstädten, in denen die Menschen
zwar sehr auf ihre eigene Sicherheit bedacht sind, aber die Gefahr, in der sich andere befinden, nicht sehen – oder nicht sehen wollen. In einer Studie taten Takooshian und seine Studierenden in New York City 330 Mal so, als würden sie ein Auto
aufbrechen. Der »Job« wurden immer von einer einzelnen Person durchgeführt, die sich sehr auffällig verhielt: Sie suchte eine
Reihe geparkter Autos ab, benutzte einen Kleiderbügel und verbrachte eine Minute damit, ängstlich und ungeschickt herum-
zuruckeln, bis sie die Autotür öffnete und dann entweder einen
Fernseher, eine Kamera, ein Radio oder – Zeichen der damaligen Zeit (es waren die 1970er Jahre) – einen Pelzmantel ent-
wendete. Natürlich war das alles gestellt, und die aufgebroche-
nen Autos gehörten Angehörigen des Forscherteams. Nun, was
glauben Sie, wie häufig wurde die Person gestoppt oder sagte
auch nur jemand etwas?

Einundzwanzig Mal! Ja, 21 von 330 Mal. Noch erstaunlicher
war, dass einige Leute sogar Hilfe anboten, wenn es sich um eine
Diebin handelte, was auch irgendwie nett war, denke ich.[24] Takooshian erzählte mir, dass eine Studentin so wütend war, weil
niemand sie ansprach, als sie offensichtlich ein Auto aufbrach, dass
sie auf die Leute zuging und sagte: »Seht ihr mich denn nicht?«

Während Sie das lesen, erinnern Sie sich vielleicht an einen Vorfall, als Sie etwas beobachteten, das Ihnen falsch vorkam, und Sie ohne Gefahr hätten eingreifen können, jedoch wahrscheinlich aus Trägheit, Verlegenheit, aber auch aus Angst nichts taten. Um zu verhindern, dass so etwas noch einmal passiert, so Takooshian, sollte man sich an den Vorfall erinnern und überlegen, was man beim nächsten ähnlichen Vorfall tun würde. In viel kleinerem Rahmen kann man das tun, was Matthew Croucher in Afghanistan getan hat. Wenn Sie sich erinnern, basierte seine Tapferkeit darauf, dass er, auf Gefahrensituationen trainiert, die Geistesgegenwart besaß, das Gelernte in die Tat umzusetzen, als die Situation eintrat.

Nach all dem bin ich der Meinung, dass wir – ohne uns dafür allzu sehr verbiegen zu müssen! – tatsächlich alle Held*innen sein können. Wenn sich das für Sie heute nicht richtig anfühlt, liegt das womöglich daran, dass sich eine solche Situation bisher nicht ergeben hat oder dass es bislang irgendeinen hemmenden Faktor gab, der Sie zurückgehalten hat, den Sie in Zukunft aber überwinden könnten. Dazu sollten wir nie vergessen, dass es so, wie es mehr Freundlichkeit in der Welt gibt, als wir manchmal denken, auch mehr Held*innentum gibt – besonders im Alltag.

Der letzte Gefallen,
den ich einer Person getan habe

Der Freundlichkeitstest

Ich habe einer befreundeten Person, die an Multipler Sklerose leidet, geholfen, Behindertenhilfe zu beantragen.

Ich habe den Briefträger glücklicher gemacht.

Die Verkäuferin der Obdachlosenzeitung sah fröhlich und glücklich aus, und das sagte ich ihr. Sie freute sich, dass ich in ihr einen Menschen sah und sie ernst nahm.

Jede Woche backe ich Brot für drei enge Freunde. Keine Küchenmaschine, keine Bezahlung.

Brachte bei jemandem, der wegen Covid-19 in Quarantäne war, ein paar Lebensmittel vorbei.

Habe bei einer Taufe Fotos gemacht und für eine Fremde, deren Baby am Sonntag getauft wurde, ein Fotoalbum zusammengestellt.

Ich habe Zeit mit meinem Enkel verbracht und mit ihm Ball gespielt, während wir über den Schulbeginn nach den Ferien geplaudert haben, vor dem er Angst hat.

Habe jemandem Öl auf einen Insektenstich gerieben.

Ich habe jeder Person, der ich bei der Arbeit begegnet bin, zugelächelt und ihr einen Guten Morgen gewünscht.

Ich brachte einer Nachbarin alte Zeitungen für ihr Katzenklo.

Ich habe einer Person aus der Patsche geholfen.

Vergessen Sie nicht, freundlich zu sich selbst zu sein

Sehen Sie sich folgende Aussagen an. Könnte eine davon von Ihnen stammen?

- Ich fürchte, dass meine Ansprüche an mich selbst sinken, wenn ich nachsichtiger mit mir bin und weniger selbstkritisch.
- Ich habe den Eindruck, dass ich es nicht verdiene, freundlich und nachsichtig mit mir zu sein.
- Wenn man im Leben vorankommen will, muss man hart, nicht mitfühlend sein.
- Wenn ich versuche, freundlich und warmherzig zu mir zu sein, fühle ich mich irgendwie leer.

Diese Aussagen sind vier von fünfzehn aus einer Tabelle, die ein führender Forscher auf dem Gebiet der Scham und des Mitgefühls entwickelt hat, nämlich Professor Paul Gilbert, den ich in Kapitel 5 bereits erwähnt habe, als es um Mitgefühl für andere ging. Die Aussagen sind das Ergebnis zahlreicher Gespräche, die Gilbert im Laufe vieler Jahre mit Klient*innen geführt hat. Der Fragebogen wurde an Tausenden Menschen getestet und stellt eine verlässliche Methode dar, unsere Ängste zu messen, wenn es darum geht, uns selbst gegenüber Freundlichkeit und Mitgefühl zu zeigen.[1] Und, wie haben Sie abgeschnitten?

Wenn Sie allen vier Aussagen zustimmen, dann hüten Sie sich wahrscheinlich davor, freundlich zu sich selbst zu sein, auch wenn Sie die ganze Tabelle ausfüllen müssten, um ganz sicher zu sein. Vielleicht sind Sie anderen gegenüber freundlich und mitfühlend, aber es fällt Ihnen schwer, dieses Mitgefühl für sich selbst aufzubringen. Wenn es in Ihrem Leben nicht läuft, findet eine innere Stimme viel härtere Worte für Sie, als Sie in der gleichen Situation je zu einer befreundeten Person sagen würden. Sie vermeiden Selbstmitgefühl nicht einfach nur, Sie fürchten es. Sie empfinden es als Schwäche, als Makel.

Eine Manifestation dieser Neigung kann – wie so oft – im Gehirn festgestellt werden. Für eine Studie wurden Versuchspersonen in einen Gehirnscanner geschoben und aufgefordert, sich eine Reihe von Situationen vorzustellen, in denen etwas schiefgelaufen ist, wie zum Beispiel, dass sie die dritte Jobabsage in Folge erhalten. Dann wurden sie gefragt, wie sehr sie sich selbst für das negative Ergebnis verantwortlich machen. Die Neurowissenschaftler*innen fanden heraus, dass diejenigen Teilnehmenden, die besonders selbstkritisch waren, verstärkte Aktivität in zwei bestimmten Gehirnarealen aufwiesen – im lateralen präfontalen Cortex und im dorsalen anterioren cingulären Cortex –, in Arealen, die unter anderem mit dem Erkennen und Lösen von Fehlern verbunden sind.[2] Wohingegen Teilnehmende, die eher dazu neigten, nicht sich selbst die Schuld zu geben, ein anderes Muster der Gehirnaktivität aufwiesen. In ihrem Fall waren die aktiven Gehirnregionen die Insula und der linke Temporallappen, die, wieder unter anderem, mit Mitgefühl für andere und mit komplexen Gefühlen, wie zum Beispiel Stolz oder Verlegenheit, in Verbindung gebracht werden.

Doch was können wir aus diesen Unterschieden in der Gehirnaktivität schließen? Das Wichtigste ist, wie sich herausstellt, nicht die *Art* der Unterschiede, sondern die Tatsache, dass es klare Unterschiede zwischen solchen Menschen gibt, die an sich selbst herumkritteln, und solchen, die sich selbst Trost spenden. Es scheint nicht überraschend zu sein, dass es auch bei anderen Aspekten deutliche und signifikante Abweichungen gibt, von denen einige – wie wir sehen werden – tiefgreifende Auswirkung auf unser Leben haben können.

Die selbstlose Person, die andere immer an erste Stelle setzt und sich an die letzte, gilt häufig als Muster an Freundlichkeit. Aber ich werde Ihnen in diesem Kapitel beweisen, dass Sie zu anderen *und* zu sich selbst freundlich sein können. Selbstfürsorge muss nicht in Selbstgefälligkeit und Selbstverliebtheit ausarten, sondern kann, wenn sie maßvoll praktiziert wird, dazu führen, dass Sie aufgrund Ihres Wohlbefindens anderen helfen können.

Warum es gefährlich ist,
zu streng mit sich selbst zu sein

Ein gewisses Maß an Selbstkritik ist natürlich gesund. Wir alle machen Fehler, wir verstehen Dinge falsch und benehmen uns von Zeit zu Zeit daneben. Wenn wir diese Vorfälle einfach ignorieren und sie uns sofort verzeihen würden, würden wir nichts dazulernen und als Menschen nicht wachsen und uns nicht weiterentwickeln. Aber wenn wir übermäßig selbstkritisch sind, können die Folgen gravierend sein. Als die besten Studien zum Thema Selbstmitgefühl in einer australischen Meta-Analyse zusammengefasst wurden, stellte sich heraus, dass Menschen, die Selbstmitgefühl fürchten, mehr Scham, Angst, Depressionen und Kummer empfinden als Menschen, die mit sich selbst freundlich sind.[3] Paul Gilberts Untersuchungen kamen zu ähnlichen Ergeb-

nissen und zeigten ebenfalls, dass diejenigen, denen es an Selbstmitgefühl mangelt, dazu neigen, schwierige Beziehungen zu anderen zu haben.[4]

Wer bereits unter Depressionen leidet, kann durch mangelndes Mitgefühl mit sich selbst sein Leiden noch verstärken. Depressive Menschen neigen dazu, strenger mit sich selbst zu sein,
weil sie glauben, nicht liebenswert und zu nichts zu gebrauchen
zu sein – und dass das auch immer so bleiben wird. Auf diese
Weise kann Selbstkritik zur Abwärtsspirale in die Verzweiflung
beitragen. Doch ein Mangel an Selbstmitgefühl kann auch der
Ausgangspunkt für Depressionen sein, und die Forschung belegt, dass Selbstkritik ein Faktor ist, der die Erkrankung auffällig
oft ankündigt. Eine Studie hat tatsächlich nachgewiesen, dass
ein hohes Maß an Selbstkritik in mehr als einem Drittel der Fälle
ein Indiz für Depressionen ist, was sie zum wichtigsten Faktor
von allen macht.[5] Die besten Studien zum Thema Mitgefühl mit
sich selbst und Wohlbefinden belegen dagegen eindeutig, dass
Menschen mit einem höheren Maß an Selbstmitgefühl weniger
häufig dazu neigen, psychische Probleme zu entwickeln.[6]

Der Freundlichkeitstest stimmt mit diesen Studienergebnissen überein. Wir haben festgestellt, dass Menschen, die mit sich
selbst freundlich umgehen, bessere Werte in Sachen Wohlbefinden und eine höhere Lebenszufriedenheit aufweisen, während
diejenigen, die selbstkritisch sind, eher dazu neigen, sich einsam
zu fühlen und psychische Probleme zu entwickeln. Noch erstaunlicher ist, dass der Test gezeigt hat, dass die Menschen, die
zu sich selbst freundlich waren, um sich herum im Alltag mehr
Freundlichkeit feststellten und sogar angaben, dass ihnen mehr
Freundlichkeit zuteilwurde.

Andere Studien haben die beeindruckende Liste der Vorteile
von Selbstmitgefühl noch verlängert. Menschen, die zu sich selbst
freundlich sind, neigen weniger zum Grübeln (also dazu, sich

den Kopf über negative Dinge zu zerbrechen), sie neigen weniger zu übermäßigem Perfektionismus und haben weniger Angst, zu versagen. Gleichzeitig weisen sie im Durchschnitt ein höheres Maß an Klugheit, Neugier, Entschlusskraft, Glück und Optimismus auf als andere Menschen.[7]

Angesichts dessen ist es besorgniserregend, dass mangelndes Selbstmitgefühl ziemlich weit verbreitet zu sein scheint, insbesondere unter bestimmten Gruppen. Als Erwachsene in fünf niederländischen Städten Fragebogen über ihr Maß an Mitgefühl ausfüllten, zeigten Frauen im Durchschnitt zwar ein höheres Maß an Mitgefühl für andere als Männer, nicht jedoch sich selbst gegenüber. Tatsächlich wiesen sie ein deutlich höheres Maß an Gefühlskälte gegenüber sich selbst auf als die befragten Männer. Gleichzeitig zeigten die Menschen, die die wenigsten Jahre in der Ausbildung verbracht haben, das meiste Mitgefühl gegenüber anderen und das wenigste sich selbst gegenüber.[8] Wir müssen uns fragen, was da passiert. Wird den Menschen der Eindruck vermittelt, dass sie es, weil sie die Schule früh verlassen haben und nicht zur Universität gegangen sind, weniger verdienen, freundlich zu sich selbst zu sein? Erziehen wir Mädchen dazu, zu glauben, es sei wichtig, zu anderen freundlich zu sein, dass es aber irgendwie falsch wäre, sich selbst die gleiche Freundlichkeit entgegenzubringen?

Das Maß des Selbstmitgefühls spielt eine große Rolle. Es ist, wie festgestellt wurde, sogar entscheidend dafür, wie die Menschen während der Pandemie zurechtkamen. Für eine Studie wurden im April und Mai des Jahres 2020 Interviews mit 4000 Menschen in 21 Ländern geführt, während viele der Teilnehmenden noch im Lockdown lebten. Die Menschen aus allen untersuchten Ländern, die Mitgefühl mit sich selbst fürchteten, zeigten höhere Werte für Depressionen, Ängste und Stress.[9] Eine andere Studie der gleichen Autor*innen ergab, dass Menschen, die zu sich selbst freundlich sind, nicht nur weniger schlecht gelaunt waren, sondern auch weniger Angst vor Covid-19 hatten.[10]

Wenn sich etwas so Gewaltiges wie eine globale Pandemie abspielt, über die das Inidividuum keine Kontrolle hat, fällt es schwer, zu glauben, dass etwas so Unbedeutendes wie Freundlichkeit sich selbst gegenüber einen Unterschied ausmachen kann – und trotzdem belegen die Daten, dass dies zutrifft. Ich frage mich, ob ein Teil der Erklärung darin besteht, dass es manchen Leuten schwerfällt, einzuräumen, dass sie leiden. Wie oft haben Sie im Lockdown eine Unterhaltung auf Zoom oder einer anderen Plattform geführt, bei der jemand, den Sie seit einiger Zeit nicht mehr gesehen haben, Sie fragte, wie Sie zurechtkommen? Wenn Sie so gestrickt sind wie ich, dann hielten Sie vielleicht inne, seufzten und sagten etwas wie: »Na ja, du weißt schon …«, um dann schnell anzufügen: »Aber ich kann mich, verglichen mit anderen, nicht beklagen.« Mit einem Mal gab Ihnen die Tatsache, dass Sie einen Job und einen Garten haben, dass Sie nicht krank sind, Familie und Freund*innen haben, die noch am Leben sind, kein Recht, unglücklich zu sein. Tatsächlich waren Sie verpflichtet, sich glücklich zu schätzen.

Das Problematische an diesem Gefühl, auch wenn es eine beeindruckende Stoik bekundet, ist, dass es häufig die Realität leugnet. Viele Menschen, die während der Pandemie objektiv gesehen Glück hatten – und ich gehörte in jedem Fall dazu –, fühlten sich dennoch von anderen Menschen abgeschnitten, durch die Maßnahmen eingeschränkt und zutiefst verunsichert. Und dann schämten wir uns auch noch dafür, so zu fühlen, was unsere Unzufriedenheit noch verstärkt hat. Stattdessen aber hätten wir – nicht einfach, klar – Nachsicht mit uns haben sollen. Okay, kein enger Verwandter war an Covid-19 gestorben, und wir mussten nicht wegen des Virus ins Krankenhaus, wir hatten unser Geschäft nicht aufgrund des Lockdowns verloren, doch auf unsere eigene Weise haben wir gelitten. Wir alle haben einen Verlust erlebt; den Verlust des Lebens, so wie wir es kannten. Es war keine Schande, das zuzugeben und nach Möglichkeiten zur gegenseitigen Unterstützung in schwierigen Zeiten zu suchen.

Aber Menschen können sich als ausgesprochen resistent gegen solche Ratschläge erweisen. Paul Gilbert hat herausgefunden, dass Menschen, die Selbstmitgefühl scheuen, dazu neigen, sich aktiv jedem Versuch anderer zu widersetzen, die sie ermuntern, freundlicher zu sich selbst zu sein. Ein klassisches Beispiel sind Ärzt*innen, die vielleicht fähig sind, anderen großes Mitgefühl entgegenzubringen, und den Wert von Freundlichkeit für unsere Gesundheit kennen, es aber nicht schaffen, sich selbst ein wenig mehr liebevolle Zuwendung zu verordnen. Wie also können Skeptiker des Selbstmitgefühls überzeugt werden, mit sich selbst freundlicher umzugehen? (Ärzt*innen, aufgepasst!)

Es geht um mehr als nur um mich

Es liegen klare Beweise dafür vor, dass Menschen, die mit sich selbst freundlich umgehen, psychisch stabiler sind. Und falls das noch nicht genug ist, gibt es darüber hinaus Studien, die belegen, dass Mitgefühl mit sich selbst den Menschen hilft, an Diäten festzuhalten, weniger Zigaretten zu rauchen, mehr Sport zu treiben, mit chronischen Schmerzen umzugehen oder eine Scheidung zu überstehen. Die Belege für die Vorzüge des Selbstmitgefühls sind tatsächlich überwältigend.

Und dennoch könnten Sie ein ungutes Gefühl haben – insbesondere wenn Sie einer bestimmten Generation angehören –, dass diese ganze Selbstliebe und dieses »Ich-Zuerst« ein bisschen schwach und unmoralisch ist. Wenn Sie an sich selbst denken, sich selbst verzeihen und freundlich zu sich selbst sind, laufen

Sie dann nicht Gefahr, sich selbst zu verhätscheln, selbstverliebt und egoistisch zu werden?

Natürlich wird Selbstfürsorge kritisiert und manchmal sogar verspottet. Und um es klar zu sagen, ich bin nicht der Meinung, dass wir alle mehrere Stunden des Tages für exzessive »Me-Time« verwenden sollten, in denen wir im Schein teurer Duftkerzen in heißen Bädern voll ätherischer Öle vor uns hintreiben. Die Welt muss ein freundlicherer Ort werden. Aber das werden wir nicht erreichen, indem wir nichts anderes tun, als uns in Wellnesshotels verwöhnen zu lassen oder Selfcare-Podcasts zu hören, die uns auffordern, uns vor allem auf uns selbst zu konzentrieren. Ich bin genauso irritiert wie Sie, wenn ein Promi ankündigt, sein Vorsatz für das neue Jahr sei, »mich selbst viel mehr zu lieben«. Auf der anderen Seite jedoch ist gegen ein bisschen Selbstliebe nichts einzuwenden, und schon gar nicht gegen heiße Bäder (ich bin selbst ein großer Fan davon!). Ich bin nicht zuletzt deshalb eine Verfechterin der Selbstfürsorge, weil es Hinweise gibt, dass ein gesundes Maß an Selbstfürsorge unseren Umgang mit anderen Menschen verändern kann. Einfach ausgedrückt: Menschen können zu anderen freundlicher sein, wenn sie anfangen, zu sich selbst freundlicher zu sein.

Die Lehren des tibetischen Buddhismus sind in diesem Punkt hilfreich. Im buddhistischen Denken geht es bei Mitgefühl mit sich nicht nur darum, freundlich auf sich selbst zu schauen. Im Laufe eines Lebens müssen wir Kämpfe austragen und Schmerzen durchstehen. Und wir müssen uns darüber klarwerden, dass dies Erfahrungen sind, die wir mit allen anderen Menschen teilen. Indem Sie Ihr eigenes Leiden anerkennen, erkennen Sie das Leid der gesamten Menschheit an. So gesehen ist es ein wichtiger erster Schritt, sich selbst gegenüber Wärme, Zärtlichkeit und Verständnis zu zeigen, um auch anderen Menschen dieses Mitgefühl entgegenzubringen.[11]

Zunächst einmal kann Selbstmitgefühl Ihnen die Energie geben, die Sie benötigen, um andere Menschen freundlich zu behandeln. Es ist ein bisschen wie im Flugzeug, wo Sie angewiesen werden, zuerst die eigene Sauerstoffmaske anzulegen, und erst dann anderen zu helfen. Sie können andere besser unterstützen, wenn es Ihnen selbst gut geht. Natürlich soll das nicht heißen, dass Menschen, die dazu neigen, ihr eigenes Wohlergehen zu vernachlässigen, nicht in der Lage sind, freundlich zu sein. Tatsächlich fanden wir beim Freundlichkeitstest heraus, dass depressive Menschen besonders freundlich sein können: Teilnehmende, die erklärten, psychische Probleme zu haben, waren laut dem Test eher bereit, ihre Zeit anderen zu widmen und einen höheren Teil eines unerwarteten Geldsegens für einen guten Zweck zu spenden als ihre nicht-depressiven Mitmenschen. Tatsache ist jedoch, dass diese Teilnehmenden ein so schwieriges Leben führen, dass es harte Arbeit ist, Altruismus zu zeigen. Natürlich ist das nicht immer der Fall, aber Menschen, die zu sich selbst freundlich sein können und weniger von Selbstkritik niedergedrückt werden, können sich in einem psychischen Zustand befinden, in dem es leichter fällt, an andere zu denken.

Freundlichkeit gegenüber uns selbst führt natürlich nicht automatisch dazu, dass wir freundlich zu anderen sind. Aber es kann dazu führen. Eine australische Studie zählt zu den Untersuchungen, die eine solche Verbindung nachgewiesen haben. Zweitausend Teenager wurden während ihrer letzten drei Schuljahre begleitet und zu bestimmten Zeitpunkten ihr Selbstmitgefühl und ihre Empathie gemessen.[12] Um herauszufinden, wer von ihnen am freundlichsten war, forderte das Forscherteam alle Schüler*innen auf, anonym die drei Mädchen und die drei Jungs aus ihrer Englischklasse zu nennen, die immer bereit waren, anderen zu helfen. So konnte das Team, eine Rangfolge dazu erstellen, als wie freundlich die Teilnehmenden ihre Mitschüler*innen einschätzten. Die Ergebnisse der Studie waren eindeutig. Je besser die Schüler*innen bei »Freundlichkeit zu sich selbst« abschnitten, desto höher waren ihre Werte bei »Empathie gegenüber anderen« und umso wahrscheinlicher schafften sie es auf die Liste der freundlichen Mitschüler*innen.

Außerdem liegen Untersuchungen vor, die belegen, dass Menschen mit einem hohen Maß an Freundlichkeit zu sich selbst beispielsweise mehr Mitgefühl für die Menschheit zeigen, harmonischere Beziehungen unterhalten und sich eher entschuldigen, wenn sie einen Fehler gemacht haben.[13] Dennoch sollte ich darauf hinweisen, dass nicht jede Untersuchung zu dem Ergebnis kommt, dass Selbstliebe auch freundlicher zu anderen macht. Vor allem in unserem Freundlichkeitstest war nur eine schwache Korrelation zwischen Freundlichkeit zu anderen und Freundlichkeit zu sich selbst festzustellen. Aber wir fanden heraus, dass Freundlichkeit gegenüber anderen nur dann mit geringeren Burnout-Raten zusammenhing, wenn die Menschen auch Mitgefühl mit sich selbst hatten.

Und wir dürfen nicht vergessen, dass wir selbst auch ein Grund sind, weshalb es sich lohnt, freundlich mit uns zu sein. Hier habe ich etwas guruhaft mein eigenes Selbstmitgefühls-Motto formuliert:

Wenn es Ihnen wichtig ist, freundlich zu anderen Menschen zu sein, denken Sie daran, dass auch Sie ein Mensch sind. Vergessen Sie also nicht, freundlich zu sich selbst zu sein.

Aber was höre ich? Knirschen einige von Ihnen vor Verärgerung mit den Zähnen? Ich weiß, dass es Menschen gibt, die solche Sätze lesen und sie einzig als Vorwand dafür nutzen, um faul, selbstsüchtig und narzisstisch zu sein. Ich verstehe diese Sorge, aber ich möchte sie ein bisschen relativieren. Bedenken Sie zunächst, dass Selbstmitgefühl nicht mit Selbstbeweihräucherung und Selbstherrlichkeit verwechselt werden darf. Ich möchte nicht dazu aufrufen, dass Sie herumlaufen und mit Ihren Leistungen prahlen oder sich in Ihrer eigenen Brillanz sonnen. Ich sage nicht, dass Sie sich für besser halten sollten als den Rest der Welt oder dass Sie es durch den Gedanken, die Nummer eins zu sein, an die Spitze schaffen. Das Gegenteil ist der Fall. Es geht darum, zu akzeptieren, dass Sie genau wie der Rest der Welt sind. Wie alle anderen haben Sie manchmal zu kämpfen und empfinden manchmal Schmerz. Das zu akzeptieren hat nichts mit Selbstgefälligkeit zu tun, sondern bedeutet, sich selbst gegenüber die nötige Sanftmut an den Tag zu legen, so wie man es bei der anderen Person in einer ähnlichen Situation tun würde.

Untersuchungen, die beispielsweise in den USA durchgeführt wurden und verschiedene Persönlichkeitsmerkmale untersuchten, stellten zwar einen Zusammenhang zwischen hohen Narzissmus-Werten und der Fähigkeit, sich selbst wertzuschätzen, fest. Doch Menschen die sich selbst in besonderem Maße wertschätzten, waren nicht häufiger narzisstisch als andere.[14] Eine mitfühlende befreundete Person wird Sie nicht verdammen, wenn Sie versagen; sondern versuchen, Sie aufzumuntern. Sie können dasselbe für sich tun.

*Wir sollten nicht unsere härtesten Kritiker*innen sein*

Was ist das Schlimmste, was Ihnen in den letzten vier Tagen passiert ist und an dem Sie selbst schuld waren? Und was war das Schlimmste, an dem Sie nicht schuld waren? Das sind die Fragen, die Mark Leary von der Duke University in den USA Menschen innerhalb von drei Wochen mehrmals per E-Mail stellte.[15] Er wollte herausfinden, ob Selbstmitgefühl den Leuten helfen könnte, mit Rückschlägen besser fertigzuwerden, und seine Ergebnisse ließen den Schluss zu, dass dies tatsächlich der Fall ist. Die Befragten mit einem hohen Maß an Mitgefühl mit sich selbst gingen mit negativen Ereignissen gelassener um als diejenigen mit geringem Selbstmitgefühl. Außerdem konnten sie den Rückschlag relativieren, auch wenn sie ihn selbst verursacht hatten, und konnten zugleich erkennen, dass ihre Situation nicht einzigartig oder schlimmer war als die anderer Menschen. Alles in allem ergab die Studie, dass Menschen, die zu sich selbst freundlich sind, eher in der Lage sind, mit Widrigkeiten umzugehen, weil sie diese in die richtige Perspektive rücken können.

Mark Learys nächstes Experiment war ein bisschen gemeiner. Dieses Mal mussten die Teilnehmenden vor einer Videokamera sitzen und ohne jegliche Vorbereitung einen dreiminütigen Vortrag über ein Thema halten, wie zum Beispiel ihre Heimatstadt, ihre Pläne für die Zukunft oder was ihnen am College gefällt beziehungsweise nicht gefällt. Jeder Versuchsperson wurde mitgeteilt, dass eine andere teilnehmende Person im Nebenraum den Vortrag mitansehen und Feedback geben würde. Tatsächlich war das Feedback gefälscht und stand in keinerlei Zusammenhang mit der objektiven Leistung der Person. Absolut willkürlich erhielt die Hälfte der Teilnehmenden eine positive Bewertung, aus der hervorging, dass die Person, die ihren Vortrag bewertet hatte, sie in Bezug auf Kompetenz, Freundlichkeit, Sympathie, Intelligenz und Reife hoch eingestuft hatte. Was könnten wir uns mehr wünschen? Die andere Hälfte erhielt neutrale Bewertungen. Das mag nicht besonders gemein klingen, aber wir haben die Neigung – durch zahlreiche Studien belegt –, neutrales Feedback als negativ zu interpretieren. Durchschnittsbewertungen fühlen sich eher niedrig an. Wir wollen besser sein als nur okay. Deshalb glauben Sie mir, es war ziemlich gemein.

Nach dem Erhalt des positiven oder nicht so positiven Feedbacks wurden die Teilnehmenden gefragt, wie sie sich fühlten und ob der Beobachter richtiglag. Wie Sie inzwischen wohl erwarten, kamen die, die über ein hohes Maß an Selbstmitgefühl verfügten, besser mit den neutralen Bewertungen zurecht als jene, die selbstkritischer waren. Wirklich interessant aber ist, dass sie auch mit positiven Bewertungen gelassener umgingen und sich von diesem Feedback nicht darin beeinflussen ließen, wie sehr sie die beobachtende Person mochten. Sie hatten zwar einen Ego-Schub erhalten, ließen sich diesen aber nicht zu Kopf steigen.

Das ist wichtig, denn es kommt im Leben nicht nur darauf an, wie wir mit negativem Feedback umgehen. Das erinnert mich an etwas, das eine befreundete Schauspielerin mir darüber erzählte, wie sie in der Schauspielschule auf eine Karriere auf der Bühne oder im Fernsehen vorbereitet wurde. Wenn du eine schlechte Kritik erhältst, hatte der Tutor zu ihr gesagt, dann halbiere sie im Geiste. Auf diese Weise setzt sie dir nicht so zu. Aber mach es genauso, wenn du eine gute Kritik bekommst und in den Himmel gelobt wirst. Das Leben ist wie eine Achterbahn – für Schauspieler*innen wie für den Rest von uns –, und wenn wir zu schnell darauf fahren, wird uns übel. Stattdessen müssen wir die Stöße abfedern, so gut wir können, und die Höhen und Tiefen ähnlich besonnen hinnehmen. Es hat den Anschein, als helfe Selbstmitgefühl dabei, und das ist ein weiterer Grund, mit sich selbst freundlich umzugehen.

Schön und gut, aber besteht nicht weiter die Gefahr, dass so eine Einstellung, auch wenn Sie nicht gleich narzisstisch werden, ein Rezept für Selbstgefälligkeit, Bequemlichkeit und Lethargie ist? Ist es nicht sinnvoll, selbstkritisch zu sein, sich mehr abzuverlangen? Natürlich müssen wir Rückschläge ernst nehmen und überlegen, welchen Anteil wir daran vielleicht hatten. Aber wenn wir bei einer Prüfung versagen oder nach einem Vorstellungsgespräch den Job nicht bekommen, neigen wir dazu, diesen Ereignissen zu viel Gewicht zu geben. Wir grübeln, was wir hätten schreiben oder sagen sollen, oder sinnieren zwanghaft über mögliche Fehler. Um dieser Neigung entgegenzuwirken, ist es wichtig, anzuerkennen, dass es fast sicher Dinge gab, die wir richtig gemacht haben, dass wir kluge Antworten gegeben und die Prüfer beziehungsweise Interviewer beeindruckt haben. Okay, insgesamt haben wir nicht gut abgeschnitten, aber wir waren keine kompletten Nieten. Wir müssen uns bei dieser Gelegenheit unser Versagen verzeihen, den Staub abklopfen und weitermachen.

Forschungsergebnisse zeigen, dass diese Vorgehensweise uns helfen kann, das nächste Mal erfolgreich zu sein. Es gibt eine Studie, die all denjenigen, die dazu neigen, Dinge vor sich herzuschieben, Hoffnung gibt. Studierende einer kanadischen Universität wurden gefragt, ob sie das Lernen für ihre Prüfung bis auf die letzte Minute hinausgeschoben hatten. Hatten sie weniger wichtige Dinge getan, während sie eigentlich hätten lernen können? Sie wurden über einen längeren Zeitraum beobachtet, und es überrascht nicht, dass die prokrastinierenden Studierenden im Allgemeinen nicht besonders gut abschnitten (das ist der weniger Hoffnung spendende Teil), aber wenn sie sich selbst verziehen, lernten sie vor der nächsten Prüfung mit größter Wahrscheinlichkeit mehr als diejenigen, die sich weiter Vorwürfe machten.[16]

Freundlicher zu sich selbst zu sein ist nicht unbedingt einfach

Eine Möglichkeit, um das Selbstmitgefühl zu steigern, besteht darin, sich mehr Zeit für sich zu nehmen, um die Dinge tun zu können, die Freude machen oder uns entspannen. In meinem letzten Buch *Die Kunst des Ausruhens* habe ich erklärt, wie wir uns unser ganz persönliches Rezept zum Ausruhen verschreiben können. Im Wesentlichen müssen Sie dafür die zwei oder drei Aktivitäten finden, die Sie persönlich für erholsam halten, und dann nach Wegen suchen, um diese in Ihren Alltag zu integrieren. Das klingt erst mal einfach, ist aber aufgrund der Anforderungen, die in der modernen Gesellschaft von uns selbst und anderen an uns gestellt werden, gar nicht so leicht umzusetzen. Umso mehr habe ich mich über die Vielzahl der Menschen gefreut, die *Die Kunst des Ausruhens* gelesen und mir mitgeteilt haben, dass die Erstellung ihres eigenen Ruherezepts ihnen wirklich geholfen hat. Ich habe keine Zweifel, dass mehr Ruhe eine Möglichkeit ist, echtes Selbstmitgefühl zu zeigen, aber es gibt natürlich noch andere.

Die Titel von Artikeln in psychologischen Zeitschriften können ziemlich langweilig sein, aber einer gefiel mir, als ich ihn entdeckte. Er lautet: »Do Unto Others or Treat Yourself?« (»Tu was für andere – oder dir selbst was Gutes?«)[17], und es handelt sich um eine Studie einer kalifornischen Psychologin namens Katherine Nelson. Sie rekrutierte online Versuchspersonen, wies diese nach dem Zufallsprinzip einer von vier Gruppen zu und forderte sie auf, am folgenden Tag drei freundliche Taten zu vollbringen. Eine Gruppe sollte ihre guten Taten anderen Menschen zugutekommen lassen, eine zweite wurde angewiesen, sie der Menschheit oder dem Planeten zugutekommen zu lassen, und die dritte Gruppe wurde aufgefordert, drei Wege zu finden, freundlich zu sich selbst zu sein. Die vierte Gruppe, die Kontrollgruppe, führte lediglich Tagebuch über ihre Aktivitäten an besagten Tagen. Vier Wochen lang wurden die Anweisungen einmal pro Woche wiederholt.

Vor Beginn der Studie hatten die Teilnehmenden Fragebogen ausgefüllt, um ihr Wohlbefinden zu beurteilen, einschließlich einer Messung, die mir besonders gefiel: nämlich, ob die Teilnehmenden psychologisch blühen oder welken – was bedeutete, dass fernab diagnostizierter psychischer Krankheiten nach ihrem Befinden gefragt wurde.

Das Hauptergebnis von Nelsons Studie mag für die Zwecke dieses Kapitels nicht gerade hilfreich klingen, weil es besagt, dass es für das Wohlbefinden keinen großen Unterschied ausmacht, ob wir freundliche Dinge für uns selbst oder für andere tun. Aber wenn wir das Gesamtbild betrachten, das Thema, um das es in diesem Buch geht, ist diese Schlussfolgerung natürlich sehr positiv und keine große Überraschung. Zu den Wohltaten, die die Teilnehmenden sich selbst zukommen lassen sollten, zählten, sich eine fünfminütige Pause oder eine Massage zu gönnen. Sie waren also eher hedonistischer Art. Die Freundlichkeiten hingegen, die anderen oder der Welt zugutekommen sollten, waren substanzieller, zum Beispiel für einen Freund eine Mahlzeit zu kochen oder Freiwilligenarbeit für eine lokale Organisation zu leisten. Sie schufen Verbindungen zu anderen Mitmenschen, waren somit eher eudaimonisch – also bedeutungsvoller. In diesem Sinne besteht die Lektion dieser Studie darin, dass es zwar wunderbar ist, sich selbst zu verwöhnen, aber dass es nicht das Gleiche ist, wie sich selbst gegenüber echte Freundlichkeit an den Tag zu legen. Um eine dauerhafte Wirkung für unsere psychische Gesundheit zu erzielen, brauchen wir mehr als ein bisschen Selfcare. Wir brauchen tiefergreifende Freundlichkeit uns selbst gegenüber, zu der auch die Kontrolle über die kritischen Stimmen in unserem Kopf und unsere Bereitschaft gehört, uns häufiger selbst zu verzeihen.

Aber wie können wir die Freundlichkeit uns selbst gegenüber vertiefen? Für mich ist es Zeit, in ein seltsames Outfit zu schlüpfen.

Ich beginne damit, dass ich dicke, hauteng schwarze Leggings anziehe. Dann quetsche ich mich in ein langärmliges Top, das genauso eng ist. Es fühlt sich fast wie ein Neoprenanzug an und ist ehrlich gesagt nicht der attraktivste Look. Als Nächstes klebt ein Fachmann kleine weiße Punkte auf meine Gelenke – Ellbogen, Handgelenke, Knöchel, Knie (denken Sie an diese Bilder von Abba von 2022, als sie die Avatare für ihr virtuelles Konzert schufen).

In dieser Aufmachung betrete ich einen Raum. Es gibt keine Fenster, und alle Wände sind blau. Ich bin von Kameras umgeben, die in jeder Ecke an der Decke hängen, und ein paar weitere Kameras stehen wahllos herum. Jetzt wird mir ein großer, schwerer Helm aufgesetzt, und damit werde ich in eine alternative Realität versetzt. Nicht in den Amazonasdschungel oder zu den Pyramiden des alten Ägyptens oder auf die gefährlichen Straßen eines Videospiels. Was ich stattdessen in dem Spiegel vor mir sehe, ist ein lebensgroßer Avatar. Die Figur, die mich anstarrt, sieht mir nicht ähnlich. Was schon damit beginnt, dass sie Jeans und eine Strickjacke mit Gürtel trägt. »Fuchteln Sie mit den Armen. Tun Sie irgendetwas. Wir bringen dem Avatar bei, Ihre Bewegungen nachzumachen«, instruiert mich ein Fachmann durch die Kopfhörer in meinem Helm. Ich befolge seine Anweisungen, und bald tut die virtuelle Figur genau das, was ich tue. Wenn ich einen Arm hebe, tut sie es auch. Wenn ich meine Knie beuge, tut sie es auch. Wenn ich schlecht herumtanze, tanzt sie auch. Ihr Körper reagiert dermaßen auf meine Bewegungen, dass es sich anfühlt, als wären ihr Körper und meiner eins. Selbst die Schatten hinter ihr bewegen sich, wenn ich mich bewege.

Dieses ausgeklügelte Set-up der virtuellen Realität gaukelt meinem Gehirn vor, der Körper mir gegenüber im Spiegel wäre mein eigener. Intellektuell weiß ich, dass das nicht mein Körper ist. Er sieht meinem nicht einmal ähnlich, und doch habe ich das starke Gefühl, dass ich das bin. Ich habe dieser anderen »Frau« eine konkrete Form gegeben.

Dann taucht plötzlich jemand neben diesem anderen »Ich« auf. Ein weiterer Avatar, aber ein kleinerer. Dieses Mal ist es ein Kind – ein kleines Mädchen mit einem braunen Pferdeschwanz und einem fluoreszierenden pinkfarbenen T-Shirt. Wie alt mag es sein? Acht oder neun? Und es sieht wirklich bestürzt aus. Es hält die Hände vors Gesicht und ist nach vorn gebeugt. Mir wird klar, dass es weint. Ich will es trösten. Aber vor dem Experiment wurde mir mitgeteilt, dass ich, wenn ich jemandem begegne, der Trost braucht, das nicht mit meinen eigenen Worten tun, sondern von einem Skript ablesen soll. Ich versuche, die Worte so freundlich wie möglich zu sagen. Nach einer Weile hört das kleine Mädchen zu weinen auf. Ich denke, es ist wieder okay.

Und dann verändert sich diese wechselhafte virtuelle Welt erneut. Die virtuelle Figur mir gegenüber ist plötzlich im Vergleich zu mir wirklich groß. Als wäre sie eine Riesin oder ich ein Kind. Ja, das ist es: Ich fühle mich zum ersten Mal seit Jahrzehnten körperlich wie ein Kind. Ich hatte ganz vergessen, wie es ist, wenn Erwachsene mich überragen –, dennoch fühlt es sich rasch vertraut an. Und dann blickt die große Frau freundlich auf mich herab und beginnt, die Worte mit meiner eigenen Stimme zu wiederholen: »Es kann wirklich schwer sein, wenn einem das, was dich traurig macht, passiert. Manchmal, wenn ich wirklich traurig bin, kann es helfen, wenn ich an jemanden denke, der mich wirklich liebt.«

Es ist, als würde ich mich selbst trösten. Und das ist sehr wirkungsvoll und rührend. Es vermittelt mir das Gefühl von Wärme und Sicherheit. Ich fühle mich wie ein geliebtes Kind.[18]

Das mag alles etwas seltsam und vielleicht auch lustig klingen, hat aber einen ernsten Hintergrund. Der ganze Versuchsaufbau ist Teil einer neuen Art von Therapie für Menschen, die zu exzessiver Selbstkritik neigen und unter Depressionen leiden. Sie wurde von Forschenden des University College London entwickelt. Aber wie kann ein offenkundig falscher Avatar, der zu Ihnen spricht, sich auf etwas so Reales und Belastendes wie Depressionen auswirken? Die Antwort lautet, dass die Erfahrung so eindringlich ist, dass sie den Menschen den Eindruck vermittelt, tatsächlich Mitgefühl von sich selbst zu erhalten. Wie wir gesehen haben, sind viele depressive Menschen hart zu sich selbst, doch diese Interaktion mit einem Avatar, der sich wie sie bewegt und spricht und ihnen Freundlichkeit und Empathie entgegenbringt, ermöglicht ihnen, wenn auch nur für ein paar Minuten, die tiefgreifende Erfahrung von Selbstmitgefühl.

Mein Versuch mit der Technologie dauerte nur kurz, aber gewöhnlich geht eine Sitzung etwa 45 Minuten, und in einer ersten kleinen Studie nahmen die Versuchspersonen an drei solcher Sitzungen teil. Die Ergebnisse waren beeindruckend. Nach Beendigung dieser Sitzungen war bei zwei Drittel der Patient*innen einen Monat später die Schwere der Depression geringer.[19] Ich verstehe, wieso die Therapie wirken kann. Es war wirklich ergreifend, von einer computererstellten Version meiner Selbst Mitgefühl entgegengebracht zu bekommen. Die Erinnerung an dieses warme Gefühl hat sich mir eingeprägt und mir in Momenten des Zweifelns und der Düsternis geholfen.

Andere Wege zur Freundlichkeit mit sich selbst

Der Einsatz von Avataren und der virtuellen Realität ist Teil jüngster Forschung und benötigt weitere Entwicklung, bis sie allgemein verfügbar ist, aber es gibt andere Therapieformen, die schon heute leichter zugänglich sind und uns helfen sollen, freundlicher zu uns selbst zu sein. Dazu zählt die auf Mitgefühl konzentrierte Therapie, bei der die Therapeut*innen sehr vorsichtig herauszufinden versuchen, weshalb ihre Patient*innen sich davor fürchten, freundlich zu sich selbst zu sein. Auch Rollenspiele können hilfreich sein. Die Teilnehmenden sitzen auf einem Stuhl und sprechen als ihr wütendes Ich. Dann wechseln sie auf den freien Stuhl gegenüber, auf dem ihr mitfühlendes Selbst sitzt. So führen sie ein Gespräch zwischen ihren beiden Ichs, den beiden Seiten ihrer Persönlichkeit. Das klingt ein bisschen verrückt, führt aber zu positiven Ergebnissen.

Der auf Mitgefühl spezialisierte Therapeut Charlie Heriot-Maitland nutzt eine leicht abweichende Version dieser Technik. Stellen Sie sich vor, Sie laufen als Ihr mitfühlendes Selbst eine Straße entlang und begegnen Ihrem traurigen Selbst. Was würde das mitfühlende Selbst dem traurigen Selbst sagen, wenn dieses niedergeschlagen wäre? Würde es den Arm um das traurige Selbst legen? Würde es etwas Aufmunterndes sagen? Wahrscheinlich. Warum sollten Sie also nicht auf die gleiche Weise zu sich selbst freundlich sein?

Mir gefällt eine Zeile aus einem Gedicht von Nikita Gill: »Betrachte dich so, wie es jemand tut, der dich wirklich liebt.« Und Chris Johnstone, der Resilienz-Workshops abhält, beschreibt Selbstmitgefühl als »Vereinbarung, mit sich selbst verbündet zu sein«. Ein Beispiel: Wenn Sie sich Vorwürfe machen, weil Sie sich falsch verhalten haben, fragen Sie sich, warum Sie so gehandelt haben, anstatt sich deshalb Vorwürfe zu machen. Vielleicht haben Sie auf eine E-Mail in einer Weise geantwortet, die allzu verärgert klang. Wie haben Sie sich in diesem Augenblick gefühlt und weshalb haben Sie es getan? Fragen Sie sich, wie Ihr mitfühlendes Selbst helfen könnte. Das bedeutet nicht, dass Sie sich selbst entlasten müssen. Tatsächlich können Sie Ihre Tat noch immer wiedergutmachen, indem Sie sich zum Beispiel für die unbeherrschte Nachricht entschuldigen.

Sie könnten sogar einen mitfühlenden Brief an den Teil von sich schreiben, der zu kämpfen hat. Mark Leary probierte dies als Teil seiner Studienreihe darüber aus, wie Selbstmitgefühl den Menschen helfen kann, mit unerfreulichen Ereignissen umzugehen. Zunächst mussten die Teilnehmenden an ein unangenehmes Ereignis aus ihrer Vergangenheit denken, aufgrund dessen sie sich schlecht fühlten, und dann vor diesem Hintergrund Möglichkeiten auflisten, wie andere Leute ähnliche Ereignisse erlebt haben könnten. Das sollte Gefühle menschlicher Gemeinsamkeiten wecken. Dann wurden die Teilnehmenden aufgefordert, ein paar Zeilen zu schreiben und darin Verständnis, Freundlichkeit und Besorgnis für sich selbst zum Ausdruck zu bringen, und zwar auf eine Weise, wie sie einer befreundeten Person schreiben würden, die dasselbe durchgemacht hat. Mit dieser Arbeit demonstrierte Leary, dass es möglich ist, Selbstmitgefühl hervorzurufen, wodurch diejenigen Teilnehmenden, die die Übungen absolvierten, weniger negative Emotionen über das negative Ereignis empfanden.[20] Interessanterweise waren sie noch immer eher der Meinung, dass sie zu der Sorte Mensch gehören, der solch negative Ereignisse widerfahren, und sie hatten noch immer den Eindruck, wirklich einen Fehler begangen zu haben. Der entscheidende Unterschied aber war, dass sie sich nicht dafür hassten.

Charlie Heriot-Maitland befürwortet eine andere Methode zur Steigerung des Selbstmitgefühls. Stellen Sie sich einen Trainingsplan auf, in etwa so, wie Sie es tun würden, um Ihre körperliche Fitness zu verbessern. So schreiben Sie etwa an einem Tag einen mitfühlenden Brief an sich selbst, während Sie sich an einem anderen vielleicht ein paar Minuten Zeit für Atemübungen nehmen. Die Idee ist, sich zu verpflichten, freundlich zu sich zu sein und daran festzuhalten. Natürlich können Sie trotzdem ins Fitnessstudio oder joggen gehen.

Es gibt auch sorgfältig entworfene Kurse, in denen Sie lernen können, freundlicher zu sich selbst zu werden. Eine Methode, achtsames Selbstmitgefühl genannt, wurde von der Mitgefühls-forscherin Kristen Neff und dem klinischen Psychologen Christopher Germer entwickelt, die beide in den USA ansässig sind. Der Kurs besteht aus wöchentlichen Workshops über acht Wochen hinweg, in denen die Teilnehmenden ganz intensiv üben, Selbstmitgefühl zu entwickeln.

Sie lernen Achtsamkeitsübungen, werden daran erinnert, dass sie nicht die einzigen Menschen sind, die Rückschläge erleiden, und bekommen Techniken vermittelt, um fürsorglicher zu sich selbst zu sein. Auch hier geht es nicht darum, zu Selbstfixierung einzuladen. Tatsächlich geht es ums Gegenteil. Die Teilnehmenden werden angehalten, sich nicht zu sehr auf sich selbst zu fokussieren, sondern ihre Probleme in einen größeren Zusammenhang zu stellen. Der Kurs wurde einem Test unterzogen, und die Ergebnisse waren beeindruckend. Direkt nach dem Kurs waren die Werte der Teilnehmenden in Sachen Achtsamkeit, Selbstmitgefühl, Lebenszufriedenheit und Glück signifikant gestiegen, und ihre Gefühle von Depression, Angst und Stress waren im Vergleich mit einer Gruppe von Leuten, die nicht an dem Kurs teilgenommen hatten, gesunken. Die positiven Effekte hatten außerdem eine anhaltende Wirkung auf das Wohlbefinden. Man könnte vermuten, dass die Menschen nach ein paar Wochen wieder in ihre alten Gewohnheiten zurückfallen und anfangen würden, sich wieder Vorwürfe zu machen. Aber nein, noch ein Jahr nach dem Kurs waren die Effekte messbar.[21]

Die wenigen Menschen, die als Erste an den Workshops teilnahmen, empfehlen ähnliche Techniken, die man zu Hause ausprobieren kann. Hier ist Christopher Germers sehr praktischer Vorschlag, was Sie tun können, wenn Sie sich nach einem Streit ärgern oder besorgt oder gestresst sind oder einfach die Nase voll haben. Es handelt sich um ein einfaches Programm in drei Schritten.

- Beruhigen Sie sich, machen Sie ein paar tiefe Atemzüge.
- Jetzt legen Sie die Hand auf Ihr Herz.
- Dann sagen Sie folgende Sätze langsam und mit warmer Stimme: »Dies ist ein Moment des Leidens. Leiden gehört zum Leben eines jeden Menschen. Möge ich in diesem Augenblick Mitgefühl für mich selbst aufbringen.«[22]

Es dauert nicht lange. Sie können es, wenn Sie wollen, im Geiste tun, und niemand wird es mitbekommen. Ich habe es viele Male probiert und fühle mich sofort ruhiger und weniger gestresst, wenn ich mir selbst ein wenig Mitgefühl entgegenbringe.

Auch wenn Sie alle diese Methoden ausprobieren und lernen, zu sich selbst freundlicher zu sein, bedeutet das natürlich nicht, dass Sie sich nie wieder ärgern oder niedergeschlagen, ängstlich oder deprimiert sein werden. Bei Selbstmitgefühl geht es nicht darum, negative Emotionen auszulöschen, selbst wenn das möglich wäre. Manchmal ist es angemessen und wichtig, sich zu ärgern oder niedergeschlagen, ängstlich oder deprimiert zu sein (ich habe auch dazu ein Buch geschrieben). Und manchmal werden Sie sich so fühlen, weil Sie es wirklich vermasselt haben. In diesem Fall ist es richtig, sich selbst Vorwürfe zu machen. Ich will nur sagen, dass Sie angemessen selbstkritisch sein sollen und dürfen. Und wenn Sie das sind, sind Sie wahrscheinlich im Allgemeinen freundlicher.

Der letzte Gefallen,
den mir eine Person getan hat

Der Freundlichkeitstest

Jemand hat sich für mich in die Warteschlange gestellt, damit ich nicht nass wurde und fror.

Geburtstagskarten, E-Mails, Anrufe und Besuche von mehr als hundert Menschen. Ich wusste gar nicht, dass so viele Leute wussten (oder daran dachten), dass ich an diesem Tag Geburtstag habe.

Als ich durch einen starken Regenguss ging, rettete eine fremde Person meinen Schirm, der sonst davongeweht worden wäre.

Ein Mann machte an meiner Straßenecke riesige Seifenblasen.

Mein Partner hat einen Messingrahmen für mein Zimmer poliert, und dieser sieht fantastisch aus. Ich hatte ihn gar nicht darum gebeten.

Eine Person drückte mir den Arm, als ich nach einem Begräbnis sichtlich mitgenommen war.

Bei der Arbeit fragte jemand, wie es mir geht, und hörte mir zu.

Eine Tasse Tee im Bett!

Meine Partnerin hat die Kette meines Fahrrads geölt und die Reifen aufgepumpt.

Bei einem Meeting kochen die Emotionen hoch, und ich komme gar nicht zu Wort. Der Moderator sorgt für Ruhe und bittet mich um meinen Beitrag.

Meine erwachsenen Kinder passten sich meinem Schritttempo an.

Das perfekte Rezept
für Freundlichkeit

Ich hoffe, dieses Buch hat Sie angeregt, den Wert von Freundlichkeit zu schätzen und ihre Bedeutung zu erkennen. Wenn wir alle es schaffen, uns selbst, anderen und der Gesellschaft gegenüber freundlicher zu sein, wäre die Welt ein besserer Ort. Es würde natürlich nicht alle Probleme lösen, aber für viele Menschen die Dinge ein bisschen einfacher machen. Ein Grund dafür, dass die Welt nicht schon jetzt ein freundlicherer Ort ist, besteht darin, dass es schwierig sein kann, freundlich zu sein. Ich behaupte nicht, dass es einfach ist oder dass ich besonders freundlich bin. Wie jeder habe ich damit zu kämpfen.

In diesem Sinne möchte ich in dieser Schlussbemerkung meine zwanzig Schritte für eine freundlichere Welt erläutern. Sie stützen sich auf all die wissenschaftlichen Studien, die in den vorangegangenen Kapiteln erwähnt wurden, und fassen das Wissen zusammen, das ich auf mehr als 200 Seiten dargelegt habe. Fühlen Sie sich frei, aus den zwanzig Tipps zu wählen. Nicht alle werden für Sie relevant sein. Aber hoffentlich werden einige davon Ihnen helfen, ein freundlicherer Mensch zu werden, was Sie wiederum zu einem glücklicheren und erfüllteren Menschen machen wird.

1. Begeben Sie sich
auf die Fährte der Freundlichkeit

Wenn wir der Meinung sind, dass jemand freundlich zu uns war, sind wir eher bereit, zu ihm freundlich zu sein und diese Freundlichkeit an andere weiterzugeben. Ein guter Start, um die Welt freundlicher zu machen, besteht in der Erkenntnis, dass sie bereits voller Freundlichkeit ist. Unweigerlich erregen unangenehme Vorfälle und schlechtes Benehmen unsere Aufmerksamkeit, deshalb verkennt man in der Folge leicht die Tatsache, dass die Menschen meist nett zueinander sind. Versuchen Sie, dieser negativen Tendenz entgegenzuwirken. Wenn also beispielsweise eine Person auf der Arbeit gemein zu Ihnen ist, versuchen Sie, Ihre Gedanken nicht davon dominieren zu lassen, sondern bemühen Sie sich, sich an all die kleinen Zeichen der Freundlichkeit und Hilfsbereitschaft zu erinnern, die Ihnen bei der Arbeit auch schon entgegengebracht wurden und die Sie wahrscheinlich zu dem Zeitpunkt kaum bemerkt haben. Vielleicht finden Sie sogar heraus, dass Ihr »schlechter« Tag in Wahrheit voller Freundlichkeit war.

Wie ein Vogelbeobachter, der jede Gelegenheit notiert, bei der er eine bestimmte Spezies entdeckt hat, könnten wir nach Beispielen für Freundlichkeit Ausschau halten, sowohl bei anderen als auch bei uns selbst. Es wurde nachgewiesen, dass das tägliche Notieren positiver Momente gut für unser psychisches Wohlbefinden ist – und es würde uns auf die Tatsache aufmerksam machen, dass Freundlichkeit überall ist und wir nur genauer hinschauen und sie wertschätzen müssen. Wie wäre es also, wenn Sie jeden Tag mindestens ein Beispiel für Freundlichkeit, das Sie bei einer anderen Person beobachten, notieren würden? Sie könnte Ihnen selbst entgegengebracht werden oder einem anderen Menschen. Glauben Sie mir, sobald Sie anfangen, nach Freundlichkeit Ausschau zu halten, werden Sie sie überall bemerken.

Und vergessen Sie nicht, Ihre eigenen freundlichen Taten in die Liste einzutragen. Als eine Studie in Japan das Glücksniveau von Menschen maß und diese dann gefragt wurden, wie viele freundliche Taten sie in der Woche vollbrachten, stellte sich heraus, dass ihr Glücksniveau im Vergleich zu dem einer Kontrollgruppe deutlich gestiegen war.[1] Beobachten Sie sich also dabei, wie Sie freundlich sind, und Sie werden davon profitieren.

2. Gehen Sie nicht davon aus, dass Kinder gedankenlos und egoistisch sind

Aufgrund der frühkindlichen Trotzphase und der jugendlichen Wutausbrüche heißt es von Kindern schnell, sie seien selbstsüchtig und rücksichtslos. Tatsächlich hat die Wissenschaft nachgewiesen, dass sogar Kleinkinder – deren Gehirn sich im frühen Entwicklungsstadium noch schwer damit tut, die Perspektive anderer zu verstehen –, freundlicher sind, als wir denken. Sie teilen ihre Spielsachen mit anderen Kindern und helfen Erwachsenen, die Schwierigkeiten haben, während viele der negativen Klischees über Teenager unfair sind. Es trifft zu, dass der Durchschnittsmensch beim Älterwerden eher noch freundlicher wird, doch auch Kinder und junge Menschen sind häufig freundlich, und wir sollten dieses Verhalten registrieren und unterstützen. Es ist nichts falsch daran, Freundlichkeit zu loben und zu belohnen und vor allem dazu zu ermuntern. Das gilt auch für Erwachsene.

3. Lassen Sie sich von den Nachrichten nicht unterkriegen

Die lange Liste von Konflikten, Gewalt, Korruption und Unehrlichkeit in den täglichen Nachrichten zeichnet ein falsches Bild der Realität. Gewiss, es geschehen schlimme Dinge auf der

Welt, aber in Wahrheit überwiegt die Menschlichkeit gegenüber der Unmenschlichkeit. Alle Indizien deuten darauf hin, dass unser Zeitalter nicht von Krieg, Grausamkeit und Egoismus geprägt ist, sondern von Kooperation, Anstand und Respekt gegenüber anderen. Manche Leute sind der Meinung, dass wir aufgrund der Medien eine so verzerrte Sicht der Welt haben, dass wir aufhören sollten, sie zu lesen, sie zu hören oder anzuschauen. Diese Meinung teile ich nicht. Wenn wir eine Chance haben wollen, die schlimmen Dinge, die geschehen, zu stoppen, ist es in Wahrheit entscheidend, sie zu verstehen. Anderseits ist es keine gute Idee, Stunden mit Doom-Scrolling zu verbringen.

Wir sollten die Nachrichten immer in die richtige Perspektive rücken. In den meisten Fällen taucht etwas in den Nachrichten auf, weil es selten, nicht etwa weil es gewöhnlich ist. Wenn man ein überwältigend negatives Ereignis erlebt, wie zum Beispiel eine Pandemie, sollte man sich informieren, aber die Quellen sorgfältig wählen und den Medienkonsum auf ein- oder zwei Zeitfenster am Tag beschränken. Falls etwas wirklich Wichtiges passiert, wird Ihnen sicher jemand davon erzählen.

4. Genießen Sie die Wärme, die sich einstellt, wenn Sie freundlich zu anderen sind

Studien haben ergeben, dass uns gute Taten messbare gesundheitliche Vorteile bringen, sowohl geistig als auch körperlich. Freundliches Verhalten reduziert das Burnoutrisiko, Stress und soziale Ängste, es verbessert unser Wohlbefinden und könnte sogar lebensverlängernd sein. Gute Taten stimulieren die gleichen Belohnungszentren im Gehirn, die aktiviert werden, wenn wir eine geliebte Person sehen, oder Schokolade oder Geld geschenkt bekommen. Mit anderen Worten, wir profitieren selbst sehr davon, wenn wir freundlich sind, sowohl kurzfristig als auch langfristig. Manche Menschen haben Schuldgefühle, weil sie sich nach einer freundlichen Tat gut fühlen. Kämpfen Sie gegen dieses Gefühl an. Sonnen Sie sich in dem warmen Gefühl, freundlich zu sein. Sie haben es verdient. Bei Freundlichkeit geht es nicht um heilige Selbstaufopferung, sondern darum, ein anständiger, kooperativer Mensch zu sein, der sowohl gibt als auch nimmt.

5. Seien Sie ein eudaimonischer, aber auch ein hedonistischer Genussmensch

Der naheliegendste Weg, uns zu erfreuen, besteht darin, so viele angenehme Momente wie nur möglich durch unmittelbare Sinneserfahrungen zu erleben – mit anderen Worten, hedonistisch zu sein. Aber eine ausgeglichenere und letztlich erfülltere Person konzentriert sich darauf, ein sinnvolles Leben zu führen, indem sie ihr Potenzial ausschöpft und tugendhaft handelt. Dies nennt man Eudaimonie.

Altruistisches Verhalten – nicht unentwegt, aber so oft wir können – ist eine wunderbare Möglichkeit, im Leben eudaimonische Freude zu erfahren. Das heißt nicht, dass wir unser Leben dadurch, dass wir freundlich sind, komplett verändern können. Aber Studien belegen, dass schon allein die Erinnerung an freundliche Taten, die wir in der Vergangenheit vollbracht haben, unser Selbstwertgefühl stärkt und das Niveau unseres Wohlbefindens anhebt.

6. Holen Sie sich durch aktive Freiwilligenarbeit den Extraschub Glück

Freiwilligenarbeit hat ein starkes soziales Element, das Menschen, die sie leisten, zusätzlichen Nutzen bringt, genau wie den Menschen, denen sie zugutekommt. Zahlreiche Studien haben belegt, dass Freiwilligenarbeit das Selbstwertgefühl und das Selbstvertrauen stärkt und glücklich macht. Sie ist kein Allheilmittel gegen ernste psychische Probleme, aber sie vermittelt Menschen ein Gefühl von Ziel und Sinn. Es handelt sich um eine klassische Win-win-Situation.

Wenn Sie also nicht bereits ehrenamtlich tätig sind – und wenn Sie diese Beschäftigung mit allem anderen, was Sie zu tun haben, vereinbaren können –, sollten Sie in Erwägung ziehen, irgendwelche freiwilligen Arbeiten in Ihrer Gemeinde oder woanders aufzunehmen. Hilfsorganisationen sind immer auf der Suche nach Ehrenamtlichen, die helfen, die Arbeit von Wohltätigkeitsorganisationen oder gemeinnützigen Einrichtungen zu koordinieren. Oder Sie legen selbst Hand an und helfen bei der örtlichen Tafel oder leisten im Obdachlosenheim praktische Hilfe. Wofür Sie sich auch immer entscheiden, Freiwilligenarbeit fördert die Verbindung zu anderen Menschen und erinnert uns an unsere geteilte Menschlichkeit.

7. Bedenken Sie: Sie können freundlich sein und davon profitieren

Die Freundlichkeit, für die ich mich interessiere, kann einem durchaus etwas abverlangen. Und Sie können dennoch davon profitieren.

Bei Freundlichkeit geht es nicht darum, lasch und leichtgläubig zu sein, sondern fair, konsequent und vertrauenswürdig. Es geht darum, andere Menschen zu verstehen und deshalb in der Lage zu sein, das Beste aus ihnen herauszuholen – und das ist für jede Person entscheidend, die ein Team leitet oder eine Organisation führt. Viele der erfolgreichsten Menschen der Welt, sei es geschäftlich oder auf anderen Gebieten, erkennen inzwischen, dass Freundlichkeit über Rücksichtslosigkeit siegt.

Das kann bedeuten, sich geistig vom »Gewinnen um jeden Preis« zu verabschieden, das größere Ganze zu sehen und neu zu definieren, was Erfolg eigentlich bedeutet. Kurzfristige Gewinnmargen mögen vielleicht wichtig sein, aber ebenso wichtig sind loyale und engagierte Mitarbeitende und ein nachhaltiges Geschäftsmodell. Wenden Sie diese Lektionen auf Ihr eigenes Leben an und bedenken Sie dabei, dass freundliches Handeln manchmal harte Entscheidungen erfordert – und manchmal eine sanfte Geste.[2]

8. Versuchen Sie, jede Situation ein bisschen besser zu verlassen, als Sie sie bei Ihrer Ankunft vorgefunden haben

Das gelingt Ihnen, indem Sie sicherstellen, dass die Menschen sich wahrgenommen und geschätzt fühlen, egal wie flüchtig Ihr Kontakt mit ihnen ist. Und hier schummele ich, indem ich einen Tipp anfüge, der nicht von mir, sondern vom Dalai Lama stammt: »Ich versuche jede Person, der ich begegne, wie einen alten Freund zu behandeln. Das erfüllt mich mit einem echten Glücksgefühl.«

9. Lassen Sie Ihren inneren Atticus sprechen

Es ist eine gute Idee, wie Atticus Finch in *Wer die Nachtigall stört* das Beste im Menschen sehen zu wollen. Ich behaupte nicht, dass das immer einfach ist. Aber Menschen, die anderer Meinung sind als Sie oder eine andere Weltsicht haben, sind keine Idioten und Bösewichte (jedenfalls die meisten nicht), und wenn Sie sich die Mühe machen, die Dinge aus deren Blickwinkel zu betrachten, werden Sie das auch feststellen. Versuchen Sie – in der Fachsprache ausgedrückt –, Ihre empathische Responsivität zu verbessern und sich in die Lage der anderen zu versetzen. Haben Sie keine Angst, empathisch zu sein. Das ist nur menschlich.

10. Praktizieren Sie aktive Empathie

Um die Empathie zu stärken, die es für viele freundliche Taten braucht, bedarf es aktiver Bemühungen. Außerdem erfordert es Zeit und verlangt Demut. Vielleicht müssen Sie zunächst Ihre Trägheit überwinden und Energie investieren, um zu verstehen, warum Sie die Dinge aus dem Blickwinkel anderer sehen sollten. Vielleicht müssen Sie diesen anderen gegenüber Mitgefühl zeigen, Mitgefühl, das sie auf den ersten Blick Ihrer Meinung nach gar nicht verdient haben. Was in ihrem Leben und an ihren Umständen könnte ihre Handlungen und ihre Misere erklären, wenn nicht gar entschuldigen?

Eine Möglichkeit, empathischer zu werden, besteht darin, Empathie als Fähigkeit zu begreifen, die man erlernen kann, wie das Gärtnern oder Klavierspielen. Sie könnten sich um ein Mitgefühlstraining bemühen oder sich Zeit nehmen, ein paar Techniken der Freundlichkeits-Meditation zu erlernen. Studien haben ergeben, dass Menschen sich nach einem solchen Training nicht nur mitfühlender gegenüber leidenden Menschen fühlen, sondern auch stärker motiviert, etwas zu unternehmen, um deren Leid zu lindern.

11. Machen Sie Freundlichkeit nicht zu einer weiteren Aufgabe auf Ihrer To-do-Liste

Nehmen Sie Freundlichkeit ernst, aber nicht so ernst, dass Sie anfangen, sich von der Notwendigkeit, freundlich zu sein, erdrückt zu fühlen. Freundlichkeit kann problemlos in Ihr Leben integriert werden. Sie brauchen dafür nicht viel Zeit. Sie müssen nicht die Welt verändern (aber lassen Sie sich von mir nicht davon abhalten, falls das Ihr Plan war). Selbst ein paar freundliche Worte, die keine Zeit in Anspruch nehmen, können für die Menschen, mit denen Sie zusammenleben und -arbeiten, einen Unterschied ausmachen.

12. Lesen Sie, lesen Sie gründlich

Es gibt eine einfache Möglichkeit, sich in die Lage anderer Menschen zu versetzen, bei der die Gedanken und Gefühle anderer Leute wie ein offenes Buch vor Ihnen ausgebreitet sind. Es sind tatsächlich Bücher. Beim Lesen, insbesondere von Belletristik, lernen wir andere Perspektiven als unsere eigene kennen, was uns Mitgefühl lehrt, das wiederum gegenseitige Freundlichkeit fördert.

13. Hören Sie zu, hören Sie wirklich zu

Menschen mögen es, wenn man ihnen zuhört. Punkt.

14. Beginnen Sie Gespräche mit Fremden

Die Leute werden das mögen, wirklich. Es verschönert ihren Tag und den Ihren.

15. Machen Sie einen Ehrfurchts-Spaziergang

Das bedeutet, einen Spaziergang zu unternehmen, bei dem Sie bewusst nach Dingen Ausschau halten, die Ihnen Ehrfurcht einflößen. Das ehrfurchtgebietende Ding könnte ein riesiges, von Menschen errichtetes Gebäude sein oder ein sich zersetzendes Blatt mit kunstvoller Aderung – alles, was Sie daran erinnert, wie wunderbar die Welt sein kann. Es wäre nicht fair, Sie zu diesem späten Zeitpunkt in diesem Buch zu veranlassen, von einer ganz neuen Studie zu lesen, deshalb müssen Sie mir in diesem Punkt vertrauen. Doch Teilnehmende einer Studie, die regelmäßig Ehrfurchts-Spaziergänge unternahmen, hatten in der Folge mehr Einfühlungsvermögen und Mitgefühl für andere. Außerdem wurde bei Erkrankten ein Nachlassen der psychischen Störungen festgestellt.

16. Halten Sie einen Moment inne, bevor Sie etwas posten

Die sozialen Medien können eine Jauchegrube der Grausamkeit und des Hasses sein, und selbst wenn sie nicht ganz so schlimm sind, wie wir denken, so sind sie doch häufig lediglich eine Echokammer Ihrer bestehenden Ansichten oder ein Ort, an dem absichtlich provokanten Posts große Aufmerksamkeit geschenkt wird. Das kann die Vorstellung verstärken, dass Menschen, die eine andere Meinung vertreten als wir selbst, dumm oder boshaft sind.

Um dieser Verzerrung der Realität entgegenzuwirken, sollten Sie innehalten und nachdenken, bevor Sie wütend auf einen Post antworten, mit dem Sie überhaupt nicht einverstanden sind. Überlegen Sie, wie Sie reagieren würden, wenn der Beitrag von einer befreundeten Person oder einem Familienmitglied stammen würde. Höchstwahrscheinlich würden Sie Ihre Antwort in diesem Fall mäßigen – warum also nicht in allen Situationen?

Besser noch wäre es sogar, einem alten Ratschlag zu folgen: »Falls du nichts Nettes sagen kannst, sag lieber gar nichts.« Warum sollten Sie einer Person schreiben, um ihr mitzuteilen, dass ihr Projekt/ihr Buch/ihre Sendung nicht gut ist? Sie hat sich wahrscheinlich sehr bemüht. Höchstwahrscheinlich kennt die

Person die Schwächen selbst. Wird Ihr Kommentar ihr wirklich etwas Nützliches vermitteln?

17. Machen Sie Freundlichkeit zum Schlüssel dafür, wem Sie in den sozialen Medien folgen und wem nicht

Einer der Gründe, weshalb die sozialen Medien so voller Grausamkeit, Wut und Hass sein können, besteht darin, dass die Menschen, die Unfreundliches verbreiten, mehr Follower, mehr Likes und mehr Kommentare anzulocken scheinen. Die Algorithmen fördern die Beliebtesten. Das führt dazu, dass sie ganz oben stehen und sichtbarer werden – und so wird der negative Kreislauf unaufhaltsam weitergeführt. Aber es liegt an Ihnen, wem Sie Ihre Aufmerksamkeit schenken. Wir können entscheiden, wen wir mit unseren Feeds fördern, deshalb können wir anfangen, uns gegen Wut, Negativität und Unhöflichkeit zur Wehr zu setzen. Würden wir alle gemeinsam beschließen, diese Tastatur-Krieger*innen zu ignorieren und stattdessen freundlichen Menschen zu folgen und positive Beiträge zu teilen, würde das Gute allmählich über das Böse siegen. Also beginnen Sie gleich heute, niemandem mehr zu folgen, der die sozialen Medien nutzt, um die Welt zu einem unfreundlicheren Ort zu machen.

18. Planen Sie, ein*e Held*in zu sein (denn Sie wissen nie, wann Sie gebraucht werden)

Wahrscheinlich glauben Sie, dass Sie nie etwas wirklich Heroisches tun werden. Wie bereits erwähnt kommt die Wissenschaft zu dem Ergebnis, dass ein Mensch in seinem Leben im Durchschnitt mit weniger als sechs Notfällen konfrontiert wird. Andererseits sagen diejenigen, die eingreifen, um andere zu retten und dabei manchmal ihr Leben aufs Spiel setzen, fast immer, dass jede andere Person an ihrer Stelle das Gleiche getan hätte. Es besteht also eine echte Chance, dass Sie an irgendeinem Punkt in Ihrem Leben mit einer Situation konfrontiert sein werden, in der Sie mit dem größtmöglichen freundlichen Akt eingreifen könnten, um einem anderen Menschen zu helfen. Doch wie stellen Sie sicher, dass Ihr Eingreifen die Lage besser, nicht schlechter macht?

Die Wissenschaft legt den Schluss nahe, dass die beste Strategie, um die Chance zu erhöhen, dass Sie sicher und erfolgreich handeln, darin besteht, im Voraus über das Vorgehen nachzudenken, zu dem Sie in einer bestimmten Situation bereit sind. Wenn Sie eine Person im tiefen Wasser kämpfen sehen und wissen, dass es für Sie nicht sicher ist, hineinzuspringen, um sie zu retten – dann könnten Sie ihr vielleicht etwas zuwerfen, woran sie sich festhalten kann, oder die Führung bei der Kontaktaufnahme mit dem Rettungsdienst übernehmen?

Wenn Sie Pläne für verschiedene Szenarien erstellen, folgen Sie dem Beispiel von Profis, wie zum Beispiel Soldat*innen und Polizist*innen, die trainieren, auf verschiedene Notfälle zu reagieren, und dann in der Lage sind, effektiv zu handeln, wenn die Situation eintritt.

19. Seien sie freundlich zu sich selbst

Um wirklich freundlich zu sein, müssen Sie andere an die erste Stelle und sich selbst an die letzte setzen, richtig? Falsch. Wenn Sie Ihr eigenes Wohlbefinden vernachlässigen, riskieren Sie, auszubrennen, und dann werden Sie weniger Energie und Handlungsspielraum haben, um zu anderen freundlich zu sein. Auf ausgewogene Weise praktizierte Selbstfürsorge ist nicht egoistisch, sondern vielmehr der Ausgangspunkt, um sich um andere kümmern zu können. Wenn Sie einräumen, dass Sie manchmal leiden und Schmerz empfinden, sollten Sie sich nicht für etwas Besonderes halten – Sie sind es ja auch nicht. Sie erkennen vielmehr an, dass Sie am Leid und Schmerz der Menschheit teilhaben – so klein oder groß Ihr Anteil auch sein mag.

20. Bleiben Sie sich selbst treu, wenn Sie freundlich sind

Wir können nicht alle Abie sein und Fremden eine Niere spenden. Es machte ihm nichts aus, sich einer Operation zu unterziehen. Sie dagegen könnten meinen, das ginge zu weit. Und das ist in Ordnung. Es ist besser, auf eine Weise freundlich zu sein, die zu Ihnen passt, statt nichts zu tun. Wenn Ihre Art und Weise, Freundlichkeit zu zeigen, also darin besteht, den Menschen aufmerksam zuzuhören oder mit Fremden zu sprechen oder Geld zu spenden, dann verurteilen Sie sich nicht für die Entscheidungen, die Sie nicht treffen. Vielleicht entscheiden Sie sich für etwas, das Ihnen liegt und anderen vielleicht schwerfällt. Wir alle können auf unsere eigene Art und Weise freundlich sein.

Danksagung

Schon eine ganze Weile habe ich mir gewünscht, ein Buch über Freundlichkeit zu schreiben, weil ich immer über die freundlichen Dinge staune, die Menschen füreinander tun. Der jetzige Zeitpunkt scheint der richtige für dieses Buch zu sein, weil die Welt spürt, dass sie auf Freundlichkeit angewiesen ist (vielleicht spürt sie es auch immer, ungeachtet wann man lebt).

Außerdem war das Timing perfekt, denn als ich mit diesem Buch begann, war ich gerade von der University of Sussex zur Gastprofessorin ernannt worden, was bedeutete, dass ich an die Universität zurückkehrte, an der ich mein Grundstudium absolviert habe, und an der es inzwischen auch das neu gegründete Sussex Centre for Research on Kindness gibt.

Ich hatte bereits mit den Recherchen für dieses Buch begonnen, als Professor Robin Banerjee und ich über die Idee diskutierten, eine große Untersuchung durchzuführen, um herauszufinden, was die Menschen über Freundlichkeit denken.

Danke an Mohit Bakaya und Dan Clarke von Radio 4 der BBC für ihre Begeisterung, als ich eine Zusammenarbeit zwischen der BBC und der University of Sussex vorschlug.

Es war eine große Freude, eng mit Robin Banerjee und Gillian Sandstrom zusammenzuarbeiten, denen es gelang, in kurzer

Zeit eine große Studie auf die Beine zu stellen. Es ist ihrer harten Arbeit und der folgenden langen Liste von Menschen zu verdanken, dass es möglich war, sie zu entwickeln und so schnell zum Laufen zu bringen: Dan Cullen, Lucie Crowter, Jenny Gu, Maruša Levstek, Kate Cavanagh, Clara Strauss, Rona Hart, Daniel Campbell-Meiklejohn, Michelle Lefevre, Anne-Meike Fechter, Zahira Jaser, Michael Banissy, Jo Cutler, Pat Lockwood und Masaki Yuki.

Robin hat jedes Mal geduldig geantwortet, wenn ich ihn mit einer weiteren Rückfrage zu der Studie behelligte, und Danielle Evans leistete mit der Analyse der Daten großartige Arbeit.

Wir hatten keine Ahnung, dass so viele Leute den Fragebogen ausfüllen würden, und ich bin den 60 000 Menschen dankbar, die ihre Zeit dafür opferten; das war ebenfalls ein freundlicher Akt.

Die ersten Ergebnisse wurden in einer Sendereihe mit dem Titel *The Anatomy of Kindness* ausgestrahlt, die ich für Radio 4 moderierte und die von Geraldine Fitzgerald und Erika Wright produziert wurde, zwei unglaublich talentierten Wissenschaftsproduzentinnen, mit denen die Zusammenarbeit immer fantastisch ist. Danke an alle, die ich für die Serie über Freundlichkeit befragt habe. Der Freundlichkeitstest ist nur eine der vielen Studien, auf die ich mich in diesem Buch stütze. Ich erlebe aus nächster Nähe, wie viel Arbeit in der Vorbereitung einer Studie steckt, und bin all den Psycholog*innen und Neurowissenschaftler*innen dankbar, die sich die Zeit nehmen, die Forschung durchzuführen, von der wir Übrigen lernen können.

Beim Kindfest 2020 traf ich (virtuell) viele Menschen, die kluge Dinge über Freundlichkeit zu sagen hatten, und einige dieser Aussagen habe ich in dieses Buch aufgenommen. Ein Dank geht an die Gründerin Susie Hills, die wunderbare Arbeit leistet, indem sie Tausende Menschen zusammenbringt, die an Freundlichkeit glauben.

Es stellt sich heraus, dass jeder, der zu Freundlichkeit forscht, sehr freundlich ist (was sehr passend ist). Als ich Mails verschickte und Forscher fragte, ob sie mir ihre wissenschaftlichen Arbeiten zur Verfügung stellen würden, kamen die Antworten innerhalb von Minuten. Danke den Menschen, deren Arbeiten neben der des Sussex-Teams mein Denken über Freundlichkeit maßgeblich beeinflusst haben: Paul Gilbert, Sara Konrath, John-Tyler Binfet, Jamil Zaki, John Price, Daniel Batson, Michael Brown, Oliver Scott Curry und Lee Rowland. Und noch vielen mehr, die Sie in den Fußnoten finden.

Danke an alle, die mir ihre persönliche Geschichte erzählt haben.

Ich bin Lorna Stewart sehr dankbar, die die Details der von mir beschriebenen Experimente akribisch überprüft hat. Alles, was jetzt vielleicht nicht ganz richtig ist, ist definitiv mein Fehler. Und ein Dank geht an Daniel Campbell-Meiklejohn für seine Hilfe bei meinen Beschreibungen des Gehirns.

Canonogate ist ein wunderbarer Verlag – enthusiastisch und effizient. Ein besonderer Dank geht an Lucy Zhou, Alice Shortland, Jenny Fry, Leila Cruickshank und Vicki Rutherford und vor allem an meinen Lektor Simon Thorogood, dessen Vorschläge immer klug sind. Er hat dieses Buch zusammen mit der sorgfältigen und geduldigen Korrektorin Gabrielle Chant definitiv verbessert.

Danken möchte ich auch meinem Agenten Will Francis von Janklow & Nesbit. Zusammen mit seinen Kollegen Ren Balcombe und Kirsty Gordon liefert er alles, was sich eine Autorin von einem guten Agenten nur wünschen kann.

Und schließlich danke ich meinem Mann Tim, der sich die Zeit nahm, meine ersten Entwürfe zu lesen, und immer gute Ideen beisteuerte, um sie zu verbessern. Das war sehr freundlich von ihm.

Anmerkungen

Diese Aufstellung ist zwar nicht erschöpfend, enthält aber die wesentlichen Forschungsberichte, die ich in *Miteinander* heranziehe. Ich bitte die dritten und vierten Autor*innen – und in einem Fall den vierundvierzigsten Autor – um Entschuldigung, aber um Platz zu sparen und Bäume zu schonen, nenne ich da, wo es eine Vielzahl von Autor*innen gibt, hier nur die ersten. *Journal* kürze ich ab zu »J« und *psychology* zu »psych«. Ich hoffe, Sie finden, wonach Sie suchen. Einige Studien sind wirklich faszinierend.

Die im Folgenden angeführten Online-Quellen wurden im Juni 2022 aufgesucht.

Vorwort

1 Für einen vorzüglichen und umfassenden Überblick über die Forschung zum Nutzen von Freundlichkeit und Empathie siehe: Konrath, S. & Grynberg, D. (2016): »The Positive (and Negative) Psychology of Empathy«. In: Watt, D.F. & Panksepp, J. (Eds.), *Psychology and Neurobiology of Empathy*. New York, Nova Bipomedical Books.
2 Penner, L.A. et al. (2008): »Parents' Empathic Responses and Pain and Distress in Pediatric Patients«. *Basic and Applied Social Psych*, 30(2), 102–13.

1

Es gibt mehr Freundlichkeit auf der Welt, als Sie denken

1   Côté, S.M. et al. (2006): »The Development of Physical Aggression from Toddlerhood to Pre-adolescence: A Nationwide Longitudinal Study of Canadian Children«. *J. of Abnormal Child Psych*, 34, 71–5.

2   Hammond, C.A. (2016): *Mind over Money: The Psychology of Money and Hot to Use it Better.* Edinburgh, Canongate.

3   Ulber, J. et al. (2015): »How 18- and 24-month old Peers Divide Resources Among Themselves«. *J of Experimental Child Psych*, 140, 228–244.

4   Hepach, R. et al. (2017): »The Fulfillment of Others' Needs Elevates Children's Body Posture«. *Developmental Psych*, 53(1), 100–13.

5   Zahn-Waxler, C. et al. (1992): »Development of Concern for Others«. *Developmental Psych* 28(1), 126–36.

6   Warneken, F. & Tomasello, M. (2009): »The Roots of Human Altruism«. *British Journal of Psych*, 100(3), 455–71.

7   Ulber, K. & Tomasello, M. (2020): »Young Children's Prosocial Responses Toward Peers and Adults in Two Social Contexts«. *J. of Experimental Child Psych, 198*, 104888.

8   Binfet, J.T. (2016): »Kindness at School: What Children's Drawings Reveal About Themselves, Their Teachers, and Their Learning Communities«. *J. of Childhood Studies*, 41, 29–42.

9   Binfet, J.T. & Enns, C. (2018): »Quiet Kindness in School: Socially and Emotionally Sophisticated Kindness Flying Beneath the Radar od Parents and Educators«. *J. of Childhood Studies*, 42, 31–45.

10   Choudhury, S. et al. (2006): »Social Cognitive Development During Adolescence«. *Social Cognitive and Affective Neuroscience*, 1(3), 165–74.

11   Binfet, J.T. (2020): »Kinder Than We Might Think: How Adolescents Are Kind«. *Canadian J. of School Psych*, 35(2), 87–99.

12   Hammond (2016), *Mind Over Money.*

13   Lockwood, P.L. et al. (2021): »Aging Increases Prosocial Motivation for Effort«. *Psychological Science*, 32(5), 668–81.

14   Thomas, G. & Maio, G.R. (2208): »Man, I Feel Like a Woman: When and How Gender-role Motivation Helps mind-reading«. *J. of Personality and Social Psych*, 95(5), 1165–79.

15   Klein, K.J.K. & Hodges, S.D. (2021): »Gender Differences, Motivation, and Empathic Accuracy: When It Pays to Understand«. *Personal and Social Psych Bulletin*, 27, 720–30.

16 Der Test zur hellen Triade ist hier zu finden: https://scottbarrykauf-man.com/lighttriadscale/.

17 Hazlitt, W. (1900): »My First Acquaintance with Poets«. In: Carr, F. (Ed.) *Essays of William Hazlitt*. London: Walter Scott.

18 Stanley Milgram zitiert in Perry, G. (2012): *Behind the Shock Machine*. Victoria, Australia: Scribe, 325.

19 Die ganze Geschichte hören Sie in meiner Dokumentation *Mind Changers* auf BBC Radio 4, produziert von Marys Burgess, 7. Mai 2008: https://www.bbc.co.uk/programmes/b00b529r.

20 Bregman, R. (2020): *Im Grunde gut: Eine neue Geschichte der Menschheit.* Ü. von Ulrich Faure, Gerd Busse. Hamburg, Rowohlt Verlag 2020, S. 345.

21 Die Geschichte von Kurt Zouma, Profifußballer bei West Ham United, der gerichtlich belangt wurde, nachdem er sich dabei hatte filmen lassen, wie er seine Katze trat, wurde von zahlreichen Nachrichtenagenturen aufgegriffen, unter anderem von *Metro*, 24. Mai 20221: https://metro.co.uk/0524/west-ham-footballer-lurt-zouma-pleads-guilty-to-kicking-his-cat-16699293/.

22 Pinker, S. (2011): *The Better Angels of Our Nature*. London: Penguin. Dt.: *Gewalt. Eine neue Geschichte der Menschheit.* Ü. von Sebastian Vogel. Frankfurt am Main, S. Fischer Verlag 2011, S. 12.

23 Pinker, *Better Angels* 2011, 91 – Dt. S. 128-29.

24 Zarins, S. & Konrath, S. (2017): »Changes Over Time in Compassion-Related Variables in the United States«. In: Seppälä, E.M. et al. *The Oxford Handbook of Compassion Science.*

25 Bartlett, M.Y. & DeSteno, D. (2006): »Gratitude and Prosocial Behavior: Helping When It Costs You«. *Psychological Science*, 17(4), 319–25.

26 Eine kurze Biographie von Benjamin Webb findet man auf dieser Webseite: https://www.geographicus.com/P/ctgy&Category_Code=Webbenjamin.

27 Brief von Benjamin Franklin an Benjamin Webb vom 22. April 1784. Transcript, Library of Congress: https://founders-archives.gov/documents/Franklin/01-42-02-0117.

28 Gray, K. et al. (2014): »Paying It Forward: Generalized Reciprocity and the Limits of Generosity«. *J. of Experimental Psych: General*, 143(1), 247–54.

29 Goldstein, N.J. et al. (2008): »A Room With a Viewpoint: Using Social

Norms to Motivate Environmental Conservation in Hotels«. *J. of Consumer Research*, 35(3), 472–82.

30 Kraft-Todd. G.T. et al. (2018): »Credibility-enhancing Displays Promote the Provision of Non-normative Public Goods. *Nature*, 563, 245–48.

2
Freundlich zu sein fühlt sich gut an, und das ist okay

1 Chancellor, J. et al. (2018): »Everyday Prosociality in the Workplace: The Reinforcing Benefits of Giving, Getting and Glimpsing«. *Emotion*, 18(4), 507–17.

2 Dunn, E.W. et al. (2008): »Spending Money on Others Promotes Happiness«. *Science,* 319 (5870), 1687–8.

3 Aknin, L.B. et al. (2013): »Prosocial Spending and Well-being: Crosscultural Evidence for a Psyhcological Universal«. *J. of Personality & Sociel Psych*, 104(4)m 635–52.

4 Choi, N.G. & Kim, J. (2011): »The Effect of Time Volunteering and Charitable Donations in Later Life on Psychological Well-being«. *Ageing & Society*, 31(4), 590–610. Für einen hervorragenden Überblick über die auf diesem Gebiet geleistete Arbeit siehe auch Konrath, S. (2014): »The Power of Philanthropy and Volunteering«. In: Huppert, F.A. & Cooper, C.L.: *Interventions and Policies to Enhance Well-being. A Complete Reference Guide Vol. VI.* London: Wiley & Sons.

5 Morelli, S.A. et al. (2015): »Emotional and Instrumental Support Provision Interact To Predict Well-being«. *Emotion*, 15(4), 484–93.

6 Ross, W.D. & Brown, L. (2009): Aristotle: *The Nicomachean Ethics.* Oxford, Oxford University Press.

7 Curry, O.S. et al. (2018): »Happy to Help? A Systematic Review and Meta-analysis of the Effects of Performing Acts of Kindness on the Well-being of the Actor«. *J. of Experimental Social Psyh*, 76, 320–9.

8 Hui, B. et al. (2020): »Rewards of Kindness? A Meta-analysis of the Link Between Prosociality and Well-being«. *Psychological Bulletin*, 146(12), 1084-116.

9 Ko, K. et al. (2021): »Comparing the Effects of Performing and Recalling Acts of Kindness«. *J. of Positive Psych*, 16(1), 73-81.

10 Moll, J. et al. (2006): »Human Fronto-mesolimbic Networks Guide Decisions About Charitable Donation«. *PNAS*, 103(42), 15623–8. Siehe auch: Lockwood, P.L. et al. (2016): »Neurocomputational Mechanisms of Prosocial Leanung and Links to Empathy«. *PNAS*, 113(35), 9763–8.

11 Meier, S. & Stutzer, A. (2008): »Is Volunteering Rewarding in Itself?« *Economica*, 75(297), 35–59.

12 Omoto, A. et al. (2000): »Volunteerism and the Life Course: Investigating Age-Related Agendas for Action«. *Basic and Applied Social Psych*, 22(3), 181–97.

13 Kahana, E. et al. (2013): »Altruism, Helping and Volunteering: Pathways To Well-being in Late Life«. *J. of Aging Health*, 25(1), 159–87.

14 Okun, M.A. et al. (2013): »Volunteering by Older Adults and Risk of Mortality: A Meta-analysis«. *Psych and Aging*, 28(2), 564–77.

15 Guo, Q. et al. (2018): »Beneficial Effect of Pro-social Behaviour on Physical Well-being in Chinese Samples«. *Asian J. of Social Psychology*, 21 (1–2), 22–31.

16 Trew, J.L. & Alden, J.E. (2015): »Kindness Reduces Avoidance Goals in Socially Anxious Individuals«. *Motivation & Emotion*, 39, 892–907.

17 Konrath (2014), »The Power of Philanthropy«, 392.

18 Lyubomirsky, S. et al. (2005): »Pursuing Happiness: The Architecture of Sustainable Change«. *Review of General Psych*, 9, 111–31.

19 Lyubomirsky, S. & Layous, K. (2013): »How Do Simple Positive Activities Increase Well-being?«. *Currens Directions in Psychological Science*, 22(1), 57–62.

20 Harris, M.B. (1977): »Effects of Altruism on Mood«. *J. of Social Psych*, 102(2), 197–208.

21 Hui (2020): »Rewards of Kindness?«.

22 Li, Y. & Ferraro, K.F. (2005): »Volunteering and Depression in Later Life: Social Benefit or Selection Processes?«. *Journal of Health and Social behaviour*, 46, 68–84.

23 Rowland, L. & Curry, O.S. (2019): »A Range of Kindness Activities Boost Happiness«. *J. of Social Psych*, 159(3), 340–3.

24 Aknin, L.B. et al. (2013): »Does Social Connection Turn Good Deeds into Good Feelings? On the Value of Putting the ›Social‹ in Prosocial Spending«. *Internationals Journal of Happiness and Development* 1(2), 155–71.

25 Aknin, Does Social Connection, 2013, 155–71.

3
Zerbrechen Sie sich nicht den Kopf über Ihre Beweggründe

1   Abie begegnet dem Empfänger der von ihm gespendeten Niere: Good Morning America, 29. Juli 2019: https://www.goodmorningamerica. com/wellness/video/man-meets-kidney-donor-saved-life-gma-64628 296.

2   Mehr über Abie hören Sie in *The Anatomy of Kindness*, einer Sendereihe auf BBC Radio 4, moderiert von mir und produziert von Geraldine Fitzgerald und Erika Wright, 16. März 2022: https://www.bbc.co.uk/ sounds/play/moo15bdb.

3   Dieser Artikel enthält eine vorzügliche Zusammenfassung der verschiedenen Arten altruistischer Beweggründe: Curry, O.S. et al. (2018): »Happy to Help? A Systematic Review and Meta-analysis of the Effects of Performing Acts of Kindness on the Well-being of the Actor«. *J. of Experimental Social Psych*, 76, 320-9.

4   Gyatso, T. Der 14. Dalai Lama. »Compassion and the Individual«. Dt.: »Mitgefühl und das Individuum.« https://www.dalailama.com/ messages/compassion-and-human-values/compassion.

5. Für eine schöne Darstellung der unterschiedlichen Arten von Altruismus siehe: Curry, Happy to Help?, 2018.

6   Mehr von Lyndall Steins Gespräch mit mir hören Sie in *The Anatomy of Kindness* auf BBC Radio 4, 16. März 2022: https://wwwbbc.co/uk/ sounds/play/moo5bdb.

7   Raihani, N.J. & Smith, S. (2015): »Competitive Helping in Online Giving«. *Current Biology* 25(9), 1183-6.

8   Marsh, A.A. et al. (2014): »Neural and Cognitive Characteristics of Extraordinary Altruists«. *PNAS*, 111, 15036-411.

9   Vieira, J.B. et al. (2015): »Psychopathic Traits Are Associated With Cortical and Subcortical Volume Alterations in Healthy Individuals«. *Social Cognitive & Affective Neuroscience* 10(12), 1693-704.

10 Abigail Marsh in Teil 2 von *The Anatomy of Kindness*, BBC Radio 4, 16. März 2022: https://www.bbc.co.uk/sounds/play/moo15bdb.

11 Fisher, J.D. et al. (1982): »Recipient Reactions to Aid«. *Psychological Bulletin*. 91(1), 27-54.

12 Konrath, S. et al. (2016): »The Strategic Helper: Narcissism and Prosocial Motives and Behaviours«. *Current Psych*, 35, 182-94.

13 Die Geschichte von Pete wird in diesem Video auf dem BBC Essex

Twitter vorgestellt: https:/twitter.com/BBCEssex/status/13999775111
91261185?=20.

14 Hierzu findet man eine guten Überblick in Aknin, L.B. et al. (2013):
»Making a Difference Matters: Impact Unlocks the Emotional Benefits of Prosocial Spending«. *J. of Economic Behaviour & Organization*, 88,
90–5.

15 Mathur, VA et al. (2010): »Neural Basis of Extraordinary Empathy and
Alturistic Motivation«. *NeuroImage*, 51(4), 1468–75.

16 Bolton, M. (2019): *How to Resist: Turn Protest to Power*. London: Blooms-
bury.

3 ½
Die sozialen Medien sind voll von Freundlichkeit
(okay, nicht voll davon, aber es gibt sie)

1 Brady, W.J. et al. (2021): »How Social Learning Amplifies Moral
Outrage Expression in Online Social Networks«. *Science Adcanves*,
7(33).

2 Sie können das Spiel selbst spielen auf: https://www.getbadnews.com/
#intro. Sander van der Linden hat auch ein neues Spiel über Desinfor-
mation zu Covid entwickelt: www.goviralgame.com/books/go-viral/
play.

3 Basol, M. et al. (2020): »Good News about Bad News: Gamified In-
oculation Boosts Confidence and Cognitive Immunity Against Fake
News«. *J. of Cognition*, 3(1), 2.

4 Buchanan, K. et al. (2021): »Brief Exposure to Social Media During
the Covid-19 Pandemic: Doom-scrolling Has Negative Emotional
Consequences, but Kindness-scrolling Does Not«. *PloS One*, 16(10).

4
Freundliche Menschen
können Gewinner*innen sein

1 Hall & Partners (2019): Employee Research.

2 Diener, E. & Seligman, M.E.P. (2002): »Very Happy People«. *Psychological Science*, 13(1), S. 81–4.

3 Walumbwa, F.O. & Schaubroeck, J. (2009): »Leader Personality Traits
and Employee Voice Behavior: Mediating Roles of Ethical Leadership

and Work Group Psychological Safety«. *Journal of AppliedPsych*, 94(5), S. 1275–86.

4   Zenger, J. & Folkman, J.: »I'm the Boss! Why Should I Care If You Like Me?«, *Harvard Business Review*, 2. Mai 2013: https://hbr.org/2013/05/im-the-boss-why-should-i-care.

5   Walumbwa, F.O. et al. (2011): »Linking Ethical Leadership to Employee Performance: The Roles of Leader–Member Exchange, Self-efficacy, and Organizational Identification«. *Organizational Behavior and Human Decision Processes*, 115(2), S. 204–13.

6   Brown, M.E. & Treviño, L.K. (2006): »Ethical Leadership: A Review and Future Directions«. *The Leadership Quarterly*, 17, S. 595–616.

7   Vianello, M. et al. (2010) »Elevation at Work: The Effects of Leaders' Moral Excellence«. *Journal of Positive Psych*, 5(5), S. 390–411.

8   »Spain Triathlete Gives Up Medal to Rival Who Went Wrong Way«, *BBC News*, 20. September 2020: https://www.bbc.co.uk/news/world-54224410.

9   Brand, G.: »Why England Needed Gareth Southgate: How Off-field Influence Helped Build Culture of Success«. 11. Juli 2021: https://www.skysports.com/football/news/12016/12351872/why-england-needed-gareth-southgate-how-off-field-influence-helped-buildculture-of-success.

10 Podsakoff, N.P. et al. (2009): »Individual- And Organizational-level Consequences of Organizational Citizenship Behaviors: A Metaanalysis«. *Journal of Applied Psych*, 94(1), S. 122–41.

11 Donald Trump Calls for More Civility as He Attacks Media and Democrats at Charlotte Rally. *USA* Today, 26. Oktober 2018: https://eu.usatoday.com/story/news/politics/2018/10/26/donald-trump-calls-more-civility-attacks-media-and-democratscharlotte-rally/1778 539002/.

12 Frimer, J.A. & Skitka, L.J. (2018): »The Montagu Principle: Incivility Decreases Politicians' Public Approval, Even With Their Political Base«. *Journal of Personality and Social Psych*, 115(5), S. 845–86.

13 Ardern, J. (2022): *Jacinda Ardern über Freundlichkeit, Empathie und Stärke*, Ü. von Heike Schlatterer. München, Elisabeth Sandmann Verlag 2022, S. 41-42.

14 Ardern, J. (2022): *Jacinda Ardern über Freundlichkeit, Empathie und Stärke*, S. 42.

15 Roets, A. & Van Hiel, A. (2009): »The Ideal Politician: Impact of Voters' Ideology«. *Personality and Individual Differences*, 46(1), S. 60–5.

5
Freundlichkeit bedeutet,
die Standpunkte anderer zur Kenntnis zu nehmen

1 Lee, H. (2015): *Wer die Nachtigall stört*, Ü. von Claire Malignon, Reinbek bei Hamburg, Rowohlt Taschenbuch 2015, S. 406.

2 Hazlitt, W. (1900): »On The Conduct of Life«. In: Carr, F. (Ed.): *Essays of William Hazlitt*. London: Walter Scott. S. 199.

3 Siehe auch Lamm, C. et al. (2011): »Meta-analytic Evidence for Common and Distinct Neural Networks Associated With Directly Experienced Pain and Empathy for Pain«. *NeuroImage*, 54(3), S. 2492–502.

4 Eine ausgezeichnete Zusammenfassung seines Werks findet sich in Singer, T. & Klimecki, O.M. (2014): Empathy and Compassion. *Current Biology*, 24(18), S. 875–8.

5 Allen, A.P. et al. (2016): »The Trier Social Stress Test: Principles and Practic«. *Neurobiology of Stress*, 6, S. 113–26.

6 Birkett M.A. (2011): »The Trier Social Stress Test Protocol for Inducing Psychological Stress«. *Journal of Visualized Experiments*, 56, S. 3238.

7 Fonagy, P.: »Kindness Can Work Wonders. Especially for the Vulnerable«, Guardian, 17. Mai 2020: https://www.theguardian.com/society/2020/may/17/kindness-can-work-wonders-especially-for-the-vulnerable.

8 Catapano, R. et al. (2019): »Perspective Taking and Self-Persuasion: Why »Putting Yourself in Their Shoes« Reduces Openness to Attitude Change«. *Psychological Science*, 30(3), S. 424–35.

9 Gilbert, P.: Mitgefühl: *Wie wir Mitgefühl nutzen können, um Glück und Selbstakzeptanz zu entwickeln und es uns wohl sein zu lassen.* arbor Verlag (2011). Originaltitel: *The Compassionate Mind.* London: Constable

10 Zum Testen dieser Übungen empfehle ich Gilbert (2011), Mitgefühl; die Übungen werden auf Seite 295 ausführlich beschrieben.

11 Schumann, K. et al. (2014): »Addressing the Empathy Deficit: Beliefs About the Malleability of Empathy Predict Effortful Responses When Empathy Is Challenging«. *Journal of Personality & Social Psych*, 107(3), S. 475–93.

12 Batson, C.D. et al. (1997): »Perspective Taking: Imagining How Another Feels Versus Imagining How You Would Feel«. *Personality & Social Psych Bulletin*, 23(7), S. 751–8.

13 Batson, C.D. et al. (2004): »Benefits and Liabilities of Empathyinduced

Altruism«. In: Miller, A.G. (Ed.): *The Social Psychology of Good and Evil.* New York: The Guilford Press.

14 Batson, C.D. & Ahmad, N. (2001): »Empathy-induced Altruism in a Prisoner's Dilemma II: What if the Target of Empathy Has Defected?«. *European Journal of Social Psych,* 31(1), S. 25–36.

15 Blythe, J. et al. (2021): »Fostering Ocean Empathy Through Future Scenarios«. *People & Nature,* 3(6) S. 1284–96. Link zum pessimistichen Szenario: https://www.youtube.com/watch?v=-dYiaErO1aM.

16 Eine ausgezeichnete Zusammenfassung der Forschung über die Entwicklung von Empathie finden Sie bei Konrath, S. & Grynberg, D. (2016): »The Positive (And Negative) Psychology of Empathy«. In: Watt, D.F. & Panksepp, J. (Eds.): *Psychology and Neurobiology of Empathy.* New York: Nova Biomedical Books.

17 Batson, C.D. et al. (2002): »Empathy, Attitudes, and Action: Can Feeling for a Member of a Stigmatized Group Motivate One to Help the Group?«. *Personality & Social Psych Bulletin,* 28(12), S. 1656–66.

18 Singer & Klimecki (2014): »Empathy and Compassion«.

19 Klimecki, O.M. et al. (2014): »Differential Pattern of Functional Brain Plasticity After Compassion and Empathy Training«. *Social Cognitive and Affective Neuroscience,* 9(6), S. 873–9.

20 Bloom, P. (2017): *Against Empathy.* London: Bodley Head.

21 Tajfel, H. et al. (1971): »Social Categorization and Intergroup Behaviour«. *European Journal of Social Psychology,* 1, S. 149–78.

22 Pelham, B.W. et al. (2002): »Why Susie Sells Seashells by the Seashore: Implicit Egotism and Major Life Decisions«. *Journal of Personality &Social Psych,* 82(4), S. 469–87.

23 Hodson, G. & Olson, J.M. (2005): »Testing the Generality of the Name Letter Effect: Name Initials and Everyday Attitudes«. *Personality & Social Psych Bulletin,* 31(8), S. 1099–111.

24 Decety, J. et al. (2010): »Physicians Down-regulate Their Pain Empathy Response: An Event-related Brain Potential Study«. *NeuroImage,* 50(4), S. 1676–82.

25 Michelbrink, L.E. (2015): Masters Thesis. »Is Empathy Always a Good Thing? The Ability To Regulate Cognitive and Affective Empathy in a Medical Setting«. Leiden University Institute of Psychology.

26 Link zu meinem Interview mit Brett Campbell in *The Evidence* on BBC World Service, 31. Oktober 2021: https://www.bbc.co.uk/programmes/w3ct2zpk.

27 Aron, A. et al. (1997): »The Experimental Generation of Interpersonal Closeness: A Procedure and Some Preliminary Findings«. *Personality & Social Psych Bulletin*, 23, S. 363–77.

28 Sprecher, S. (2021): »Closeness and Other Affiliative Outcomes Generated From the Fast Friends Procedure: A Comparison With a Small-talk Task and Unstructured Self-disclosure and the Moderating Role of Mode of Communication«. Journal of Social & Personal Relationships, 38(5), S. 1452–71.

29 Page-Gould, E. et al. (2008): »With a Little Help From My Crossgroup Friend: Reducing Anxiety in Intergroup Contexts Through Cross-group Friendship«. Journal of Personality & Social Psych, 95(5), S. 1080–94.

30 Kardas, M. et al. (2021): »Overly Shallow?: Miscalibrated Expectations Create a Barrier To Deeper Conversation«. *Journal of Personality & Social Psych*, 122(3), S. 367–98.

31 Sandstrom, G.M. & Boothby, E.J. (2021) »Why Do People Avoid Talking to Strangers? A Mini Meta-analysis of Predicted Fears and Actual Experiences Talking to a Stranger«. *Self and Identity*, 20(1), S. 47–71.

32 Sandstrom (2021) »Why Do People Avoid«.

33 Mannix, K. (2021): *Listen: How to Find the Words for Tender Conversations*. London: William Collins.

34 Shafak, E.: *Hört einander zu!*, Kain & Aber, 2021.

35 Tamir, D.I. et al. (2016) »Reading Fiction and Reading Minds: The Role of Simulation in the Default Network«. Social Cognitive & Affective Neuroscience, 11(2), S. 215–24.

36 Oatley, K. (2016) »Fiction: Simulation of Social Worlds«. *Trends in Cognitive Science 20*(8), S. 618–28.

37 Mar, R.A. et al. (2006) »Bookworms Versus Nerds: Exposure to Fiction Versus Non-fiction, Divergent Associations With Social Ability, and the Simulation of Fictional Social Worlds«. *Journal of Research in Personality*, 40(5), S. 694–71.

38 Mar: Bookworms Versus Nerds 2006, S. 694–712.

39 Oatley (2016) »Fiction«.

40 Johnson, D.R. (2012) »Transportation Into a Story Increases Empathy, Prosocial Behavior, and Perceptual Bias Toward Fearful Expressions«. *Personality & Individual Differences*, 52(2), S. 150–5.

41 Bal, P.M. & Veltkamp, M. (2013) »How Does Fiction Reading Influence Empathy? An Experimental Investigation on the Role of Emotional Transportation«. *PLos One* 8(1).

42 Shapiro, J. & Rucker, L. (2003) »Can Poetry Make Better Doctors? Teaching the Humanities and Arts to Medical Students and Residents at the University of California, *Academic Medicine*, 78(10), S. 953–7.

6
Wir alle können Held*innen sein

1   The Comprehensive Guide to the Victoria and George Cross, http://www.vconline.org.uk/johnson-g-beharry-vc/4585968848.html.

2   »Soldier Wins VC for Iraq Bravery«, *BBC News*, 18. März 2005: http://news.bbc.co.uk/1/hi/uk/4358921.stm.

3   Matthew Croucher wurde mit Blick auf seine Heldentat mehrfach zitiert, auch in The Telegraph: telegraph.co.uk/news/uknews/2445513/Royal-Marine-who-jumped-on-grenade-awarded-George-Cross.html.

4   Price, J. (2015): Heroes of Postman's Park. Stroud: The History Press, S. 37.

5   Price (2015): Heroes, S. 42.

6   Price (2015): Heroes, S. 43.

7   Price (2015): Heroes, S. 88.

8   Price (2015): Heroes, S. 135.

9   Price (2015): Heroes, S. 136.

10 Haney, C. et al. (1973) »A Study of Prisoners and Guards in a Simulated Prison«. *Naval Research Review*, S. 30.

11 Haslam, S.A. et al. (2019) »Rethinking the Nature of Cruelty: The Role of Identity Leadership in the Stanford Prison Experiment«. *American Psychologist*, 74(7), S. 809–22.

12 Sword, R.K.M. & Zimbardo, P.: »We Need to Embrace Heroic Imagination«, Psychology Today, 30. März 2021: https://www.psychology-today.com/ie/blog/the-time-cure/202103/we-needembrace-heroic-imagination.

13 Franco, Z.E. et al. (2018) »Heroism Research: A Review of Theories, Methods, Challenges, and Trends«. *Journal of Humanistic Psychology*, 58(4), S. 382–96. For the roots of Zimbardo's work on heroism siehe auch Zimbardo, P. (2007): *The Lucifer Effect: How Good People Turn Evil*. London: Rider Books.

14 Kinsella, E.L. et al. (2015) »Zeroing in on Heroes: A Prototype Analysis of Hero Features«. Journal of Personality & Social Psych, 108(1), S. 114–27.

15 Hock, R.R. (2002): *Forty Studies That Changed Psychology*. New Jersey: Prentice Hall. S. 294.

16 Franco, Z.E. et al. (2011) »Heroism: A Conceptual Analysis and Differentiation between Heroic Action and Altruism«. *Review of General Psych*, 15(2), S. 99–113.

17 Gallagher, J.: »Oxford Vaccine: How Did They Make It So Quickly?«, *BBC News*, 23 November 2020: https://www.bbc.co.uk/news/health-55041371.

18 Smith, S.F. et al. (2013) »Are Psychopaths and Heroes Twigs off the Same Branch? Evidence From College, Community, and Presidential Samples«. *Journal of Research in Personality*, 47(5), S. 634–46.

19 Levine, M. et al. (2005) »Identity and Emergency Intervention: How Social Group Membership and Inclusiveness of Group Boundaries Shape Helping Behavior«. *Personality & Social Psych Bulletin*, 31(4), S. 443–53.

20 Drury, J. et al. (2009) »The Nature of Collective Resilience: Survivor Reactions to the 2005 London Bombings«. *International Journal of Mass Emergencies and Disasters*, 27, S. 66–95.

21 Gornall, S.: »Skiing by Braille«, *Ski Magazine*, 16. September 2009: https://www.skimag.com/adventure/skiing-by-braille-0/.

22 Liebst, L.S. et al. (2021) »Cross-national CCTV Footage Shows Low Victimization Risk for Bystander Interveners in Public Conflicts«. *Psych of Violence*, 11(1), S. 11–18.

23 Takooshian, H. (1983) »Getting Involved – The Safe Way«. *Social Action and the Law*, 9(2).

24 Takooshian, H. & Barsumyan, S.E. (1992) »Bystander Behaviour, Street Crime and the Law«. In: Levin, B.I. (Ed.) Studies in Deviance. Mokau: Institut für Sociologie.

7

Vergessen Sie nicht, freundlich zu sich selbst zu sein

1 Gilbert, P. (2011) »Fears of Compassion: Development of Three Self-report Measures«. *Psych and Psychotherapy: theory, research and practice*, 84, S. 239–55.

2 Longe, O. et al. (2010) »Having a Word With Yourself: Neural Correlates of Self-criticism and Self-reassurance«. *NeuroImage*, 49, S. 1849–56.

3 Kirby, J.N. et al. (2019) QThe »Flow‹ of Compassion: A Metaanalysis of

the Fears of Compassion Scales and Psychological Functioning«. *Clinical Psych Review*, 70, S. 26–39.

4   Gilbert (2011) »Fears of Compassion«.

5   Gilbert (2011) »Fears of Compassion«.

6   MacBeth, A. & Gumley, A. (2012) »Exploring Compassion: A Meta-analysis of the Association Between Self-compassion and Psychopathology«. *Clinical Psych Review*, 32(6), S. 545–52.

7   Zahlreiche Studien, zitiert in Neff, K.D. & Germer, C.K. (2013) »A Pilot Study and Randomized Controlled Trail of the Mindful Self-compassion Program«. *Journal of Clinical Psych*, 69(1), S. 28–44.

8   López, A. et al. (2018) »Compassion for Others and Self-Compassion: Levels, Correlates, and Relationship With Psychological Well-being«. *Mindfulness*, 9(1), S. 325–31.

9   Matos, M. et al. (2021) »Fears of Compassion Magnify the Harmful Effects of Threat of COVID-19 on Mental Health and Social Safeness Across 21 Countries«. Clinical Psych & Psychotherapy, 28(6), S. 1317–33.

10 Matos, M. et al. (2022) »Compassion Protects Mental Health and Social Safeness During the COVID-19 Pandemic Across 21 Countries«. *Mindfulness*, S. 1–18. Online Vorabveröffentlichung.

11 Neff, K.D. (2003) »The Development and Validation of a Scale to Measure Self-Compassion«. *Self and Identity*, 2, S. 223–50.

12 Marshall, S.L. et al. (2020) »Is Self-Compassion Selfish? The Development of Self-Compassion, Empathy, and Prosocial Behavior in Adolescence«. *Journal of Research on Adolescence*, 30 Suppl 2, S. 472–84.

13 Siehe Marshall (2020) »Is Self-Compassion Selfish?« für eine gute Zusammenfassung all dieser Studien.

14 Neff (2003) »Development and Validation«.

15 Leary, M.R. et al. (2007) »Self-Compassion and Reactions To Unpleasant Self-relevant Events: The Implications of Treating Oneself Kindly«. *Journal of Personality and Social Psych*, 92(5), S. 887–904.

16 Wohl, M.J.A et al. (2010) »I Forgive Myself, Now I Can Study: How Self-Forgiveness for Procrastinating Can Reduce Future Procrastination«. *Personality and Individual Differences*, 48(7), S. 803–8.

17 Nelson, S.K. et al. (2016) »Do Unto Others or Treat Yourself? The Effects of Prosocial and Self-Focused Behavior on Psychological Flourishing«. *Emotion*, 16(6), S. 850–61.

18 Sie können sich den Film über virtuelle Realität und Avatare, den ich

für die BBC gedreht habe, unter folgendem Link ansehen, 19. November 2014: https://www.bbc.co.uk/news/av/health-30117385.

19 Falconer, C. et al. (2016) »Embodying Self-Compassion Within Virtual Reality and Its Effects on Patients With Depression«. *British Journal of Psychiatry Open*, 2(1), S. 74–80.

20 Leary et al. (2008) »Self-compassion«.

21 Neff, K.D. & Germer, C.K. (2013) »A Pilot Study and Randomized Controlled Trail of the Mindful Self-Compassion Program«. *Journal of Clinical Psych*, 69(1), S. 28–44.

22 Germer, C. (2009): *The Mindful Path to Self-Compassion*. New York: Guilford Press.

Das perfekte Rezept für Freundlichkeit

1 Otake, K. et al. (2006) »Happy People Become Happier Through Kindness: A Counting Kindnesses Intervention«. *Journal of Happiness Studies*, 7, S. 361–75.

2 Sturm, V.E. et al. (2020) »Big Smile, Small Self: Awe Walks Promote Prosocial Positive Emotions in Older Adults«. *Emotion*. Online-Vorabveröffentlichung.

»Eine Gebrauchsanweisung für das lustvolle
Vergeuden von Zeit«
FOCUS

320 Seiten / Auch als eBook

Wer nicht rastet, rostet! In ›Die Kunst des Ausruhens‹ erklärt die
preisgekrönte Autorin Claudia Hammond, warum Auszeiten essentiell
für unsere Selbstfürsorge sind, und stellt die zehn wichtigsten Aktivitäten vor, die Menschen heute helfen, echte Erholung zu finden.